BLUE BOOK

智 库 成 果 出 版 与 传 播 平 台

事业单位蓝皮书

BLUE BOOK OF PUBLIC INSTITUTIONS

中国事业单位发展报告
（2024）

ANNUAL REPORT ON THE DEVELOPMENT OF PUBLIC
INSTITUTIONS IN CHINA (2024)

主　编／余兴安

副主编／朱祝霞

社会科学文献出版社

SOCIAL SCIENCES ACADEMIC PRESS (CHINA)

图书在版编目（CIP）数据

中国事业单位发展报告 . 2024／余兴安主编 .
北京：社会科学文献出版社，2025.2.--（事业单位蓝
皮书）. --ISBN 978-7-5228-5050-4

Ⅰ . D630.1

中国国家版本馆 CIP 数据核字第 2025GL2099 号

事业单位蓝皮书

中国事业单位发展报告（2024）

主　　编／余兴安
副 主 编／朱祝霞

出 版 人／冀祥德
责任编辑／吴云苓
责任印制／岳　阳

出　　版／社会科学文献出版社·皮书分社（010）59367127
　　　　　地址：北京市北三环中路甲 29 号院华龙大厦　邮编：100029
　　　　　网址：www.ssap.com.cn
发　　行／社会科学文献出版社（010）59367028
印　　装／天津千鹤文化传播有限公司

规　　格／开　本：787mm×1092mm　1/16
　　　　　印　张：19.5　字　数：292 千字
版　　次／2025 年 2 月第 1 版　2025 年 2 月第 1 次印刷
书　　号／ISBN 978-7-5228-5050-4
定　　价／158.00 元

读者服务电话：4008918866

《中国事业单位发展报告（2024）》
编 委 会

主　　　　编　余兴安

副　主　编　朱祝霞

编委会成员　（按姓氏笔画排列）

王　伊	王　军	王芳霞	田永坡	司若霞
邢　军	朱祝霞	乔立娜	任文硕	任叙同
刘　丽	刘文彬	刘洪朗	孙　红	孙　锐
孙承豪	李　丹	李学明	李建忠	肖海鹏
何爱燕	余兴安	陈国銮	苗月霞	范　巍
周　旭	庞　诗	胡冬云	柳学智	钟吉元
俞　韵	宫　然	祝颖华	袁新琳	贾新明
郭玉川	黄　梅	黄在兴	黄挺颖	崔建军
鲁　谋	童春雷	熊　亮		

主要编写人员　（按姓氏笔画排列）

丁晶晶	马延忠	马春雨	王　辰	王　彬
王莹莹	王健伟	牛　力	甘亚雯	毕苏波
朱祝霞	刘　婷	刘晓庆	孙洪臣	杜厚军
李　芸	李　春	李　科	李　锟	李善贵

　　　　　　杨　涛　杨　硕　何福杰　汪建钢　张　骏
　　　　　　张　涵　张玉婷　陆永玖　武　岩　林　瑞
　　　　　　金　鹿　周　瑾　周永蔚　周恺辰　郑　宏
　　　　　　孟长龙　赵晓燕　胡轶俊　袁良宪　贾　晶
　　　　　　崔明波　梁松涛　蒋柏焰　曾宇哲　解传欣
　　　　　　熊保坤　薛惠芳

编　　　务（按姓氏笔画排列）
　　　　　　王　伊　王秋蕾　甘亚雯　毕苏波　胡轶俊
　　　　　　柏玉林　曾宇哲

主要编撰者简介

余兴安　全国政协委员，中国人事科学研究院院长、研究员，《中国人事科学》学术月刊编委会主任，兼任中国人才研究会常务副会长、中国行政管理学会副会长。主要作品有《激励的理论与制度创新》、《人力资源服务概论》、《人力资源管理风险防控》、《当代中国的行政改革》、《中国古代人才思想源流》、《当代中国人事制度》及译注《经史百家杂钞》等，主编《中国人力资源发展报告》《中国人力资源市场分析报告》《中国事业单位发展报告》《中国企业人力资源发展报告》《中国培训事业发展报告》等系列蓝皮书。

朱祝霞　管理学博士，中国人事科学研究院事业单位管理研究室主任、副研究员，主要研究领域为事业单位管理、公务员管理。先后主持、参与人力资源社会保障部、中共中央组织部、国家发改委、国务院扶贫办等多个部委和地方研究课题60余项。在《中国行政管理》《国家行政学院学报》《行政管理改革》《公共管理评论》等期刊发表文章20余篇。

中国人事科学研究院简介

  中国人事科学研究院（简称"人科院"），是我国干部人事改革、人才资源开发、人力资源管理和公共行政研究领域唯一的国家级专业研究机构，是中央人才工作协调小组办公室命名的"人才理论研究基地"。

  人科院肇端于1982年6月劳动人事部成立的人才资源研究所、1984年11月成立的行政管理科学研究所及1988年9月人事部成立的国家公务员制度研究所，经多次机构改革与职能调整后，于1994年7月正式成立，现上级主管部门为中华人民共和国人力资源和社会保障部。历经40余年的发展，人科院积累了丰富的科研资源，培养了一支素质优良的科研队伍，形成了较完备的学术研究体系，产生了一大批具有较大影响的科研成果，发挥了应有的参谋智囊作用，同时也成为全国人才与人事科学研究的合作交流中心。王通讯、吴江等知名学者曾先后担任院长之职，现任院长为全国政协委员余兴安研究员。

  多年来，人科院围绕大局、服务中心，研究领域涉及行政管理体制改革、人才队伍建设、公务员制度、事业单位人事制度改革、企业人力资源管理、收入分配制度改革、就业与创业、人才流动与人力资源服务业发展等方面。曾参与《中华人民共和国公务员法》《事业单位人事管理条例》《国家中长期人才发展规划纲要》等重大政策法规的调研与起草工作，推动了相关领域诸多重大、关键性改革事业的发展。人科院每年承担中央单位和各省市下达或委托的近百项课题研究任务，发表百余篇学术论文，并编辑出版《中国人事科学》（月刊）、《国际行政科学评论》（季刊）、《中国人力资源发展报告》（年度出版）、《中国事业单位发展报告》（年度出版）、《中国人力资源市场分析报告》（年度出版）、《中国企业人力资源发展报告》（年度出版）、《中国培训事业发展报告》（年度出版）、《中国人事科学研究报告》（年度出版）、《中国基础研究人才指数报告》（年度出版）、《全球基础研究人才指数报告》（年度出版）等学术期刊和年度报告，与中国社会科学出版社等合作出版"中国人事科学研究院学术文库"系列著作。

人科院是我国在国际行政科学学术交流与科研合作领域的重要组织和牵头单位，是国际行政科学学会（IIAS）、东部地区公共行政组织（EROPA）及亚洲公共行政网络（AGPA）的中国秘书处所在地。通过多年努力，人科院在国际行政科学研究领域的作用与地位不断提升，余兴安院长、柳学智副院长先后当选为国际行政科学学会副主席。

人科院注重与国家部委、地方政府、高等院校和科研院所的交流与合作。积极搭建学术交流平台，成立"全国人事与人才科研合作网"，建立了10余家科研基地，每年举办多场高水平的学术研讨会，组织科研协作攻关，还与中国人民大学、首都经济贸易大学等院校联合招收硕士、博士研究生，设有公共管理学科博士后科研工作站。

摘　要

2024 年是全面贯彻落实党的二十大精神的关键之年，是深入实施"十四五"规划的攻坚之年。回顾 2023 年下半年至 2024 年上半年，我国事业单位改革取得了积极进展。部分地区积极主动推进改革走深走实，事业单位重塑性改革成果不断巩固深化；着眼于深入实施科教兴国战略、人才强国战略、创新驱动发展战略，科教文卫等行业持续推进教育科技人才体制机制一体改革；事业单位人事制度改革迈出坚实步伐，持续为我国的高质量发展提供人事人才支撑。本报告描述与分析的对象是 2023 年下半年至 2024 年上半年中国事业单位发展与改革的理论与实践，凝结了来自各地事业单位综合管理部门、行业主管部门、具体事业单位及相关学者的最新研究成果，展现了一年来中国事业单位发展的总体情况，分析了今后一段时期事业单位发展面临的挑战与任务。

展望未来，事业单位改革可能呈现以下趋势。一是事业单位改革将更加注重提升整体效能。事业单位改革将继续以强化公益性为目标，优化结构布局，在基本公共服务领域，注重促进优质资源均衡发展，提升基层服务能力水平；在面向世界科技前沿、面向经济主战场、面向国家重大需求、面向人民生命健康等重点领域，注重优化重大科技创新组织机制，提升国家创新整体效能。二是构建支持全面创新体制机制将成为事业单位改革的重要任务。部分行业主管部门及事业单位将聚焦新一代信息技术、人工智能、航空航天、新能源、新材料、高端装备、生物医药、量子科技等重点领域，不断深化体制机制改革，不断塑造发展新动能新优势，推动新质生产力发展。三是

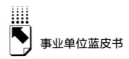

事业单位人事制度改革将立足更好激发事业单位内生动力和创新活力，持续为高质量发展提供人事人才支撑。事业单位人事制度改革将以党的二十届三中全会重大决策部署为引领，通过开展高校、科研院所自主确定专业技术岗位结构比例试点、薪酬改革试点，以及深化职称制度改革新举措，不断加强队伍建设，激发队伍活力，为统筹推进教育科技人才体制机制一体改革提供支撑和保障。

关键词： 事业单位改革　人事制度　高质量发展

目 录

I 总报告

B.1 中国事业单位改革的进展与趋势（2023~2024年）

……………… 朱祝霞 胡轶俊 甘亚雯 毕苏波 曾宇哲 / 001

II 行业动态篇

B.2 教育事业单位发展状况与趋势分析……………… 胡轶俊 / 021

B.3 科研事业单位发展状况与趋势分析……………… 毕苏波 / 039

B.4 文化事业单位发展状况与趋势分析……………… 甘亚雯 / 061

B.5 卫生事业单位发展状况与趋势分析………… 朱祝霞 曾宇哲 / 072

III 地方实践篇

B.6 河北省事业单位公开招聘实践与探索……………… 武 岩 / 092

B.7 山东省事业单位高层次人才薪酬激励工作实践与探索

……………………………… 赵晓燕 刘 婷 崔明波 / 099

B.8 广西壮族自治区事业单位人事管理和制度改革实践与探索

　　………………………………………… 陆永玖　李　芸 / 105

B.9 新时代甘肃省事业单位人才引进工作浅析………… 周永蔚 / 117

B.10 宁夏回族自治区事业单位公开招聘实践与探索……… 汪建钢 / 126

B.11 石家庄市事业单位特设岗位管理的实践与探索

　　………… 孟长龙　杨　涛　周　瑾　周恺辰　解传欣 / 138

B.12 湖州市推动事业单位干部队伍建设的实践与探索…… 蒋柏焰 / 144

B.13 马鞍山市事业单位人事管理工作实践与思考

　　………………………………………… 袁良宪　熊保坤 / 154

B.14 临夏州事业单位公开招聘工作实践与探索…………… 马延忠 / 162

Ⅳ　改革探索篇

B.15 北京协和医学院准聘长聘教职体系改革实践与思考

　　……………… 王健伟　马春雨　王莹莹　李　春　王　辰 / 170

B.16 天津市公益类检验检测事业单位改革实践与探索

　　………… 张　涵　孙洪臣　郑　宏　张　骏　张玉婷 / 182

B.17 福建省"退役军人事务员"试点建设的实践与探索

　　………………………………………………………… 杨　硕 / 192

B.18 广西公立医院薪酬制度改革实践与探索…… 李　芸　陆永玖 / 200

B.19 淮南市农业农村人才建设实践与探索………………… 刘晓庆 / 211

B.20 嘉峪关市教师队伍建设的实践与探索………………… 何福杰 / 221

B.21 张掖市农科院协同创新实践与探索

　　………………………………………… 李　锟　王　彬　贾　晶 / 230

Ⅴ　理论探讨篇

B.22 事业单位工作人员考核存在的问题及对策研究……… 梁松涛 / 238

B.23 事业单位公开招聘政策优化完善的思路和建议

　　——基于地方经验探索 …………………… 林 瑞 金 鹿 / 245

B.24 事业单位干部人事档案管理工作的问题与对策建议

　　…………………… 杜厚军 李善贵 李 科 / 254

附 录

大事记 ……………… 朱祝霞 胡轶俊 甘亚雯 毕苏波 柏玉林 / 263

Abstract ……………………… 王 伊 王秋蕾 柏玉林 / 273

Contents ……………………… 王 伊 王秋蕾 柏玉林 / 275

皮书数据库阅读**使用指南**

总 报 告

B.1

中国事业单位改革的进展与趋势
（2023~2024年）

朱祝霞　胡轶俊　甘亚雯　毕苏波　曾宇哲*

摘　要： 2024年是全面贯彻落实党的二十大精神的关键之年，是深入实施"十四五"规划的攻坚之年。2023年下半年至2024年上半年，我国事业单位改革取得了积极进展。部分地区积极主动推进改革走深走实，事业单位重塑性改革成果不断巩固深化；着眼于深入实施科教兴国战略、人才强国战略、创新驱动发展战略，科教文卫等行业持续推进教育科技人才体制机制一体改革；事业单位人事制度改革迈出坚实步伐，持续为高质量发展提供人事人才支撑。从趋势上看，事业单位改革将立足提升整体效能；各行业将聚焦

* 朱祝霞，管理学博士，中国人事科学研究院事业单位管理研究室主任、副研究员，主要研究方向为事业单位管理、公务员管理；胡轶俊，政治学博士，中国人事科学研究院事业单位管理研究室助理研究员，主要研究方向为事业单位人事管理；甘亚雯，中国人事科学研究院事业单位管理研究室助理研究员，主要研究方向为事业单位绩效考核等；毕苏波，中国人事科学研究院事业单位管理研究室助理研究员，主要研究方向为事业单位岗位管理、人事制度等；曾宇哲，统计学博士，中国人事科学研究院事业单位管理研究室研究实习员，主要研究方向为事业单位管理。

塑造发展新动能新优势；事业单位人事制度改革将立足更好激发内生动力和创新活力。

关键词： 事业单位改革　人事制度　高质量发展

2024 年是全面贯彻落实党的二十大精神的关键之年，是深入实施"十四五"规划的攻坚之年。2023 年下半年至 2024 年上半年，我国事业单位改革不断向纵深推进。部分地区积极主动推进改革走深走实，事业单位重塑性改革成果不断巩固深化；着眼于深入实施国家战略，科教文卫等行业事业单位改革稳步推进；事业单位人事制度改革迈出坚实步伐，持续为高质量发展提供人事人才支撑。

一　部分地区积极主动推进改革走深走实

一年来，事业单位改革更加注重巩固重塑性改革成果，坚持"瘦身与健身"相结合，创新工作思路，细化目标任务，聚焦重要环节和重点内容，不断推动资源整合、机制优化、服务提质增效，助力经济社会高质量发展。

江苏省徐州市为做好深化事业单位改革试点"后半篇"文章，进一步提升编制资源使用效益，坚持以"供给侧"思维打破编制固化潜规则，通过跨地区、跨层级、跨行业、跨部门调剂，将改革试点精简的事业编制资源配置到基层一线、公共服务、高层次人才引进等编制资源紧缺和需求迫切的领域地区，优化事业编制资源配置。常州溧阳市为持续巩固深化事业单位改革成果，做好改革"后半篇"文章，聚焦重要环节和重点内容，持续提升事业编制使用效益。一是聚焦民生，持续加强教育卫生领域机构编制保障。二是聚焦需求，优化教育、审计、住建、地震等系统的科级事业单位机构布局。三是聚焦用好事业编制"周转池"等重点，持续探索深化事业单位改革亮点。苏州太仓市坚持问题导向，聚焦事业单位运行不畅、重复设置、职能交叉等问题，率先探索在农业农村、住建、民政等领域先试先行，优化整合机构职能，切实提升公益服务能力和水平。南通市海门区坚持"瘦身与健身"相结合，创新工作思路，细化目标任务，持续优化整合事业单位，不断推动经济社会高质量发展。一是以农业农村部门为切入口，精简优化做"减法"，促进公益服务提质增效。二是为助力做优做强生物医药产业、船舶和海洋工程装备产业等地方特色产业，突出重点做"加法"，保障重点领域长足发展。如皋市紧扣发展需求以开展机构编制监督评估为基础，针对不同领域，采取撤销"空壳"机构、变更"弱化"机构、整合"小散"机构等方式，不断优化事业单位布局结构和职责任务，推动全市事业单位系统性、结构性重构，不断激发事业单位改革活力。如东县为持续推动资源、服务、管理向基层下沉，实现"基层事情基层办、基层权力给基层、基层事情有人办"改革目标，在事业单位改革中树立鲜明基层导向，在采取"减上补下"方式增加镇（区、街道）事业编制的基础上，积极探索基层事业人员安置新路径。淮安市经济开发区为进一步优化事业单位运行体系，强化事业单位公益服务功能属性，坚持"三向聚力"推进事业单位优化整合。一是向科技人才创新上聚力，集中一切可用资源用于保障科技人才创新建设。二是向部门职能重塑上聚力，对职责相近、功能弱化的事业单位予以清理整合，重新明确机构设置及职责范围。三是向民生事业保障上聚力，始终把保障好人民满意的医疗卫生和教育事业放在重要位置，全力夯实教育卫生发展基础。

河南省安阳市不断优化资源配置，重构重塑科技创新相关的事业单位职能体系，整合科创力量保障科技创新发展，助力"一高地一区三中心"建设。将安阳市水产技术推广服务中心等事业单位及相关职能优化整合，组建安阳市科技创新服务中心，主要承担科技创新相关服务工作。设置蓝天实验室，从市本级人才专项编制总量内调剂事业编制100个，用于引进高层次人才及创新团队核心成员，明确其着眼低空空域管理体系建设和应用开发、无人机整机研发和关键核心技术攻关、无人机检验检测技术与适航审定研究开发等方面进行前沿性、基础性研究职能，为安阳市的产业结构优化赋能。鹤壁市在抓好市县事业单位改革"三定"规定印发落实的基础上，及时开展市县事业单位重塑性改革"回头看"工作。针对改革后市县事业单位职能任务履行与体制机制、人员编制匹配度等方面存在的问题，加强调研论证，积极回应部门（单位）合理诉求，结合事业单位运转实际，在优化机构设置、优化职能配置、优化人员编制配备"三个优化"上用力，先后完成市人大立法服务中心等23家市县事业单位机构职能编制优化，深化巩固改革成果。为切实做好事业单位重塑性改革"后半篇"文章，商丘市扎实开展事业单位重塑性改革"回头看"，不断推动涉改事业单位由"物理变化"转向"化学变化"。一是坚持"快"字当先，周密部署"回头看"工作。二是坚持"实"字为要，多方联动深化机构融合。三是坚持"准"字为底，全面摸清摸透问题实情。四是坚持"严"字为重，建立跟踪问效长效机制。驻马店市为进一步巩固深化事业单位重塑性改革成果，坚持精心谋划《市直事业单位重塑性改革"回头看"专项工作实施方案》，科学设计事业单位重塑性改革落实、"三定"规定落实情况两类八项指标，强化组织、人社、财政等部门联动，抓实单位自查、整改落实、评估验收三个环节，在市县两级纵深推进事业单位重塑性改革"回头看"工作，着力做好事业单位重塑性改革"后半篇"文章。

上海市虹口区坚持"瘦身"与"健身"相结合，靶向发力推进"小散弱"事业单位整合。该区认真梳理编制偏少、职能萎缩、业务相近的事业单位，实地调研摸排"小散弱"事业单位，通过座谈交流、查阅资料、个别谈话等形式，详细了解其编制使用、职能发挥、财务运作等情况，完成整体"画像"。把握整合方向，针对机构重复设置、职责交叉重叠、职能弱化等问题，"一类一策"提出建议，形成区级层面工作推进方案。根据"小散弱"事业单位性质和特点，构建由区委编办指导，主管部门牵头，人社、财政、国资等部门密切配合的联动机制，协同落实整合任务。2023年共完成区教育系统9家、民政系统8家、体育系统6家事业单位整合。

湖北省荆门钟祥市深化事业单位改革工作部署，聚焦机构重组、职能重塑、编制重配，提升事业单位服务质效。一是坚持问题导向，针对规模小、设置散、服务弱等问题推进机构重组，优化事业单位布局。二是坚持需求导向，围绕经济建设发展、社会民生保障、部门高效运转所需厘清功能定位，完善事业单位职能体系。三是坚持服务导向，通过"统一精简编制，盘活闲置资源；突出管理创新，强化编制资源统筹；坚持服务重点，提升编制配置效益"等方式实现编制资源集约利用。

二 持续推进不同行业事业单位高质量发展

一年来，着眼于深入实施科教兴国战略、人才强国战略、创新驱动发展战略，教科文卫等行业事业单位的改革得到不断推进。

（一）教育事业改革发展

1. 着力构建立德树人新格局

一是强化五育并举的教育体系。2023年10月，十四届全国人大常委会第六次会议表决通过《中华人民共和国爱国主义教育法》，该法于2024年1月1日正式实施，将爱国主义教育纳入国民教育体系之中，要求各级各类学校将爱国主义教育贯穿学校教育全过程。11月，为推进学生心理健康工作，提高政府科学决策水平，教育部决定组建全国学生心理健康工作咨询委员会，承担全国大中小学心理健康工作研究、咨询、监测、评估、科学普及、引领指导等职责。[1] 12月，教育部通知全面实施学校美育浸润行动，通过采取改革深化美育教学、提升教师美育素养、普及艺术实践活动、营造校园美育文化、优化美育评价机制、提质发展乡村美育、赋能美育智慧教育以及整合社会美育资源等措施，强化学校美育功能。[2]

---

[1] 《关于成立全国学生心理健康工作咨询委员会的通知》，2023年11月3日。
[2] 《关于全面实施学校美育浸润行动的通知》，2023年12月20日。

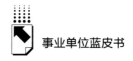

二是关爱弱势学生群体。2023 年 9 月，教育部等四部门进一步健全了学生资助体系，调整完善了助学贷款有关政策，包括提高国家助学贷款额度，调整国家助学贷款利率和开展研究生商业性助学贷款工作。① 11 月，民政部联合 14 部门印发《农村留守儿童和困境儿童关爱服务质量提升三年行动方案》，旨在提升农村留守儿童和困境儿童的爱护水平，为其健康成长创造有利环境。行动方案包括精神素养提升、监护提质、精准帮扶、安全防护、固本强基等五大行动和 18 项具体措施。

三是规范数字教育资源管理行为。2024 年 5 月，教育部办公厅发布《国家智慧教育平台数字教育资源入库出库管理规范》，依循"择优入库、常态监测、定期评估、动态调整、公益服务、安全可靠"的原则对资源出库入库进行管理。该规范明确了各管理主体的职责、管理内容以及监督评价。6 月，教育部进一步对国家智慧教育平台数字教育资源内容审核进行了规范，具体规定了内容审核的工作职责、要求、流程和监督保障。②

2. 促进基础教育优质均衡发展

一是深化基础教育提质扩优工程。2023 年 7 月，教育部等三部门联合出台了实施新时代基础教育扩优提质行动计划，旨在切实办好更加公平、更高质量的基础教育。计划到 2027 年，适应新型城镇化发展和学龄人口变化趋势的城乡中小学、幼儿园学位供给调整机制基本建立，优质教育资源扩充机制更加健全，学前教育优质普惠、义务教育优质均衡、普通高中优质特色、特殊教育优质融合发展的格局基本形成。③ 同月，为加强中小学科学素质培养，中国科协、教育部印发《科学家（精神）进校园行动实施方案》，用活校内外科学教育资源，引导广大中小学生了解科学家精神，用科学家精神铸魂育人。教育部还制定了《关于实施国家优秀中小学教师培养计划的意见》，该意见指出从 2023 年起国家支持以"双一流"建设高校为代表的高水平高校选拔学生作为"国优计划"研究生，系统学习教师教育模块课

---

① 《关于调整完善助学贷款有关政策的通知》，2023 年 9 月 11 日。
② 《关于印发〈国家智慧教育平台数字教育资源内容审核规范〉的通知》，2024 年 6 月 6 日。
③ 《关于实施新时代基础教育扩优提质行动计划的意见》，2023 年 7 月 26 日。

程。"国优计划"通过纳入免试认定、探索"订单"培养、组织专场招聘、支持专业发展等方式激励优秀研究生从教。12月，教育部按照新时代教育评价改革和学前教育深化改革规范发展的精神，制定了《幼儿园督导评估办法》，对幼儿园的督导评估内容与方式、组织实施以及工作要求进行了具体规定，推动学前教育普及普惠安全优质发展。

二是巩固深化"双减"政策。2023年7月，根据"双减"政策部署，为加强对校外培训机构从业人员管理，教育部办公厅发布《关于做好校外培训机构从业人员准入查询工作的通知》，通知要求校外培训机构应对拟聘用从业人员在入职前进行查询。同月，教育部办公厅等四部门联合出台文件加强艺考培训规范管理，对培训主体、从业人员管理、培训收费管理、宣传招生秩序和安全管理等九方面内容作出全面部署。①10月，正式施行《校外培训行政处罚暂行办法》，加强了对校外培训的监管，规范了校外培训市场秩序。12月，教育部办公厅等四部门出台文件，进一步规范义务教育课后服务，严禁随意扩大范围、强制学生参加、增加学生课业负担、以课后服务名义乱收费以及不符合条件的机构和人员进校提供课后服务等。②

3. 提升高等教育对高质量发展的支撑作用

一是提升人才自主培养质量。2023年11月，为加快推进自主知识体系、学科专业体系、教材教学体系建设，全面加强教材建设和管理，支撑服务高等教育走好高质量人才自主培养之路，教育部办公厅印发《"十四五"普通高等教育本科国家级规划教材建设实施方案》。同月，教育部制定文件，对深入推进学术学位与专业学位研究生教育分类发展提出指导意见。文件提出，始终坚持学术学位与专业学位研究生教育两种类型同等地位、深入打造学术学位与专业学位研究生教育分类培养链条，以及大力推进重点领域的分类发展改革实现率先突破等内容。③12月，教育部针对服务健康事业和

---

① 《关于在深化非学科类校外培训治理中加强艺考培训规范管理的通知》，2023年7月12日。
② 《关于进一步规范义务教育课后服务有关工作的通知》，2023年12月18日。
③ 《关于深入推进学术学位与专业学位研究生教育分类发展的意见》，2023年11月24日。

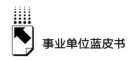

健康产业人才培养制定了引导性专业指南，对接国家重大需求，服务健康事业和健康产业发展。①

二是推进高校哲学社会科学高质量发展。2023年12月，为加强有组织科研，推动哲学社会科学高质量发展，教育部管理与支持并举，同日出台了《教育部哲学社会科学实验室建设与管理办法（试行）》和《教育部哲学社会科学创新团队支持办法（试行）》两个文件。前者对管理职责、立项建设、运行管理、经费保障和考核评估进行了具体规定；后者则确定了资助的范围、基本条件、立项建设、支持措施、运行管理和评估检测等内容。

4.建立健全现代职业教育体系

一是实现职业教育高水平办学。2023年7月，教育部发布加快推进现代职业教育体系建设改革重点任务，其中包括打造市域产教联合体、打造行业产教融合共同体、建设开放型区域产教融合实践中心、持续建设职业教育专业教学资源库等11项内容。② 12月，教育部等三部门联合出台《中等职业教育国家奖学金评审办法》，评审办法体现了突出技能导向、倾斜支持人才紧缺专业和使用信息系统开展评审工作等特征。

二是加强职业院校师资力量建设。2023年12月，为建立健全职业教育培训体系，教育部办公厅同日印发了《全国职业教育教师企业实践基地管理办法》和《国家级职业教育教师和校长培训基地管理办法》，分别对两类基地的职责分工、工作任务和考核评估进行了具体规定。

（二）科研事业改革发展

一是推进科技体制改革。2023年10月，中国机构编制网公布了中共中央办公厅、国务院办公厅关于调整国家卫生健康委、生态环境部、工业和信息化部、中国人民银行等职责机构编制的通知，科学技术部的部分职责和部

---

① 《关于印发〈服务健康事业和健康产业人才培养引导性专业指南〉的通知》，2023年12月14日。

② 《关于加快推进现代职业教育体系建设改革重点任务的通知》，2023年7月7日。

分行政编制、司局级领导职数被分别划入国家卫生健康委、生态环境部、工业和信息化部。2024 年 7 月，科学技术部官网发布了最新组织架构，科学技术部重组新设立了 3 个重要机构——科学技术部新质生产力促进中心、科学技术部新技术中心、科学技术部国际科技合作中心，体现了我国科技发展战略的新动向和未来重点方向。

二是加强青年科技人才培养和使用。2023 年 8 月 27 日，中共中央办公厅、国务院办公厅印发《关于进一步加强青年科技人才培养和使用的若干措施》，在青年科技人才服务、青年科技人才使用、基本科研业务费支持、博士后培养机制、决策咨询、人才评价机制、减轻非科研负担、国际科技交流合作、生活服务保障等方面提出了多项举措，为青年科技人才松绑减负、搭台架梯。科技部发布的报告显示，国家重点研发计划参研人员中 45 岁以下科研人员占比已超过 80%。[①]

三是推进科技伦理和科研作风学风建设。2023 年以来，科技伦理管理进入快车道。2023 年 9 月 7 日，科技部、教育部等 10 个部门印发《科技伦理审查办法（试行）》，将涉及人工智能、算法和模型设计、个人数据处理等在内的科技活动纳入监管范畴，规范科学研究、技术开发等活动的科技伦理审查工作，强化科技伦理风险防控。2024 年 1 月 8 日，科技部监督司发布《关于开展科技伦理管理信息登记的通知》，要求高等学校、科研机构、医疗卫生机构、企业等单位通过国家科技伦理管理信息登记平台进行登记。此外，科研作风学风问题也是 2023 年以来行业的关键词。2023 年 12 月 29 日，科技部办公厅、民政部办公厅、中国科协办公厅发布《关于开展促进科技类社会团体发挥学术自律自净作用专项行动的通知》，引导科技类社会团体大力弘扬科学家精神，加强科研作风学风建设，在促进学术自律自净等方面发挥作用、作出表率，共同营造风清气正的科研环境。

---

① 中华人民共和国科学技术部：《中国科技人才发展报告（2022）》，科学技术文献出版社，2023。

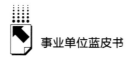
四是完善科技奖励制度体系。为细化落实《国家科学技术奖励条例》（第三次修订）的相关规定，2023 年 12 月 6 日，科技部印发《国家科学技术奖提名办法》（以下简称《提名办法》）——替代了国家科学技术奖励工作办公室 2017 年印发的《国家科学技术奖提名制实施办法（试行）》。《提名办法》以突出战略导向、提高奖励质量、净化评奖风气为重点，优化了国家科技奖励提名机制，在提名规模、专家提名条件、提名程序、提名者责任等方面作出明确要求，进一步提高提名质量。2024 年 5 月 26 日，国务院第四次修订《国家科学技术奖励条例》，重点修改了国家科学技术奖的导向和重点，修改了审批权限，充分体现了党对科技事业的全面领导。2024 年 6 月 24 日，全国科技大会、国家科学技术奖励大会和中国科学院第二十一次院士大会、中国工程院第十七次院士大会在北京召开，中共中央总书记、国家主席、中央军委主席习近平出席大会，为 2023 年度国家最高科学技术奖获得者颁奖。除了国家科学技术奖，国家还新设立了一些特定表彰项目。为表彰先进、树立典型，激励动员广大工程师奋进新时代、建功新征程，2024 年 1 月 19 日，"国家工程师奖"表彰大会在京召开。大会对 81 名"国家卓越工程师"和 50 个"国家卓越工程师团队"进行了表彰，这是党中央、国务院首次进行"国家工程师奖"表彰，体现了国家对工程师队伍的高度重视。

五是健全科技成果转化和专利制度。2024 年 1 月 14 日，国家知识产权局、科技部等六部门发布《关于印发建立财政资助科研项目形成专利的声明制度实施方案的通知》，加强对财政资助科研项目形成专利（含国防专利）的监测管理，推动强化关键领域重大科技攻关项目知识产权布局，提高国家创新体系整体效能。2024 年 1 月 26 日，国家知识产权局、教育部、科技部等八部门印发《高校和科研机构存量专利盘活工作方案》，围绕专利转化运用专项行动，促进高校和科研机构在创新发展和高质量发展中真正发挥主力军和引领者的作用。2024 年 6 月 21 日，国家知识产权局、教育部、科技部等九部门印发《关于推进重点产业知识产权强链增效的若干措施》，从夯实基础、提升效益、强化协同、防范风险四个方面部署了十项重点工作任务，着力发挥知识产权赋能支撑作用，推进产业强链增效。

六是推进重点研发计划管理。2024年3月31日，科技部、财政部印发《国家重点研发计划管理暂行办法》（2024年修订）。此次修订的关键是落实改革要求，重构责任体系、再造管理流程，充分激发各方面创新活力和积极性，加快产出更多重大科技成果，全面提升实施绩效。

（三）文化事业改革发展

一是推动文化文物事业高质量发展。2023年11月，中央宣传部、文化和旅游部等13个部门联合印发了《关于加强文物科技创新的意见》，从优化文物科技创新布局、建强文物科技创新平台、壮大文物科技创新人才队伍、完善文物科技创新激励机制等四个方面作出系统性部署，为文物事业高质量发展提供有效支撑。2023年12月，文化和旅游部开展第七次全国县级以上公共图书馆评估定级工作，共评定一级公共图书馆1302家、二级公共图书馆680家、三级公共图书馆741家。2024年5月，文化和旅游部科技教育司发布《文化和旅游标准化工作细则》，系统明确了标准化工作的相关具体流程和操作要求，提高行业标准化水平，促进文化事业标准化工作提质增效。

二是推进中华优秀传统文化传承与发展。2023年9月，文化和旅游部艺术司发布《关于举办第五届豫剧艺术节的通知》，提出坚持创造性转化、创新性发展，推动豫剧传承交流与发展，为传承和弘扬中华优秀传统文化、丰富人民精神文化生活作出积极贡献。2024年3月，文化和旅游部办公厅发布《关于举办第九届中国昆剧艺术节的通知》，着力涵养百花竞秀的演出生态，让昆曲通过更多元的舞台抵达更广泛的受众。2024年6月，文化和旅游部办公厅发布《关于举办2024年中国秦腔优秀剧目会演的通知》，提出要传承和弘扬秦腔艺术、提升秦腔社会影响力，不断满足人民群众日益增长的精神文化生活需求。

三是加大中青年骨干培养力度。2023年7月，文化和旅游部办公厅发布《关于开展2023年度乡村文化和旅游带头人支持项目推荐工作的通

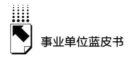

知》，提出选拔一批既能在乡村传承弘扬中华优秀传统文化，又能推动乡村文化和旅游融合发展的带头人，加强乡村文化人才队伍建设。2024 年 4月，文化和旅游部办公厅发布《关于实施 2024 年全国美术馆青年策展人扶持计划的通知》，致力于强化美术馆专业人才队伍建设，加大对美术馆青年策展人员的培养和扶持力度，提高美术馆自主策展能力，促进其专业化建设整体水平的提升。2024 年 6 月，《文化和旅游部办公厅关于公布 2024 年全国戏曲表演领军人才培养计划入选人员名单的通知》发布，明确为入选人员提供在团培育实践、配备专家指导组、展示培养结果等培养计划，通过排演折子戏的方式，不断提升入选人员的专业素质，培育一批中青年戏曲表演领军人才。

四是加快数字化、智能化发展。2023 年 8 月，文化和旅游部办公厅、工业和信息化部办公厅发布《关于组织开展"5G+智慧旅游"应用试点项目申报工作的通知》，依托 5G 网络，充分结合人工智能、大数据、云计算、物联网、虚拟现实、增强现实等新一代信息技术，面向文博场馆等文化空间，开展"5G+智慧旅游"应用创新，助力文化和旅游高质量发展和数字中国建设。2023 年 10 月，文化和旅游部公布了一批文化和旅游数字化创新示范案例①，聚焦创新文字表达方式、提升公共文化服务数字化水平、促进文化机构数字化转型升级、发展数字化文化消费新场景、构建数字化治理体系等五个重点领域，人工智能、虚拟现实等数字新技术在引领、支撑文化和旅游行业发展方面取得实效。

（四）卫生事业改革发展

一是促进优质医疗资源扩容和区域均衡布局。2023 年 7 月，国家卫生健康委、国家发展改革委、财政部、人力资源社会保障部、国家医保局、国家药监局印发《深化医药卫生体制改革 2023 年下半年重点工作任务》，提

---

① 《文化和旅游部办公厅关于公布 2023 年文化和旅游数字化创新示范案例的通知》，2023 年10 月 9 日。

出以下几点。①推进国家医学中心和国家区域医疗中心设置建设。根据规划设置国家医学中心和国家区域医疗中心，建立"揭榜挂帅"与跟踪问效机制。统筹布局综合类、专科类、中医类的国家医学中心建设项目，开展国家区域医疗中心建设成效评价，推动建立与国家区域医疗中心相适应的管理体制和运行机制。②持续提升地市和县级医疗水平。依托现有资源，指导地方推进省级区域医疗中心建设。推进紧密型城市医疗集团建设试点，强化科学合理网格化布局。选择若干城市开展优质高效医疗卫生服务体系试点。持续推进三级医院对口帮扶县级医院工作。鼓励三级医院探索与县级医院建立合作机制，实现疾病诊疗全链条合理分工、优势互补、利益共享。③加强社区和农村医疗卫生服务能力建设。拓展乡镇卫生院康复医疗、医养结合、安宁疗护等服务功能，合理发展社区医院。推进家庭医生签约服务高质量发展，促进有效签约、规范履约，推动综合医院全科医学科参与基层家庭医生签约服务。完善县域巡回医疗和派驻服务工作机制，保障农村医疗卫生服务全覆盖。①

二是深化以公益性为导向的公立医院改革。《深化医药卫生体制改革2023年下半年重点工作任务》中提出以下几点。推进医疗服务价格改革和规范化管理，推动各省（自治区、直辖市）开展2023年度医疗服务价格调整评估，符合条件的在总量范围内及时调整价格，优先将以技术劳务价值为主的治疗类、手术类和部分中医医疗服务项目纳入调整范围；加快推进公立医院高质量发展，全面落实党委领导下的院长负责制，开展公立医院党建工作质量评价，加强以业财融合为核心的公立医院运营管理，持续开展公立医院、妇幼保健机构绩效考核工作。②开展公立医院高质量发展评价和促进行动。2024年3月，国家卫生健康委办公厅印发了《国家二级公立医院绩效考核操作手册（2024版）》和《国家三级公立医院绩效考核操作手册（2024版）》，持续提高三级公立医院绩效考核工作精细化

---

① 《深化医药卫生体制改革2023年下半年重点工作任务》，2023年7月21日。
② 《深化医药卫生体制改革2023年下半年重点工作任务》，2023年7月21日。

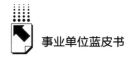

水平。

三是提升基层医疗服务水平。2023年7月，国家卫生健康委、财政部、国家中医药局、国家疾控局等印发《关于做好2023年基本公共卫生服务工作的通知》，明确基本公共卫生服务经费人均财政补助标准为89元，新增的人均5元经费重点支持地方强化对老年人、儿童的基本公共卫生服务。2023年11月，国家卫生健康委办公厅印发《乡镇卫生院服务能力评价指南（2023版）和社区卫生服务中心服务能力评价指南（2023版）》，在现有服务能力分为"基本标准"和"推荐标准"两个档次的基础上，针对医务人员数少于10人、服务人口少于1万人的乡镇卫生院和社区卫生服务中心，新增"合格标准"档次，指导乡镇卫生院和社区卫生服务中心对照评价指南开展自评，查找不足，不断提升服务能力，优化服务模式，改善医疗质量，规范机构管理。2023年12月，国家卫生健康委会同中央编办、国家发展改革委、财政部、人力资源社会保障部等多部门印发《关于全面推进紧密型县域医疗卫生共同体建设的指导意见》，围绕"县级强、乡级活、村级稳、上下联、信息通"目标，通过系统重塑医疗卫生体系和整合优化医疗卫生资源，推进以城带乡、以乡带村和县乡一体、乡村一体，加快建设紧密型县域医共体，大力提升基层医疗卫生服务能力，让群众就近就便享有更加公平可及、系统连续的预防、治疗、康复、健康促进等健康服务。该意见特别提到在编制使用、人员招聘、人事安排、绩效考核、职称评聘等方面赋予县域医共体更多自主权。

四是推动医疗卫生领域信息化和大数据技术应用。《关于做好2023年基本公共卫生服务工作的通知》，要求提高电子健康档案利用效率和质量，进一步推进电子健康档案管理平台与区域范围内医疗卫生机构电子病历系统及妇幼保健、免疫规划、慢病管理、地方病防治、老年健康信息等重点公共卫生业务系统的条块融合和信息共享。2023年9月，国家卫生健康委办公厅印发《患者安全专项行动方案（2023—2025年）》，要求保障诊疗信息安全，对医疗机构内部信息系统采取安全保护措施，建立应急处置备案。2023年12月，国家卫生健康委办公厅印发《公立医院成本核算指导手册》，要求各级主管部门充分利用信息化手段，组织开展成本核算监测评价，加强地区间、医院间成本数据的监测和分析比较，强化成本核算成果应用，为医院内部精细化管理、医疗服务价格制定和监管、完善医保支付政策、公立医院绩效评价、区域卫生资源优化配置等提供数据支撑。2024年3月，国家卫生健康委办公厅、国家中医药局综合司、国家疾控局综合司印发《关于进一步推进医师电子化信息管理工作的通知》，引导医师通过"医通办"医师电子化注册系统建立个人执业档案，定期更新个人执业相关信息，逐步形成完整、实时的个人执业档案，各级卫生健康行政部门要及时核实医师注册信息，激活静态数据，清理无效数据，定期分析电子化注册系统中相关医疗资源配置、运维情况，动态掌握医师队伍数量、结构、科室分布等信息，提高宏观决策科学性和微观管理精准性。

五是全面加强医药领域综合监管。2023年12月，为规范医疗监督执法工作，维护医疗秩序，保障人民群众健康权益，国家卫生健康委、国家中医药局、国家疾控局印发《医疗监督执法工作规范（试行）》，要求县级以上地方卫生健康行政部门及其委托的卫生健康监督机构依据相关法律法规、规章对医疗机构及其医疗卫生人员开展诊疗活动情况进行监督检查，并依法查处违法违规行为。同月，国家卫生健康委办公厅印发了《大型医院巡查工作方案（2023—2026年度）》，决定开展新一轮大型医院巡查工作，以深入贯彻落实党的二十大精神和习近平总书记在二十届中央纪委第二次全会上的重要讲话精神，全面学习贯彻习近平新时代中国特色社会主义思想主题教育深化整改要求，全面加强公立医院党的建设，落实党风廉政建设主体责任，进一步加强卫生行业行风建设，推进公立医院高质量发展，保障人民群众健康权益。随后，国家卫生健康委、国家中医药局、国家疾控局印发《医院巡查工作管理办法（试行）》，要求卫生健康行政部门依照有关法律法规、工作方案及要求，对具有直接领导或业务管理关系的医疗机构在党的建设、行业作风、运行管理等方面开展专项检查工作。

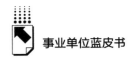

三 深入开展事业单位人事制度改革

2023 年 7 月至 2024 年 6 月，事业单位人事制度改革持续推进，分行业完善事业单位工资制度，修订事业单位处分政策，深化职称制度改革，扎实开展部属高校和中央科研院所自主确定专业技术岗位结构比例试点①，稳妥推进县以下事业单位管理岗位职员等级晋升制度实施工作，致力于为我国的高质量发展提供人事人才支撑。

（一）开展高等学校、科研院所薪酬制度改革试点

2023 年 7 月 11 日，中央全面深化改革委员会第二次会议审议通过了《关于高等学校、科研院所薪酬制度改革试点的意见》。会议强调要逐步建立激发创新活力、知识价值导向、管理规范有效、保障激励兼顾的薪酬制度，进一步激发高等学校、科研院所创新创造活力。

此次改革提出了三大创新举措。一是创新了薪酬管理的目标定位。改革提出要把推动高校教师、科研人员薪酬分配制度改革作为统筹推进教育、科技、人才事业发展的重要抓手，创新性地将事业单位薪酬改革提升到战略薪酬管理的视角。二是创新了薪酬管理体制。改革向主管部门和高等学校、科研院所有序下放薪酬管理权限，同时又加强薪酬管理监督，确保下放的权限接得住、用得好。三是创新了内部分配机制。改革突出创新优先，坚持薪酬分配要同绩效紧密挂钩，向扎根教学科研一线、承担急难险重任务、做出突出贡献的人员倾斜，向从事基础学科教学和基础前沿研究、承担国家关键核心技术攻关任务、取得重大创新成果的人员倾斜。

---

① 《「2023 年人社工作盘点·人事工作篇」稳中求进，人事工作谱新篇》，"中国组织人事报"百家号，2024 年 1 月 22 日，https：//baijiahao. baidu. com/s？id＝1788781446371717293&wfr＝spider&for＝pc。

（二）修订《事业单位工作人员处分规定》

2023年11月6日，中共中央组织部、人力资源社会保障部联合修订《事业单位工作人员处分规定》（以下简称《处分规定》）。修订后的《处分规定》，贯彻落实了党的十八大以来全面从严治党、从严管理干部的新精神和党的二十大对加强干部全方位管理和经常性监督提出的新要求；衔接了《中华人民共和国监察法》《中华人民共和国公职人员政务处分法》等法律；解决事业单位工作人员处分工作面临的新情况、新问题。

《处分规定》对事业单位工作人员处分工作的基本原则、处分的种类和适用、违规违纪违法行为及其适用的处分、处分的权限和程序、复核和申诉等作出规定。《处分规定》明确了处分的种类和适用人员范围。事业单位中从事管理的人员适用《中华人民共和国公职人员政务处分法》规定的六种处分种类（警告、记过、记大过、降级、撤职、开除）；事业单位中其他人员适用《处分规定》，沿用执行四种处分种类（警告、记过、降低岗位等级、开除）。《处分规定》明确，对事业单位工作人员违反政治纪律、违反组织人事纪律、违反工作纪律、违反廉洁从业纪律、违反财经纪律、违反职业道德和违反社会公德等七个方面行为给予处分。[①]

（三）深化职称制度改革

2023年9月27日，人力资源社会保障部印发《人力资源管理专业人员职称评价办法（试行）》，对人力资源管理专业人员职称评价工作作出了系统性的制度安排。评价办法明确了职称体系，设初级、中级、高级；健全了评价标准，坚持把品德放在评价首位，破除"四唯"倾向，进一步向基层和一线导向；完善了评价机制，初级、中级实行以考代评方式，副高级采取考试与评审相结合方式、正高级一般采取评审方式。

---

① 《事业单位工作人员处分规定》，2023年11月6日。

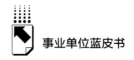

2023 年 11 月 28 日，人力资源社会保障部在贵州省贵阳市召开深化职称制度改革工作座谈会。会议总结了 2016 年以来新一轮职称制度改革成效，并强调要进一步健全制度体系、完善评价标准、创新评价机制、优化评审服务，不断完善以创新价值、能力、贡献为导向的人才评价体系，加快形成并实施有利于人才潜心研究和创新的职称评价制度。

2024 年 4 月 2 日，人力资源社会保障部等九部门联合出台《加快数字人才培育支撑数字经济发展行动方案（2024—2026 年）》。方案中提出要健全评价体系，将人工智能、集成电路、大数据、工业互联网、数据安全等数字领域专业和人力资源管理专业纳入职称评审范围；规范数字技能人才评价，落实高技能人才与专业技术人才职业发展贯通政策。[1]

此外，在县以下全面实行职称"定向评价、定向使用"。[2]

（四）加强人才培养与使用

2023 年 8 月 27 日，中共中央办公厅、国务院办公厅印发《关于进一步加强青年科技人才培养和使用的若干措施》。该文件指出，要落实事业单位科研人员创新创业等相关政策，支持和鼓励高等学校、科研机构等选派青年科技人才，通过兼职创新、长期派驻、短期合作等方式，到基层和企业开展服务，服务成效作为职称评审、职务晋升等的重要参考；要加大基本科研业务费对职业早期青年科技人才的稳定支持力度，根据实际需要、使用绩效、财政状况，逐步扩大中央高校、公益性科研院所基本科研业务费对青年科技人才的资助规模，完善并落实以绩效评价结果为主要依据的动态分配机制；建立和完善青年科技人才评价机制，创新评价方式，科学设置评价考核周期，减少考核频次，开展分类评价，完善并落实优秀青年科技人才职称职务破格晋升机制；减轻青年科技人才非科研负担，将保障青年科技人才科研时

---

① 《加快数字人才培育支撑数字经济发展行动方案（2024—2026 年）》，2024 年 4 月 2 日。
② 《人力资源社会保障部举行 2024 年一季度新闻发布会》，中华人民共和国人力资源和社会保障部网站，2024 年 4 月 23 日，https：//www.mohrss.gov.cn/SYrlzyhshbzb/zxhd/zaixianzhibo/202404/t20240423_517293.html。

间纳入单位考核。①

2024 年 5 月 28 日，为优化师范生公费教育制度，加强研究生层次中小学教师培养，教育部联合人社部等四部门制定《教育部直属师范大学本研衔接师范生公费教育实施办法》。在履约任教方面，文件规定公费师范生毕业后一般回生源所在省份定向地（市、州、盟）中小学任教，并承诺从事中小学教育工作 6 年以上。到城镇学校工作的公费师范生，应到农村义务教育学校任教服务至少 1 年。省级教育行政部门会同人力资源社会保障部门指导地（市、州、盟）组织用人学校在需求岗位范围内对公费师范生进行专项招聘。公费师范生毕业后均须履约任教，未履约任教或履约任教期限不足，按协议约定承担相应责任，违约行为纳入信用记录，违约相关材料归入本人人事档案。在激励措施方面，文件要求各地要落实乡村教师生活补助、艰苦边远地区津贴等优惠政策，吸引公费师范生毕业后到农村中小学任教。各地要为公费师范生到农村中小学任教提供办公场所、周转宿舍等必要的工作生活条件。②

四　总结与展望

一年来，在科教兴国战略、人才强国战略、创新驱动发展战略以及落实公共服务改革高质量发展要求的引领下，我国事业单位改革在部分地区、重点领域、重点行业实现了突破，取得了积极成效。展望未来，事业单位改革可能呈现如下趋势。

一是事业单位改革将更加注重提升整体效能。事业单位改革将继续以强化公益性为目标，优化结构布局，在基本公共服务领域，注重促进优质资源均衡发展，提升基层服务能力水平；在面向世界科技前沿、面向经济主战场、面向国家重大需求、面向人民生命健康等重点领域，注重优化重大科技

---

① 《关于进一步加强青年科技人才培养和使用的若干措施》，2023 年 8 月 27 日。
② 《教育部直属师范大学本研衔接师范生公费教育实施办法》，2024 年 5 月 28 日。

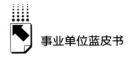
创新组织机制，提升国家创新整体效能。

二是构建支持全面创新体制机制将成为事业单位改革的重要任务。部分行业主管部门及事业单位将贯彻落实党的二十届三中全会重大决策部署，聚焦新一代信息技术、人工智能、航空航天、新能源、新材料、高端装备、生物医药、量子科技等重点领域，不断深化体制机制改革，不断塑造发展新动能新优势，推动新质生产力发展。

三是事业单位人事制度改革将立足于更好激发事业单位内生动力和创新活力，持续为高质量发展提供人事人才支撑。事业单位人事制度改革将以党的二十届三中全会重大决策部署为引领，通过开展高校、科研院所自主确定专业技术岗位结构比例试点，薪酬改革试点以及深化职称制度改革新举措，不断加强队伍建设，激发队伍活力，为统筹推进教育科技人才体制机制一体改革提供支撑和保障。

行业动态篇

B.2
教育事业单位发展状况与趋势分析

胡轶俊*

摘　要：　本报告收集、汇总 2022 年《全国教育事业发展统计公报》《中国教育统计年鉴》《全国教育经费执行情况统计公告》中的相关数据，分析我国教育行业事业单位建设、教育人才队伍建设、高等学校科研和教育经费投入等方面的情况。在数据分析的基础上，本报告提出我国教育事业单位呈现以下三个发展趋势：教育事业进入高质量发展新阶段、职业教育逐步实现与普通教育协调发展、高等教育科研成果服务经济社会能力不断增强。

关键词：　教育事业　人才队伍　高等学校科研　教育经费

2022 年，我国教育领域各部门不断推动教育事业取得新进步。本报告

---

* 胡轶俊，政治学博士，中国人事科学研究院事业单位管理研究室助理研究员，主要研究方向为事业单位人事管理。

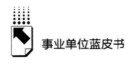

通过《全国教育事业发展统计公报》《中国教育统计年鉴》《全国教育经费执行情况统计公告》等资料，对 2022 年我国教育事业发展、教育人才队伍变化、高等教育科研情况和教育经费投入等方面进行了描述与分析。

一 教育事业发展状况

2022 年，我国各级各类公办学校①共 34.03 万所，较 2021 年减少了 3324 所，降幅为 0.97%。② 以下将分级分类介绍我国教育的毛入学率③、学校数量、在校生数量和生师比，以此来描述我国 2022 年教育事业发展状况。

（一）毛入学率

2022 年，我国学前教育、小学阶段、初中阶段、高中阶段及高等教育阶段毛入学率分别为 89.7%、102.9%、102.5%、91.6% 和 59.6%。与 2021 年相比，学前教育阶段增长 1.6 个百分点，小学阶段和初中阶段保持不变，高中阶段增长 0.2 个百分点，高等教育阶段增长 1.8 个百分点。数据反映了我国教育相对规模的持续扩大。各级各类教育毛入学率具体如表 1 所示。

表 1　2018~2022 年各级教育毛入学率

单位：%

年份	学前教育	小学阶段	初中阶段	高中阶段	高等教育阶段
2018	81.7	103.2	100.9	88.8	48.1
2019	83.4	103.0	102.6	89.5	51.6
2020	85.2	102.9	102.5	91.2	54.4
2021	88.1	102.9	102.5	91.4	57.8
2022	89.7	102.9	102.5	91.6	59.6

资料来源：《中国教育统计年鉴 2022》。

---

① 公办学校数据，由年鉴中的各级各类学校总数减去各级各类民办学校总数而得，下文公办学校在校生数量、专任教师数量由相同方法获得。

② 文中采用以万为单位的数据描述中，由于四舍五入，与部分计算结果会略有出入，此时以表中数据为准。

③ 毛入学率和生师比反映我国教育事业整体状况，此处不区分公办教育和民办教育。

（二）学校数量

2022 年，公办学前教育、普通小学、普通初中、普通高中、本科院校、职业初中、中职教育①、高职（专科）院校和本科层次职业学校的数量合计约为 33.76 万所②，较 2021 年减少了 3359 所，降幅为 0.99%。具体数量依次为：12.87 万所、14.41 万所、4.70 万所、1.07 万所、849 所、6 所、5128 所、1139 所和 10 所。与 2021 年相比，学前教育、普通初中、普通高中、本科院校和高职（专科）院校，分别增加了 603 所、283 所、149 所、1 所和 3 所；普通小学、职业初中和中职教育，分别少了 4209 所、1 所和 188 所；本科层次职业学校数量保持不变。各级各类公办学校数量具体如表 2 所示。

表 2　2018~2022 年各级各类公办学校数量

单位：所

年份	学前教育	义务教育		普通高中	本科院校	职业教育			
		普通小学	普通初中			职业初中	中职教育	高职（专科）院校	本科层次
2018	100898	155632	46511	10521	826	11	5857	1088	—
2019	107938	153920	46613	10537	831	9	5701	1011	—
2020	123759	151792	46756	10541	836	8	5520	1131	—
2021	128130	148270	46712	10577	848	7	5316	1136	10
2022	128733	144061	46995	10726	849	6	5128	1139	10

资料来源：《中国教育统计年鉴 2022》。

（三）在校生数量

2022 年，公办学前教育、普通小学、普通初中、普通高中、本科院校、职业初中、中职教育、高职（专科）院校和本科层次职业学校的在校生数

---

①　年鉴中的中等职业教育的数据未包含技工学校，下同。
②　文中采用以万为单位的数据描述中，由于四舍五入，与部分计算结果会略有出入，此时以表中数据为准。

量合计 2.30 亿人，较 2021 年增加了 543.53 万人，增幅为 2.42%。具体人数依次为：2500.77 万、9957.20 万、4538.53 万、2216.09 万、1452.80 万、771、1063.05 万、1277.11 万和 4.62 万人。与 2021 年相比，除职业初中外，在校生人数都有所增长。学前教育增长 7.60 万人，普通小学增长 130.09 万人，普通初中增长 241.45 万人，普通高中增长 61.40 万人，本科院校增长 33.38 万人，中职教育增长 18.87 万人，高职（专科）院校增长 47.52 万人，本科层次职业学校增长 3.24 万人。职业初中学生数量减少了 49 人。各级各类公办学校在校生数量具体如表 3 所示。

表 3　2018~2022 年各级各类公办学校在校生数

单位：人

年份	学前教育	义务教育		普通高中	本科院校	职业教育			
		普通小学	普通初中			职业初中	中职教育	高职（专科）院校	本科层次
2018	20166357	94546795	40160861	20471022	12802483	1949	10039254	8958703	—
2019	20644409	96163307	41393001	20546285	13117897	4356	9917981	10068621	—
2020	21558008	97593184	41949205	20931630	13575589	2108	10184337	11363983	—
2021	24931751	98271068	42970824	21546861	14194196	820	10441817	12295891	13830
2022	25007718	99571962	45385331	22160853	14527978	771	10630495	12771069	46226

资料来源：《中国教育统计年鉴 2022》。

（四）生师比

2022 年，普通小学、初中、普通高中、本科院校、中等职业学校、专科院校和本科层次职业学校生师比分别为 16.19、12.72、12.72、17.65、18.65、19.69 和 18.31。与 2021 年相比，生师比下降的有：普通小学、普通高中、中等职业学校、本科院校、本科层次职业学校和专科院校，分别下降了 0.14、0.12、0.21、0.25、1.07 和 0.16。初中的生师比提高了 0.08。各级普通学校生师比具体如表 4 所示。

表4　2018~2022年各级普通学校生师比

年份	普通小学	初中	普通高中	中等职业学校	普通高校			
					全国	本科院校	本科层次职业学校	专科院校
2018	16.97	12.79	13.10	19.10	17.56	17.42	—	17.89
2019	16.85	12.88	12.99	18.94	17.95	17.39	—	19.24
2020	16.67	12.73	12.90	19.54	18.37	17.51	—	20.28
2021	16.33	12.64	12.84	18.86	18.54	17.90	19.38	19.85
2022	16.19	12.72	12.72	18.65	18.32	17.65	18.31	19.69

资料来源：《中国教育统计年鉴2022》。

二　人才队伍建设状况

2022年，我国各级各类公办学校的专任教师数量为1546.62万人，比2021年增长47.80万人，涨幅达3.19%。

（一）专任教师数量

2022年，我国公办学前教育、普通小学、普通初中、普通高中、本科院校、职业初中、中职教育、高职（专科）院校和本科层次职业学校的专任教师数量合计1538.15万人，比2021年增长49.24万人，涨幅达3.31%。具体数量依次为157.96万人、562.89万人、379.29万人、221.53万人、107.19万人、185人、57.59万人和50.72万人和9729人。与2021年相比，专任教师数量有所增长的为学前教育、普通小学、普通初中、普通高中、本科院校、中职教育、高职（专科）院校和本科层次职业学校，分别增长了11.54万人、7.08万人、14.34万人、8.93万人、3.42万人、8906人、2.98万人和492人；职业初中专任教师减少21人。各级各类公办学校专任教师数量具体如表5所示。

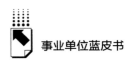

表5 2018~2022年各级各类公办学校专任教师数量

单位：人

| 年份 | 学前教育 | 义务教育 | | 普通高中 | 本科院校 | 职业教育 | | | |
		普通小学	普通初中			职业初中	中职教育	高职（专科）院校	本科层次
2018	972427	5626681	3257867	1604978	939680	283	552637	408093	—
2019	1070118	5760396	3642385	1627738	1104693	348	551858	425523	—
2020	1294640	5894523	3397529	1667187	1008412	304	560218	455376	—
2021	1464115	5558073	3649549	2125971	1037614	206	566987	477310	9237
2022	1579563	5628892	3792908	2215266	1071861	185	575893	507158	9729

资料来源：《中国教育统计年鉴2022》。

（二）专任教师学历结构

对于专任教师学历结构的分析，本报告主要聚焦学前教育、小学、初中、普通高中、普通高校和职业教育各级各类教育的专任教师，具体如表6所示。

表6 2021~2022年各级各类教育专任教师学历结构

单位：人，%

项目			博士研究生	硕士研究生	本科	专科	高中阶段	高中阶段以下
学前教育	2021年	人数	66	7423	920388	1867484	364760	30868
		占比	0.002	0.23	28.84	58.52	11.43	0.97
	2022年	人数	87	8552	1049433	1871322	294939	19871
		占比	0.003	0.26	32.35	57.68	9.09	0.61
小学教育	2021年	人数	339	124226	4516064	1856305	102507	1358
		占比	0.01	1.88	68.42	28.12	1.55	0.02
	2022年	人数	333	141868	4798398	1615601	72341	880
		占比	0.01	2.14	72.38	24.37	1.09	0.01
初中教育	2021年	人数	1003	180821	3394217	391597	3338	145
		占比	0.03	4.55	85.47	9.86	0.08	0.004
	2022年	人数	995	202149	3488357	331164	2448	84
		占比	0.02	5.02	86.66	8.23	0.06	0.002

项目			博士研究生	硕士研究生	本科	专科	高中阶段	高中阶段以下
普通高中	2021年	人数	2544	248725	1753185	23370	500	17
		占比	0.13	12.26	86.43	1.15	0.02	0.001
	2022年	人数	2563	276376	1833450	20383	360	27
		占比	0.12	12.96	85.95	0.96	0.02	0.001
普通高校	2021年	人数	525957	484467	256366	2938	82	
		占比	41.42	38.15	20.19	0.23	0.006	
	2022年	人数	566787	505711	241250	2031	60	
		占比	43.07	38.43	18.33	0.15	0.005	
中等职业学校	2021年	人数	627	58365	591755	42758	1942	
		占比	0.09	8.39	85.09	6.15	0.28	
	2022年	人数	692	63287	617420	35577	1330	
		占比	0.10	8.81	85.96	4.95	0.19	
高职（专科）院校	2021年	人数	13253	219495	329413	7628	382	
		占比	2.32	38.50	57.77	1.34	0.07	
	2022年	人数	15533	248701	349005	6049	233	
		占比	2.51	40.14	56.33	0.98	0.04	
本科层次职业学校	2021年	人数	1423	12192	11543	386	16	
		占比	5.57	47.70	45.16	1.51	0.06	
	2022年	人数	2037	13882	11559	257	26	
		占比	7.34	50.01	41.64	0.93	0.09	

资料来源：《中国教育统计年鉴2021》《中国教育统计年鉴2022》。

2022年，学前教育专任教师中，博士研究生、硕士研究生、本科、专科、高中阶段、高中阶段以下学历的占比分别为0.003%、0.26%、32.35%、57.68%、9.09%和0.61%。与2021年相比，研究生（含博士和硕士）和本科学历占比分别增加了0.03个和3.51个百分点；专科、高中阶段、高中阶段以下学历占比分别下降了0.84个、2.34个和0.36个百分点。

小学专任教师中，博士研究生、硕士研究生、本科、专科、高中阶段、高中阶段以下学历的占比分别为0.01%、2.14%、72.38%、24.37%、1.09%和0.01%。与2021年相比，研究生（含博士和硕士）和本科学历占比分别增加了0.26个和3.96个百分点；专科、高中阶段、高中阶段以下学

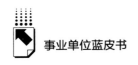

历占比分别下降了 3.75 个、0.46 个和 0.01 个百分点。

初中专任教师中，博士研究生、硕士研究生、本科、专科、高中阶段、高中阶段以下学历的占比分别为 0.02%、5.02%、86.66%、8.23%、0.06% 和 0.002%。与 2021 年相比，研究生（含博士和硕士）和本科学历占比分别增加了 0.47 个和 1.19 个百分点；专科、高中阶段、高中阶段以下学历占比分别下降了 1.63 个、0.02 个和 0.002 个百分点。

普通高中专任教师中，博士研究生、硕士研究生、本科、专科、高中阶段、高中阶段以下学历的占比分别为 0.12%、12.96%、85.95%、0.96%、0.02% 和 0.001%。与 2021 年相比，研究生（含博士和硕士）学历占比增加了 0.69 个百分点；本科、专科和高中阶段学历占比分别下降了 0.48 个、0.20 个和 0.01 个百分点。

普通高校专任教师中，博士研究生、硕士研究生、本科、专科、高中阶段及以下学历的占比分别为 43.07%、38.43%、18.33%、0.15% 和 0.005%。与 2021 年相比，研究生（含博士和硕士）学历占比增加了 1.93 百分点；本科、专科和高中阶段及以下学历占比分别下降了 1.86 个、0.08 个和 0.02 个百分点。

中等职业学校中，博士研究生、硕士研究生、本科、专科和高中阶段及以下学历的专任教师占比分别为 0.10%、8.81%、85.96%、4.95% 和 0.19%。与 2021 年相比，研究生（含博士和硕士）和本科学历占比分别增加了 0.43 个和 0.87 个百分点；专科和高中阶段及以下学历占比分别下降了 1.20 个、0.09 个百分点。

高职（专科）院校中，博士研究生、硕士研究生、本科、专科和高中阶段及以下学历的专任教师占比分别为 2.51%、40.14%、56.33%、0.98% 和 0.04%，与 2021 年相比，研究生（含博士和硕士）学历占比增加了 1.83 个百分点；本科、专科和高中阶段及以下学历占比分别下降了 1.44 个、0.36 个和 0.03 个百分点。

本科层次职业高校中，博士研究生、硕士研究生、本科、专科和高中阶段及以下学历的专任教师占比分别为 7.34%、50.01%、41.64%、0.93% 和 0.09%。与 2021 年相比，研究生（含博士和硕士）和高中阶段及以下学历占比分别增加了 4.08 个、0.03 个百分点；本科和专科学历占比分别下降了 3.52 个和 0.58 个百分点。

（三）专任教师专业技术职称结构

2022 年各级各类教育专任教师专业技术职称结构如表 7 所示。

表 7　2022 年各级各类教育专任教师专业技术职称结构

单位：人，%

项目		正高级	副高级	中级	初级		未定职级
					助理级	员级	
学前教育	人数	395	41819	249625	463526	154981	2333858
	占比	0.01	1.29	7.69	14.29	4.78	71.94
小学	人数	3610	737242	2679052	1987049	185046	1037422
	占比	0.05	11.12	40.41	29.97	2.79	15.65
初中	人数	5178	864737	1505141	1033268	65885	550988
	占比	0.13	21.48	37.39	25.67	1.64	13.69
普通高中	人数	9098	552865	734590	491125	29822	315659
	占比	0.43	25.92	34.44	23.02	1.40	14.80
普通高校	人数	220889	419490	490642	95590		89228
	占比	16.79	31.88	37.29	7.26		6.78
中等职业学校（机构）	人数	5330	168979	249485	158943		135569
	占比	0.74	23.52	34.73	22.13		18.87
专科层次职业高校	人数	29720	150014	229860	114040		95887
	占比	4.80	24.21	37.10	18.41		15.48
本科层次职业高校	人数	1873	7268	9253	4462		4905
	占比	6.75	26.18	33.33	16.07		17.67

资料来源：《中国教育统计年鉴 2022》。

2022 年，学前教育专任教师的专业技术职称结构中，未定职级教师的占比最高，为 71.94%；第二为初级教师（助理级和员级），占比为 19.07%；第三为中级教师，占比为 7.69%；第四为副高级教师，占比为 1.29%；第五为正高级教师，占比为 0.01%，全国有 395 名正高级学前教育专任教师。

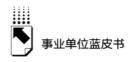
小学专任教师中，中级教师占比最高，为40.41%；第二为初级（助理级和员级）教师占比为32.76%；第三为未定职级教师，占比15.65%；第四为副高级教师，占比为11.12%；第五为正高级教师，占比为0.05%，人数为3610人。

初中专任教师中，中级教师占比最高，为37.39%；第二为初级（助理级和员级）教师占比为27.31%；第三为副高级教师，占比为21.48%；第四为未定职级教师，占比为13.69%，第五为正高级教师，占比为0.13%，人数为5178人。

普通高中专任教师中，占比第一的为中级教师，为34.44%；第二为副高级教师，占比为25.92%；第三为初级（助理级和员级）教师占比为24.42%；第四为未定职级教师，占比为14.80%；第五为正高级教师，占比为0.43%，人数为9098人。

普通高校专任教师中，第一为中级教师，占比为37.29%；第二为副高级教师，占比为31.88%；第三为正高级教师，占比为16.79%；第四为初级（助理级和员级）教师，占比为7.26%；第五为未定职级的教师，占比为6.78%。

中等职业学校（机构）专任教师中，中级教师占比最高，为34.73%；第二为副高级教师，占比为23.52%；第三为初级（助理级和员级）教师，为22.13%；第四为未定职级教师，占比为18.87%；第五为正高级教师，占比为0.74%，人数为5330人。

专科层次职业高校专任教师中，中级教师占比最高，为37.10%；第二为副高级教师，占比24.21%；第三为初级（助理级和员级）18.41%；第四为未定职级教师，占比为15.48%；最后为正高级教师，占比4.80%，人数为29720人。

本科层次职业高校专任教师中，中级教师占比最高，占比为33.33%；第二为副高级教师，占比为26.18%；第三为未定职级教师，占比为17.67%；第四为初级（助理级和员级）教师，占比为16.07%；最后为正高级教师，占比为6.75%，人数为1873人。

（四）专任教师性别结构

2022年，女性专任教师的占比都有所提高。学前教育女性专任教师占比为 97.61%，比 2021 年增长了 0.003 个百分点；小学女教师占比为 73.31%，增长了 1.01 个百分点；初中女教师占比为 60.80%，比 2021 年增长了 1.03 个百分点；普通高中女教师占比为 57.53%，比 2021 年增长了 1.01 个百分点。普通高校占比为 50.21%，比 2021 年增长了 0.61 个百分点。各级各类教育专任教师性别结构具体如表 8 所示。

表 8　2018~2022 年各级各类教育专任教师性别结构

单位：人，%

年份		学前教育	小学	初中	普通高中	普通高校
2018	人数	2581363	6091908	3638999	1812584	1672753
	女	2525667	4188201	2066233	976982	841680
	占比	97.84	68.75	56.78	53.90	50.32
2019	人数	2763104	6269084	3747429	1859242	1740145
	女	2702111	4389430	2165951	1017816	883138
	占比	97.79	70.02	57.80	54.74	50.75
2020	人数	2913426	6434178	3860741	1933228	1832982
	女	2848609	4578915	2270332	1075617	938789
	占比	97.78	71.17	58.81	55.64	51.22
2021	人数	3190989	6600799	3971121	2028341	1269810
	女	3114588	4772017	2373454	1146403	629756
	占比	97.61	72.29	59.77	56.52	49.59
2022	人数	3244204	6629421	4025197	2133159	1315839
	女	3166616	4859779	2447249	1227203	660674
	占比	97.61	73.31	60.80	57.53	50.21

资料来源：《中国教育统计年鉴 2022》。

三　高等学校科研情况

高等学校除教育职能外，还承担了大量的科研工作。本报告将从人力、科技经费和研究与发展课题成果等三个方面对 2022 年高等学校科研情况进行描述与分析。

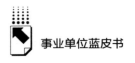

（一）人力情况

2022 年，普通高等学校科技人员中研究与发展全时人员合计为 35.67 万人，其中科学家和工程师为 34.65 万人，研究与发展成果应用及科技服务全时人员合计为 5.32 万人，其中科学家和工程师为 5.20 万人；与 2021 年相比，分别增长了 6.68%、5.77%、18.91% 和 18.40%。2018～2022 年普通高等学校科技人力情况具体如表 9 所示。

表 9　2018～2022 年普通高等学校科技人力情况

单位：人

年份	研究与发展全时人员		研究与发展成果应用及科技服务全时人员	
	合计	其中:科学家和工程师	合计	其中:科学家和工程师
2018	267070	262263	34734	34182
2019	509668	377065	64465	47812
2020	309617	302838	40191	39169
2021	334343	327596	44749	43945
2022	356669	346501	53213	52029

资料来源：《中国教育统计年鉴 2022》。

2022 年，普通高等学校中社科活动人员数量为 93.81 万人，研究与发展人员数量为 75.38 万人。与 2021 年相比，分别增长了 4.58%、8.08%。2018～2022 年普通高等学校人文、社会科学人力情况具体如表 10 所示。

表 10　2018～2022 年普通高等学校人文、社会科学人力情况

单位：人

年份	社科活动人员	研究与发展人员
2018	764235	539023
2019	797470	564931
2020	842462	618048
2021	896954	697460
2022	938059	753793

资料来源：《中国教育统计年鉴 2022》。

（二）科技经费情况

2022 年，普通高校科技经费拨入合计为 3179.53 亿元，与 2021 年相比，增长了 12.41%，其中政府资金、企事业单位委托分别增长了 11.29%、7.14%，其他拨入下降了 35.67%。经费支出合计 2864.55 亿元，与 2021 年相比，业务费支出增长了 113.86%，劳务费、转拨外单位经费和其他支出分别下降 71.42%、87.96% 和 62.34%。2018~2022 年普通高等学校科技经费情况具体如表 11 所示。

表 11　2018~2022 年普通高等学校科技经费情况

单位：千元

年份	拨入				支出				
	合计	政府资金	企事业单位委托	其他	合计	劳务费	业务费	转拨外单位经费	其他
2018	205269400	133482611	56000704	15786085	185630061	33593927	92816119	15807508	43412507
2019	245820225	159023487	64750419	22046319	223381397	43032876	109497222	19038852	51812447
2020	257317243	165746354	68109745	23461144	237509173	48603482	112274741	21949097	54681853
2021	282856896	168697351	84754144	61249112	710179	242941480	60414613	193893118	171213912
2022	317952587	187747056	90806092	39399439	286455378	69428631	129201268	23347165	64478314

资料来源：《中国教育统计年鉴 2022》。

2022 年，普通高校人文、社会科学研究与发展经费拨入合计为 341.87 亿元，与 2021 年相比，增长了 9.41%。其中政府资金、企事业单位委托和其他的增幅分别为 4.36%、6.26% 和 16.49%。支出合计 325.72 亿元，与 2021 年相比，增长了 10.50%。其中科研人员费、业务费、转拨外单位经费和其他支出的增幅分别为 21.69%、6.92%、31.76% 和 2.40%。2018~2022 年普通高等学校人文、社会科学研究与发展经费情况具体如表12 所示。

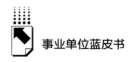

表 12 2018～2022 年普通高等学校人文、社会科学研究与发展经费情况

单位：千元

年份	拨入				支出				
	合计	政府资金	企事业单位委托	其他	合计	科研人员费	业务费	转拨外单位经费	其他
2018	21298705	12373304	4976183	3949218	19211826	5270757	9054838	157393	4728838
2019	25273464	14126409	6508759	4638295	23528056	6315493	11690088	223412	5299063
2020	27133155	15018340	7056661	5058154	25450570	7263512	12296764	300285	5590010
2021	31248185	16083976	9148182	6016027	29478514	8375580	14478824	395599	6228511
2022	34187369	16784647	9721014	7007784	32572406	10191909	15481123	521241	6378133

注：此处对表格进行了简化处理。拨入部分的政府资金包含科研活动经费、科技活动人员工资、科研基建费三项，其他含金融机构贷款、自筹经费、国外资金和其他收入。支出部分其他含科研基建费、仪器设备费、图书资料费、管理费和其他。

资料来源：《中国教育统计年鉴 2022》。

（三）研究与发展课题成果情况

2022 年普通高等学校的研究与发展课题成果与上年相比：出版科技专著减少了 200 部，下降 2.94%；发表论文增加了 10.96 万篇，增长 9.11%；成果获奖减少了 248 项，下降 4.98%；技术转让收入增加 4.41 亿元，增长 8.79%；知识产权授权数减少 1.63 万项，下降 5.27%；专利出售实现金额增加 9.98 亿元，增长 9.96%。2018～2022 年普通高等学校研究与发展课题成果情况如表 13 所示。

表 13 2018～2022 年普通高等学校研究与发展课题成果情况

年份	出版科技专著（部）	发表论文（篇）	成果获奖（项）		技术转让		知识产权授权数（项）	专利出售	
			合计	其中：国家奖	合同数	收入（千元）		项数	实现金额（千元）
2018	5955	1026200	4774	311	11207	3405840	184934	6115	3390858
2019	6058	1083321	5325	317	13918	2874573	206036	9229	4039648
2020	6150	1129917	4547	9	19936	4161746	268450	15169	8108857

续表

年份	出版科技专著(部)	发表论文(篇)	成果获奖(项)		技术转让		知识产权授权数(项)	专利出售	
			合计	其中：国家奖	合同数	收入(千元)		项数	实现金额(千元)
2021	6810	1203369	4977	246	23416	5018494	308548	16015	10014590
2022	6610	1312951	4729	0	28920	5459799	292281	21009	11012316

资料来源：《中国教育统计年鉴 2022》。

2022 年普通高等学校人文、社会科学研究与发展课题成果与上年相比：出版专著减少 598 部，下降 3.48%。发表论文总计减少 30052 篇，下降 8.01%；研究与咨询报告被采纳数增加 4733 篇，增长 21.55%。2018~2022 年普通高等学校人文、社会科学研究与发展课题成果情况具体如表 14 所示。

表 14　2018~2022 年普通高等学校人文、社会科学研究与发展课题成果情况

单位：部，篇

年份	出版专著	发表论文				研究与咨询报告	
		合计	国内学术刊物	国外学术刊物	港澳台刊物	合计	其中：被采纳数
2018	17145	363712	348467	14757	488	22086	9474
2019	17306	364015	344888	18723	404	25805	11539
2020	17361	373614	349806	23384	424	33689	15559
2021	17203	375093	345871	28801	421	44874	21967
2022	16605	345041	308672	36052	317	53780	26700

资料来源：《中国教育统计年鉴 2022》。

四　教育经费投入状况

根据《2022 年全国教育经费执行情况统计公告》，2022 年，全国教育经费总投入为 61329.14 亿元，比上年增长 5.97%。其中国家财政性教育经

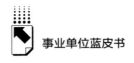

费为 48472.91 亿元，比上年增长 5.75%。国家财政性教育经费占国内生产总值比重为 4.01%，与 2021 年持平。

（一）一般公共预算教育经费

2022 年全国一般公共预算教育经费（包括教育事业费、基建经费和教育费附加）为 39256.96 亿元，比上年增长 4.79%。其中，中央财政教育经费为 5715.56 亿元，比上年同口径增长 2.7%。[①] 全国一般公共预算教育经费占一般公共预算支出的 15.07%。

（二）生均一般性公共预算教育经费

2022 年全国按在校学生人数平均的一般公共预算教育经费为 15731.97 元，比上年的 15356.59 元增长了 2.44%。[②] 各级教育中，除普通高等教育外，生均一般公共预算教育经费均有所增长。幼儿园为 10198.39 元，增幅最大，比上年增长 7.29%。普通小学为 12791.64 元，比上年增长 3.32%。普通初中为 18151.98 元，比上年增长 2.14%。普通高中为 19117.92 元，比上年增长 1.64%。中等职业教育为 17461.54 元，比上年增长 2.14%。普通高等教育为 22205.41 元，比上年下降 1.69%。各级教育生均一般公共预算教育经费情况具体如表 15 所示。

表 15　2021~2022 年各级教育生均一般公共预算教育经费情况

单位：元，%

项目	幼儿园	普通小学	普通初中	普通高中	中等职业教育	普通高等教育
2021	9505.84	12380.73	17772.06	18808.71	17095.26	22586.42
2022	10198.39	12791.64	18151.98	19117.92	17461.54	22205.41
增幅	7.29	3.32	2.14	1.64	2.14	-1.69

资料来源：《2022 年全国教育经费执行情况统计公告》。

---

① 《2022 年全国教育经费执行情况统计公告》，教育部官网，http：//www. moe. gov. cn/srcsite/A05/s3040/202212/t20221230_1037263. html。

② 《2022 年全国教育经费执行情况统计公告》，教育部官网，http：//www. moe. gov. cn/srcsite/A05/s3040/202212/t20221230_1037263. html。

五　趋势分析

2022 年，党的二十大报告中总结了教育领域新时代十年的伟大变革，指出我国已建成世界上规模最大的教育体系，教育普及水平实现历史性跨越，并提出教育、科技、人才是全面建设社会主义现代化国家的基础性、战略性支撑，要求深入实施科教兴国战略，坚持教育优先发展，加快建设教育强国。这对我国教育事业的重要定位与谋划具有深远意义。结合前文的数据分析，我国教育事业单位的发展趋势如下。

（一）教育事业进入高质量发展新阶段

2022 年，我国各级教育普及程度达到或超过中高收入国家平均水平，其中义务教育普及程度达到世界高收入国家平均水平，普通高等教育实现了从大众化到普及化的历史性跨越。[①] 例如，学前教育资源进一步增加，公办学前教育学校 12.87 万所，较 2021 年增加 603 所；毛入学率 89.7%，增加了 1.6 个百分点。义务教育普及巩固水平进一步提升，义务教育巩固率达95.5%。[②] 高中阶段毛入学率达 91.6%，增长 0.2 个百分点。普通高等教育普及化水平进一步巩固和提升，普通高等教育毛入学率达 59.6%，增长 1.8个百分点。与此同时，我国财政性教育经费支出占 GDP 比重持续保持在 4%以上，有力推动了我国教育现代化总体发展水平跨入世界中上国家行列。[③]在此基础上，我国教育事业的发展将要注重扩优提质，提升供给高质量教育服务的能力。

[①] 《我国各级各类教育达到历史最好水平》，教育部官网，2022 年 9 月 28 日，http://www.moe.gov.cn/fbh/live/2022/54875/mtbd/202209/t20220928_665604.html。

[②] 《在"上好学"上迈出坚实步伐》，教育部官网，2023 年 3 月 24 日，http://www.moe.gov.cn/jyb_xwfb/s5147/202303/t20230324_1052475.html。

[③] 《我国各级各类教育达到历史最好水平》，教育部官网，2022 年 9 月 28 日，http://www.moe.gov.cn/fbh/live/2022/54875/mtbd/202209/t20220928_665604.html。

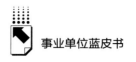
（二）职业教育逐步实现与普通教育协调发展

2022 年，习近平总书记专门向世界职业技术教育发展大会致贺信，提出职业教育与经济社会发展紧密相连，对促进就业创业、助力经济社会发展、增进人民福祉具有重要意义。党的二十大报告提出，要统筹职业教育、高等教育、继续教育协同创新，推进职普融通、产教融合、科教融汇，优化职业教育类型定位。我国职业教育体系持续发展壮大，公办中职教育在校生增加 18.87 万人，高职（专科）院校在校生增加 47.52 万人，本科层次职业学校在校生增加 3.24 万人。高等职业院校（含职业本科）学校 1521 所，2022 年招生 546.61 万人（不含五年制高职转入专科招生 54.29 万人），连续 4 年超过普通本科招生规模。① 当前，我国将不断推进高中阶段和高等教育阶段的普职协调发展，提升职业教育吸引力，丰富我国教育体系的多样性，为国家培养高素质的技能人才。

（三）高等教育学校科研成果服务经济社会能力不断加强

高等学校是我国实现高水平科技自立自强的重要支撑，科研力量不断壮大。其中，科技人员中研究与发展全时人员为 35.67 万人，研究与发展成果应用及科技服务全时人员为 5.32 万人，较 2021 年分别增长了 6.68% 和 18.91%；社科活动人员数量为 93.81 万人，研究与发展人员数量为 75.38 万人，较 2021 年分别增长了 4.58% 和 8.08%。同时，在科研成果转化方面取得了显著成绩：技术转让收入增加 4.41 亿元，增长 8.79%；专利出售实现金额增加 9.98 亿元，增长 9.96%。人文、社会科学研究与发展课题成果中，研究与咨询报告被采纳数增加 4733 篇，增长 21.55%。随着我国高校持续探索实践破"四唯"、立"新标"，调动科研人员成果应用转化的积极性，高等教育学校服务经济社会能力将不断提升。

---

① 《2022 年全国教育事业发展基本情况发布　学历教育在校生达 2.93 亿人》，教育部官网，2023 年 3 月 24 日，http://www.moe.gov.cn/fbh/live/2023/55167/mtbd/202303/t20230324_1052472.html。

B.3
科研事业单位发展状况与趋势分析

毕苏波*

摘　要： 党的二十大报告明确提出，教育、科技、人才是全面建设社会主义现代化国家的基础性、战略性支撑。2022年，科研行业平稳发展，科研事业单位发挥了重要作用。本报告基于《中国科技统计年鉴》等资料，分别从科研机构、人才队伍建设、科研经费、科研产出四个方面对科研事业单位发展状况进行描述，研究发现科研事业单位改革持续推进，地方科研力量稳步发展，人员结构不断优化，基础研究占比稳步提高，科研产出量质齐升。

关键词： 科研事业单位　人才队伍建设　科研经费　科研产出

2022年是党和国家历史上极为重要的一年。党的二十大胜利召开，描绘了全面建设社会主义现代化国家的宏伟蓝图。党的二十大报告指出，教育、科技、人才是全面建设社会主义现代化国家的基础性、战略性支撑。必须坚持科技是第一生产力、人才是第一资源、创新是第一动力，深入实施科教兴国战略、人才强国战略、创新驱动发展战略，开辟发展新领域新赛道，不断塑造发展新动能新优势。作为科研行业中坚力量的科研事业单位发挥了至关重要的作用。这一年，"三大战略""科技伦理""青年人才"等成为行业的关键词。本文基于《中国科技统计年鉴》等资料，分别从科研机构、人才队伍建设、科研经费、科研产出四个方面对科研事业单位进行描述，并以此分析未来发展趋势。

---

* 毕苏波，中国人事科学研究院事业单位管理研究室助理研究员，主要研究方向为事业单位岗位管理、人才制度等。

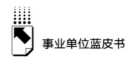
一 科研机构发展状况

（一）各级机构数量变化

2022 年，科研事业单位数量继续下降至 2871 家，与 2021 年相比，减少 91 家，缩减 3.1%。从隶属关系来看，中央属单位减少 3 家，地方属单位减少了 88 家（见图 1）。

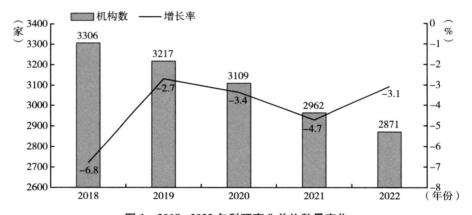

图 1　2018~2022 年科研事业单位数量变化

资料来源：《中国科技统计年鉴》，笔者自制，下同。

（二）不同门类学科的机构数量变化

总体上，2022 年农业科学类和工程与技术科学类科研事业单位占比已达 2/3。其中，农业科学类科研事业单位为 973 家，占比为 34%，工程与技术科学类科研事业单位为 936 家，占比为 33%。人文与社会科学科研事业单位占比为 18%，自然科学和医药科学均低于 10%，占比分别为 9% 和 6%（见图 2）。

与 2021 年相比，2022 年所有学科科研事业单位数量均下降，幅度有所不同。其中医药科学类科研事业单位下降 15.7%，下降幅度最大；自然科学类科研事业单位下降 0.8%，下降幅度最小（见表 1）。

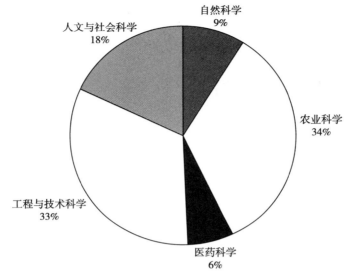

图 2 2022 年科研事业单位学科分布

表 1 2021~2022 年不同门类学科科研事业单位数量变化

单位：家，%

按门类学科分组	2021 年	2022 年	变化幅度
自然科学	258	256	−0.8
农业科学	993	973	−2.0
医药科学	223	188	−15.7
工程与技术科学	962	936	−2.7
人文与社会科学	526	518	−1.5

二 人才队伍建设状况

（一）研究与试验发展人员总量变化

2022 年，科研事业单位 R&D 人员继续保持增长，为 55.9 万人，与 2021 年相比增加 3 万余人，增长 5.7%。

按隶属关系划分，中央部门属科研事业单位 R&D 人员增加 7.8%，地

方部门属科研事业单位下降 0.4%。超过 3/4 的人员集中在中央部门属科研
事业单位（见图 3）。

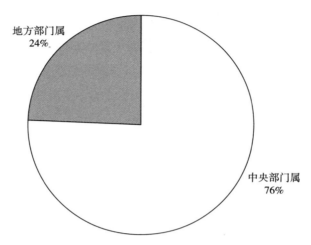

图 3　2022 年不同隶属关系科研事业单位 R&D 人员分布

按门类学科划分，2022 年，工程与技术科学 R&D 人员占比最大，为 58%，其
后为自然科学 21%、农业科学 13%、医药科学 5%、人文与社会科学 3%（见图 4）。

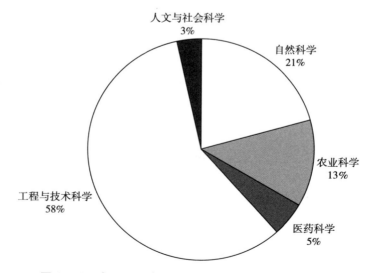

图 4　2022 年不同门类学科科研事业单位 R&D 人员分布

自然科学类研究人员增长 9.0%，增幅最大，工程与技术科学、人文与社会科学、农业科学分别增长 7.3%、6.1%、4.6%，医药科学下降了 17.7%（见表2）。

表2 2021~2022 年各学科门类 R&D 人员

单位：人，%

按门类学科分组	2021 年	2022 年	变化幅度
自然科学	105811	115320	9.0
农业科学	67881	70970	4.6
医药科学	33679	27726	−17.7
工程与技术科学	303306	325511	7.3
人文与社会科学	18441	19567	6.1

（二）研究与试验发展机构人员性别结构变化

2022 年，科研事业单位中的女性 R&D 人员为 18.6 万人，占比达 33.3%。与 2021 年相比，科研事业单位中女性人数增长 4.1%。

从隶属关系看，2022 年，中央部门属科研事业单位女性 R&D 人员 13.2 万人，占比 70.8%，地方部门属科研事业单位女性 R&D 人员 5.4 万人，占比 29.2%。与 2021 年相比，中央部门属科研事业单位女性 R&D 人员增长 5.3%，地方部门属科研事业单位女性 R&D 人员增长 1.3%（见表3）。

表3 2021~2022 年不同隶属关系科研事业单位女性 R&D 人员数量变化

单位：人，%

隶属关系	2021 年	2022 年	变化幅度
中央部门属	124938	131617	5.3
地方部门属	53713	54412	1.3

从学科来看，医药科学和人文与社会科学学科女性 R&D 人员基数小，占比高。2022 年，医药科学女性 R&D 人员为 1.5 万人，占比超过一半，达 54.7%，人文与社会科学女性 R&D 人员为 0.9 万人，占比 48.8%。自然科

学和工程与技术科学女性 R&D 人员基数大，占比略低，自然科学女性 R&D 人员为 4.2 万人，占比 36.6%，工程与技术科学女性 R&D 人员为 9 万人，占比 27.8%（见图 5）。

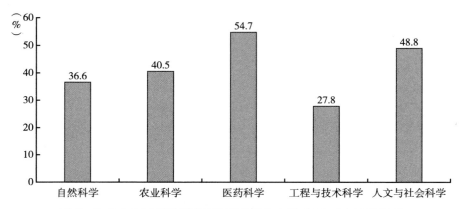

图 5　2022 年不同门类学科科研事业单位女性 R&D 人员占比情况

与 2021 年相比，2022 年人文与社会科学、农业科学、自然科学、工程与技术科学女性 R&D 人员均呈现增长趋势，增幅分别为 8.9%、7.2%、7.1% 和 6.2%，医药科学女性 R&D 人员下降 18.4%（见表 4）。

表 4　2021~2022 年不同门类学科科研事业单位女性人员变化情况

单位：人，%

按门类学科分组	2021 年	2022 年	变化幅度
自然科学	39399	42205	7.1
农业科学	26818	28752	7.2
医药科学	18574	15163	-18.4
工程与技术科学	85090	90356	6.2
人文与社会科学	8770	9553	8.9

（三）研究与试验发展机构人员学历结构变化

2022 年，科研事业单位 R&D 人员以硕士研究生学历为主，拥有博士研究生学历的人数为 13.5 万人，硕士研究生学历 21.6 万人。近 5 年来，博士和硕士研究生学历人数呈上升趋势，其中博士增长 9.6%，硕士增长 7.1%。

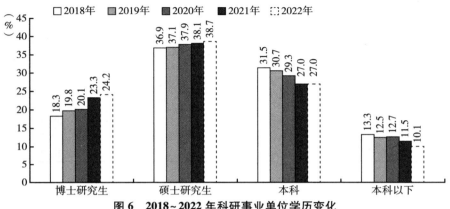

图6 2018~2022 年科研事业单位学历变化

从门类学科来看，2022 年，所有学科的硕博比例均超过了 50%。其中，自然科学硕博比例最高，为 73.6%，人文与社会科学、工程与技术科学、医药科学、农业科学分别为 68.7%、61.1%、57.0%、54.2%（见图 7）。

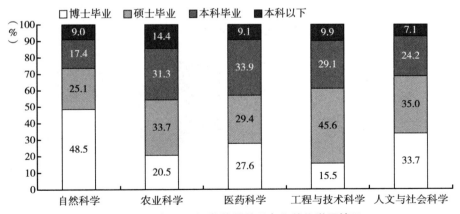

图7 2022 年不同门类学科科研事业单位学历情况

与 2021 年相比，2022 年自然科学拥有博士研究生学历的 R&D 人员增长 17.3%，增速最高。人文与社会科学、工程与技术科学、农业科学拥有

博士研究生学历的 R&D 人员分别增长 10.2%、9.4%、3.1%，医药科学拥有博士研究生学历的 R&D 人员下降了 19.3%（见表 5）。

表 5　2021~2022 年不同门类学科科研事业单位博士数量变化

单位：人，%

按门类学科分组	2021 年	2022 年	变化幅度
自然科学	47677	55947	17.3
农业科学	14141	14581	3.1
医药科学	9501	7665	−19.3
工程与技术科学	46024	50348	9.4
人文与社会科学	5985	6594	10.2

（四）研究与试验发展机构人员研究方向变化

2022 年，科研事业单位人员投入依然保持试验发展为主、应用研究和基础研究其次的研究格局，其中从事试验发展的 R&D 人员全时当量占比 41%，应用研究占比 35%，基础研究占比 24%（见图 8）。与 2021 年相比，从事基础研究的 R&D 人员全时当量占比上升，增长 0.9%，从事试验发展和应用研究的 R&D 人员全时当量分别下降 0.3%、0.6%。

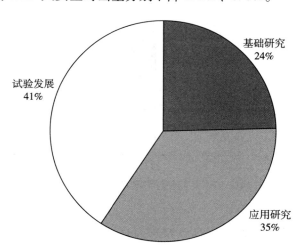

图 8　2022 年科研事业单位人员研究方向分布

从隶属关系看，中央部门属科研事业单位从事基础研究、应用研究方向的 R&D 人员全时当量比重分别上升 0.6 个百分点、0.4 个百分点，从事试验发展方向的 R&D 人员全时当量占比下降 1.0 个百分点。地方部门属科研事业单位从事基础研究、试验发展方向的 R&D 人员全时当量比重分别上升 1.6 个百分点、1.3 个百分点，从事应用研究的 R&D 人员全时当量占比下降 2.9 个百分点（见表 6）。

表 6　2021~2022 年不同隶属关系科研事业单位人员研究方向变化

单位：%，百分点

隶属关系	研究方向	2021 年	2022 年	变化幅度
中央部门属	基础研究	24.2	24.8	0.6
	应用研究	36.0	36.4	0.4
	试验发展	39.8	38.8	−1.0
地方部门属	基础研究	22.1	23.7	1.6
	应用研究	31.6	28.7	−2.9
	试验发展	46.3	47.6	1.3

从门类学科看，2022 年，自然科学、医药科学以基础研究为主，其中自然科学基础研究占比超过一半；农业科学、工程与技术科学以试验发展为主；人文与社会科学以应用研究为主，且占比超过一半（见图 9）。

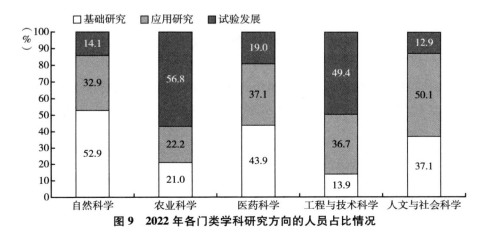

图 9　2022 年各门类学科研究方向的人员占比情况

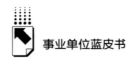
与2021年相比，医药科学、农业科学、自然科学、工程与技术科学从事基础研究的人员占比进一步增长，分别增长5.8个百分点、2.0个百分点、1.2个百分点、0.2个百分点，人文与社会科学从事基础研究的人员占比下降4.7个百分点（见表7）。

表7 2021~2022年各门类学科科研事业单位研究方向的人员变化

单位：%，百分点

门类学科	研究方向	2021年	2022年	变化幅度
自然科学	基础研究	51.8	52.9	1.2
	应用研究	32.7	32.9	0.2
	试验发展	15.5	14.1	−1.4
农业科学	基础研究	19.0	21.0	2.0
	应用研究	23.7	22.2	−1.5
	试验发展	57.3	56.8	−0.5
医药科学	基础研究	38.1	43.9	5.8
	应用研究	42.1	37.1	−5.0
	试验发展	19.8	19.0	−0.8
工程与技术科学	基础研究	13.7	13.9	0.2
	应用研究	36.6	36.7	0.1
	试验发展	49.7	49.4	−0.3
人文与社会科学	基础研究	41.8	37.1	−4.7
	应用研究	46.8	50.1	3.3
	试验发展	11.4	12.9	1.4

三 科研经费状况

科研经费支出包括内部支出和外部支出，内部支出指机构用于内部开展R&D活动（基础研究、应用研究和试验发展）的实际支出。外部支出则指本机构委托外单位或与外单位合作而拨给对方的经费。本报告主要研究内部支出状况。

（一）R&D经费内部支出总量

2022年，R&D经费内部支出为3814.4亿元，与2021年相比增长2.6%。从2019年开始，R&D经费内部支出增长逐年放缓（见图10）。

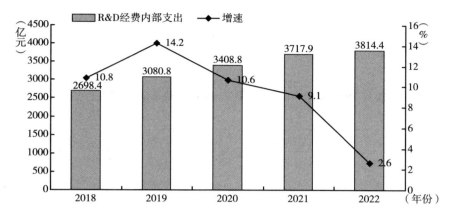

图 10 2018～2022 年 R&D 经费内部支出变化

从学科层面看，工程与技术科学 R&D 经费内部支出占比最大，达 71%，其后为自然科学，占比为 16%；农业科学、医药科学、人文与社会科学占比均低于 10%，分别为 8%、3%、2%（见图 11）。

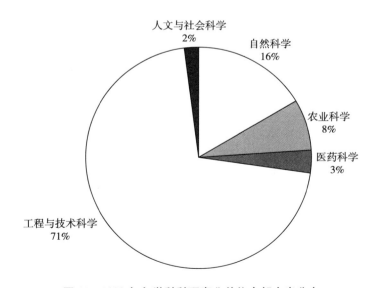

图 11 2022 年各学科科研事业单位内部支出分布

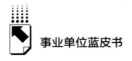

与 2021 年相比，农业科学支出增幅最大，增长 14.1%，其后为自然科学、工程与技术科学，分别增长 9.2%、0.9%；医药科学、人文与社会科学支出呈现下降趋势，分别下降 10.5%、0.6%（见表 8）。

表 8　2021~2022 年不同门类学科科研事业单位内部支出变化

单位：万元，%

门类学科	2021 年	2022 年	变化幅度
自然科学	5742582	6271250.4	9.2
农业科学	2507425	2861586.6	14.1
医药科学	1409912	1261815.5	−10.5
工程与技术科学	26737117	26971483.4	0.9
人文与社会科学	782301	777987.4	−0.6

2022 年，日常性支出约达 3281 亿元，其中人员劳务费占比 32.5%；资产性支出约为 533 亿元，其中仪器和设备支出占比 61.8%。与 2021 年相比，日常性支出增长 3.3%，资产性支出下降 1.3%。日常性支出中劳务费支出增长 7.3%，资产性支出中仪器和设备支出下降 6.2%（见表 9）。

表 9　2018~2022 年科研事业单位内部支出具体项目变化

单位：万元

项目	2018 年	2019 年	2020 年	2021 年	2022 年
日常性支出	21705145	24817236	27990286	31765671	32814624
#劳务费	6791098	7732363	8652903	9930656	10658624
资产性支出	5278398	5991060	6097922	5401974	5329499
#仪器和设备支出	3410724	3619938	3922898	3510927	3294397

（二）R&D 经费内部支出结构

2022 年，试验发展内部支出最大，约达 1822 亿元，占比为 47.8%，其后为应用研究，占比为 33.2%，基础研究占比 19.0%。与 2021 年相比，基

础研究内部支出增长幅度最大，增长 12.2%，应用研究内部支出增长
5.9%，试验发展内部支出下降 2.9%（见表 10）。

表 10　2021~2022 年科研事业单位不同研究方向内部支出变化

单位：万元，%

研究方向	2021 年	2022 年	变化幅度
基础研究	6461090	7250864	12.2
应用研究	11963472	12668952	5.9
试验发展	18774446	18224308	-2.9

　　从学科来看，自然科学基础研究和应用研究支出占比分别增长 2.3 个
百分点和 0.2 个百分点，试验发展支出占比下降 2.5 个百分点。农业科学
应用研究和基础研究支出占比分别上升 2.6 个百分点、1.3 个百分点，试
验发展支出占比下降 3.7 个百分点。医药科学基础研究支出占比增长 4.3
个百分点，试验发展和应用研究支出占比分别下降 2.7 个百分点、1.6 个
百分点。工程与技术科学基础研究和应用研究支出占比均增长 1.2 个百分
点，试验发展支出占比下降 2.5 个百分点。人文与社会科学应用研究和试
验发展支出占比分别增长 1.7 个百分点、1.5 个百分点，基础研究支出占
比下降 3.1 个百分点（见表 11）。

表 11　2021~2022 年各门类学科科研事业单位从事不同研究方向内部支出变化

单位：%，百分点

门类学科	研究方向	2021 年	2022 年	变化幅度
自然科学	基础研究	46.8	49.1	2.3
	应用研究	36.3	36.5	0.2
	试验发展	16.9	14.4	-2.5
农业科学	基础研究	16.0	17.3	1.3
	应用研究	24.2	26.8	2.6
	试验发展	59.7	56.0	-3.7

门类学科	研究方向	2021 年	2022 年	变化幅度
医药科学	基础研究	37.0	41.3	4.3
	应用研究	40.2	38.6	−1.6
	试验发展	22.8	20.1	−2.7
工程与技术科学	基础研究	9.4	10.6	1.2
	应用研究	31.3	32.5	1.2
	试验发展	59.4	56.9	−2.5
人文与社会科学	基础研究	42.6	39.5	−3.1
	应用研究	43.9	45.6	1.7
	试验发展	13.5	15.0	1.5

（三）R&D 经费内部支出来源

2022 年，R&D 经费内部支出中，政府资金约达 2996 亿元，占比最大，为 78.5%，其他资金①占比 15.7%，企业资金占比 5.5%，国外资金占比 0.2%（见图 12）。与 2021 年相比，政府资金下降 0.4%，企业资金增长 3.4%，国外资金增长最快，增幅为 60.2%，其他资金增长 19.4%（见表 12）。

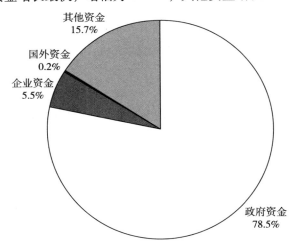

图 12 2022 年科研事业单位 R&D 经费支出来源分布

---

① 其他资金主要包括社会组织等在内的机构提供的科研资金。

表12 2021~2022年科研事业单位R&D经费支出来源变化

单位：万元，%

来源	2021年	2022年	变化幅度
政府资金	30070999	29962053	-0.4
企业资金	2038944	2108980	3.4
国外资金	43402	69551	60.2
其他资金	5025992	6003539	19.4

四 科研产出状况

2022年，我国科研事业单位在课题、论文、著作、专利申请等成果方面均稳步增长。

（一）研发与开发机构课题

2022年，我国课题数达14.3万项。与2021年相比，课题数增长4.9%，其中，中央部门属科研事业单位课题数增长6.5%，地方的课题数增长1.3%。

在学科上，2022年，自然科学、工程与技术科学课题数占比均超过30%，分别为35.5%、33.7%。与2021年相比，自然科学、工程与技术科学、农业科学、人文与社会科学的课题数分别增长9.3%、6.8%、2.3%、0.9%。医药科学课题数下降12.1%（见表13）。

表13 2021~2022年不同门类学科科研事业单位课题数量变化

单位：项，%

门类学科	2021年	2022年	变化幅度
自然科学	46263	50558	9.3
农业科学	26089	26698	2.3
医药科学	10836	9523	-12.1
工程与技术科学	45000	48043	6.8
人文与社会科学	7679	7750	0.9

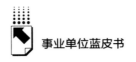
（二）研究与开发机构科技论文

2022年，我国发表科技论文数量近20万篇。与2021年相比，科技论文增长2.1%，其中国外发表的科技论文数量增长12.7%。

从隶属关系上看，2022年，中央部门属科研事业单位科技论文数量达13.6万篇，占比为68.2%。与2021年相比，中央部门属科研事业单位科技论文增长2.5%，地方部门属科研事业单位科技论文数量增长1.2%（见图13）。

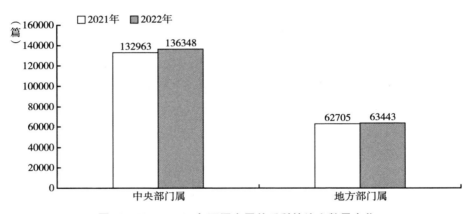

图13 2021~2022年不同隶属关系科技论文数量变化

从门类学科上看，2022年，工程与技术科学、自然科学科技论文数量较多，分别约为6.9万篇、5.5万篇。与2021年相比，自然科学论文数量增长最快，增幅达15.7%，其后为农业科学、工程与技术科学分别增长5.7%、1.0%。医药科学、人文与社会科学分别下降16.9%、8.8%（见表14）。

表14 2021~2022年不同门类学科科研事业单位科技论文数量变化

单位：篇，%

门类学科	2021年	2022年	变化幅度
自然科学	47135	54524	15.7
农业科学	34602	36574	5.7
医药科学	23857	19828	-16.9

续表

门类学科	2021 年	2022 年	变化幅度
工程与技术科学	68321	69034	1.0
人文与社会科学	21753	19831	-8.8

（三）研究与开发机构科技著作

2022 年，出版科技著作 5397 种，下降 4.0%。

从隶属关系上看，2022 年，中央部门属事业单位发表科技著作种类占比 51.3%，地方部门属占比 48.7%。与 2021 年相比，中央部门属科研事业单位科技著作种类和地方部门属科研事业单位科技著作种类分别下降 5.1%、2.7%。

从门类学科来看，与 2021 年相比，自然科学著作种类增幅较大，增长 9.9%，其次为人文与社会科学，增长 6.1%，医药科学、农业科学、工程与技术科学分别下降 33.6%、13.2%、1.4%（见表 15）。

表 15　2021~2022 年不同门类学科科研事业单位科技著作数量变化

单位：种，%

门类学科	2021 年	2022 年	变化幅度
自然科学	608	668	9.9
农业科学	1257	1091	-13.2
医药科学	631	419	-33.6
工程与技术科学	1256	1239	-1.4
人文与社会科学	1867	1980	6.1

（四）研究与开发机构专利数

2022 年，专利申请数已达约 9.0 万件。与 2021 年相比，专利申请数增长 9.9%，其中发明专利增长 11.7%；有效发明专利增长 17.0%（见表 16）。

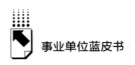

表 16 2021~2022 年科研事业单位专利申请情况变化

单位：件，%

项目	2021 年	2022 年	变化幅度
专利申请数	81879	89945	9.9
发明专利	64132	71636	11.7
有效发明专利	211737	247816	17.0

从隶属关系上看，与 2021 年相比，中央部门属科研事业单位专利申请数量增长 10.7%，地方部门属科研事业单位专利申请数量增长 7.1%。中央部门属科研事业单位发明专利增长 11.4%，地方部门属科研事业单位发明专利增长 13.2%。中央部门属科研事业单位有效发明专利增长 15.9%，地方部门属科研事业单位有效发明专利增长 22.2%（见表 17）。

从门类学科看，与 2021 年相比，自然科学、工程与技术科学、人文与社会科学、农业科学专利申请数量分别增长 13.4%、11.0%、6.8%、3.9%，医药科学下降 2.0%。人文与社会科学、工程与技术科学、农业科学、医药科学、自然科学有效发明专利均呈增长趋势，分别增长 22.2%、19.2%、19.2%、12.6%，9.5%（见表 18）。

表 17 2021~2022 年不同隶属关系科研事业单位专利情况变化

单位：件，%

项目	隶属关系	2021 年	2022 年	变化幅度
专利申请数	中央部门属	62030	68686	10.7
	地方部门属	19849	21259	7.1
发明专利	中央部门属	52688	58683	11.4
	地方部门属	11444	12953	13.2
有效发明专利	中央部门属	174690	202547	15.9
	地方部门属	37047	45269	22.2

表 18　2021~2022 年不同门类学科科研事业单位专利情况变化

单位：件，%

项目	门类学科	2021 年	2022 年	变化幅度
专利申请数	自然科学	12436	14108	13.4
	农业科学	12189	12666	3.9
	医药科学	2926	2868	-2.0
	工程与技术科学	54182	60147	11.0
	人文与社会科学	146	156	6.8
发明专利	自然科学	10502	12167	15.9
	农业科学	7067	7542	6.7
	医药科学	1800	1874	4.1
	工程与技术科学	44691	49950	11.8
	人文与社会科学	72	103	43.1
有效发明专利	自然科学	42067	46051	9.5
	农业科学	30446	36284	19.2
	医药科学	7374	8302	12.6
	工程与技术科学	131589	156860	19.2
	人文与社会科学	261	319	22.2

（五）研究与开发机构成果转化

总的来看，2022 年我国专利所有权转让及许可数为 5559 件，增长 17.8%，专利所有权转让及许可收入为 363651 万元，增长 21.1%。

从隶属关系上看，与 2021 年相比，地方属科研事业单位专利所有权转让及许可数增长 45.1%，超过了中央部门属科研事业单位专利所有权转让及许可数增长；而在专利所有权转让及许可收入增长方面，中央部门属科研事业单位增长 23.4%，高于地方部门属科研事业单位。

表 19　2021~2022 年不同隶属关系科研事业单位成果转化情况变化

项目	隶属关系	2021 年	2022 年	变化幅度（%）
专利所有权转让及许可数（件）	中央部门属	3852	4300	11.6
	地方部门属	868	1259	45.1

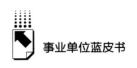
续表

项目	隶属关系	2021 年	2022 年	变化幅度（%）
专利所有权转让 及许可收入（万元）	中央部门属	271238	334585	23.4
	地方部门属	29048	29066	0.1

从门类学科看，与 2021 年相比，工程与技术科学、农业科学专利所有权转让及许可数分别增长 49.2%、47.2%，自然科学、医药科学呈下降趋势，分别下降 47.2%、28.0%；自然科学、医药科学专利所有权转让及许可收入分别增长 81.8%、34.9%，工程与技术科学、农业科学分别下降 14.3%、2.8%。

表 20　2021~2022 年不同门类学科科研事业单位成果转化情况变化

项目	门类学科	2021 年	2022 年	变化幅度（%）
专利所有权转让 及许可数（件）	自然科学	1351	713	-47.2
	农业科学	786	1157	47.2
	医药科学	232	167	-28.0
	工程与技术科学	2350	3507	49.2
	人文与社会科学	1	15	—
专利所有权转让 及许可收入（万元）	自然科学	98443	178932	81.8
	农业科学	18072	17567	-2.8
	医药科学	19329	26079	34.9
	工程与技术科学	164443	140994	-14.3
	人文与社会科学		80	—

五　趋势分析

（一）科研事业单位改革持续推进

自 2014 年以来，科研事业单位机构数实现十连降。2020 年中央印发的《关于深化事业单位改革试点工作的指导意见》中的 9 个试点省份大多已完成改革任务。2022 年最值得关注的河南事业单位重塑性改革，开始于 2021 年底，按照省直和市县两个层面分步进行。2021 年 11 月至 2022 年 5 月，省直事业单位重塑性改革基本完成，除学校、医院外，按照"531"比例进行精简，即事业机构按不低于 50% 精简，事业编制按不低于 30% 精简，其中财政拨款事业编制精简比例不低于 10%，原则上不再保留科级和事业编制 16 名以下的事业单位，"空壳单位""僵尸单位"以及特定历史任务已经完成的事业单位一律撤销。2022 年底前，市级事业单位改革完成，2023 年上半年，县级事业单位改革完成。市县参照省直做法，按照"421"比例进行精简。改革后收回的事业编制和机构限额，由市、县本级统筹使用，鼓励"减上补下、减县补乡"。其中，将精简收回的机构编制资源向高质量发展、重点民生领域和基层一线倾斜。此外，河南省以条例形式保证了事业单位改革的稳步推进。2022 年 11 月 26 日，河南省第十三届人民代表大会常务委员会第三十六次会议通过《河南省事业单位改革发展条例》。2022 年 1 月，中央组织部、人力资源社会保障部召开全国事业单位人事管理工作座谈会。会议全面贯彻习近平新时代中国特色社会主义思想，就加强党对事业单位的领导、实施《事业单位领导人员管理规定》、在县以下事业单位建立管理岗位职员等级晋升制度等工作进行研究部署。

（二）地方科研力量稳步发展

数据显示，2022 年，地方科研事业单位集中了 26% 的 R&D 人员，会聚了 22% 的硕博学历人员，创造了 29% 的课题量，产出了 32% 的科技论文、48% 的科技著作、24% 的专利申请数、18% 的发明专利、18% 的有效发明专利、23% 的专利所有权转让及许可数。与 2021 年相比，这些数据均有所上升。

（三）人员结构不断优化

科研人员学历层次进一步提高。2022 年 R&D 人员中拥有硕博学历的人数为 35.1 万人，占比为 63%，与 2021 年（61%）相比，增加 2 个百分点。

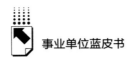

女性占比进一步提升。2022 年科研事业单位中女性人员为 18.6 万人，占比达 33.3%。与 2021 年相比，科研事业单位中女性人数增长 4.1%。

（四）基础研究占比稳步提高

基础研究的人员投入抑或经费投入均呈现上升趋势。在人员投入上，科研事业单位中从事基础研究的人员比重上升，增长 12.2%。从隶属关系上看，中央部门属科研事业单位从事基础研究方向的人员比重上升 0.6%，地方比重上升 1.6%。从门类学科看，医药科学、农业科学、自然科学、工程与技术科学从事基础研究的人员占比进一步增长，与 2021 年相比分别增长 5.8 个百分点、2.0 个百分点、1.2 个百分点、0.2 个百分点。

（五）科研产出量质齐升

2022 年，我国在课题、论文、专利申请等关键指标上稳中有增。2022 年，我国课题数达 14.3 万项，增长 4.9%；科技论文数量 199791 篇，增长 2.1%，其中国外发表的科技论文数量增长 12.7%；专利申请数增长 9.9%，截至 2022 年，已达 9.0 万件，其中发明专利增长 11.7%，有效发明专利增长 17.0%。专利所有权转让及许可数为 5559 件，增长 17.8%，专利所有权转让及许可收入为 363651 万元，增长 21.1%。

B.4
文化事业单位发展状况与趋势分析

甘亚雯*

摘　要： 发展文化事业是满足人民精神文化需求、保障人民文化权益的基本途径。本报告主要从事业发展、人才队伍、经费状况等方面对以公共图书馆、博物馆、艺术表演团体、文物保护管理机构、美术馆等为代表的文化机构进行分析，提出我国文化事业单位发展具有服务对象更广范围、文化内容更为丰富、人才队伍更高水平等特点。

关键词： 文化事业单位　人才队伍　公共服务

一　文化事业发展状况

2022年，全国文化领域围绕文化自信自强、建设社会主义文化强国，以满足人民精神文化需求为着力点，统筹推进疫情防控和文化各领域恢复发展。本报告统计的文化事业单位主要包括公共图书馆、博物馆、艺术表演团体、艺术表演场馆、全国群众文化机构、文物保护管理机构、美术馆等。

（一）公共图书馆

2022年，全国公共图书馆总藏量135959万册（件），较上年增长了9781万册（件），增幅为7.75%；总流通78970万人次，较上年增长了4356万，增幅为5.84%（见图1）；书刊、文献外借60719万册次，较上年增长了1989

---

* 甘亚雯，中国人事科学研究院事业单位管理研究室助理研究员，主要研究方向为事业单位绩效考核等。

万，增幅为3.39%；本年新购藏量7733万册（件），较上年增长了326万册（件），增幅为4.40%（见图2）；外借24894万人次，较上年增长了1085万，增幅为4.56%；全年共为读者举办各种活动21.23万次，较上年增长4.8%。

2022年全国公共图书馆实际使用房屋建筑面积2098.01万平方米，较上年增加了183.81万平方米；全国每万人公共图书馆建筑面积148.6平方米，较上年增加了13.1平方米；全国公共图书馆阅览室座席155.2万个，较上年增加了20.8万个；全国人均拥有公共图书馆藏量0.96册（件），较上年增加了0.07册（件）；全国人均购书费1.67元，较上年增加了0.1元。

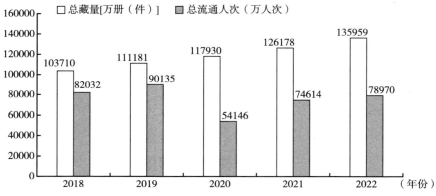

图1　2018~2022年公共图书馆总藏量与总流通人次

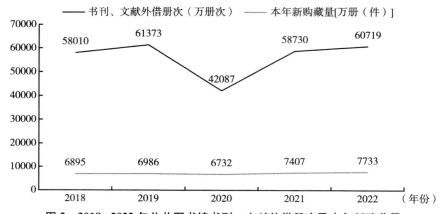

图2　2018~2022年公共图书馆书刊、文献外借册次及本年新购藏量

资料来源：《中国文化文物和旅游统计年鉴》。

（二）博物馆

近年来，我国博物馆的社会功能逐步完善，展陈质量不断提升，在文化传播中发挥重要作用。2022 年，全国博物馆藏品数为 4691.61 万件（套），较上年增长了 0.57%；本年新增藏品数 62.13 件（套），较上年降低了47.21%；基本陈列 16711 个，临时展览 14587 个，较上年分别降低了0.52% 和 3.60%；参观人次 57047.99 万，较上年降低了 23.78%（见表1），其中，未成年参观人次 14980.82 万，较上年降低了 17.33%。

表 1　2021~2022 年博物馆藏品数、基本陈列、展览数及参观人次

年份	藏品数 ［万件(套)］	基本陈列 （个）	临时展览 （个）	参观人次 （万人次）
2021	4664.83	16799	15132	74850.45
2022	4691.61	16711	14587	57047.99
增幅（%）	0.57	−0.52	−3.60	−23.78

资料来源：《中国文化文物和旅游统计年鉴》。

全国博物馆按机构类型可以划分为综合性博物馆、历史类博物馆、自然科技类博物馆、艺术类博物馆、其他博物馆等。目前，我国博物馆主要以综合性博物馆和历史类博物馆为主，2022 年，全国博物馆机构数为 6091 个，其中，综合性博物馆 2083 个，历史类博物馆数 2078 个，占比分别为34.20% 和 34.12%，艺术类博物馆 610 个，自然科技类博物馆 234 个，其他博物馆 1086 个，占比分别为 10.01%、3.84% 和 17.83%（见图 3）。

（三）艺术表演团体

2022 年，全国文化和旅游部门执行事业会计制度的艺术表演团体共演出 17 万场次，演出观众 12124 万人次，较上年分别降低了 15% 和 7.15%（见表 2）。国内演出 25.75 万场，国内演出观众 19860.48 万人次，其中，农村演出 15.86 万场，农村观众 9860.11 万人次。本团原创首演剧目 1643

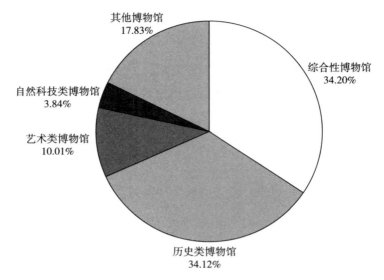

图3　全国主要类型博物馆的占比情况

资料来源:《中国文化文物和旅游统计年鉴》。

个，较上年增加了12.23%；线上演出展播6.08万场，线上演出展播观众152410.17万人次。政府采购的公益演出8.66万场，观众5221.59万人次，分别比上年降低了3.67%和8.62%。

表2　2018~2022年执行事业会计制度的艺术表演团体演出场次及观众人次

单位:万场次，万人次

年份	2018	2019	2020	2021	2022
演出场次	29	29	19	20	17
观众人次	23306	22353	13061	13058	12124

资料来源:《中国文化文物和旅游统计年鉴》。

（四）艺术表演场馆

2022年，全国文化和旅游部门执行事业会计制度的艺术表演场馆演出10万场次，较上年降低了37.5%，演出观众1129万人次，较上年降低了

20.88%（见表 3）。坐席数 411817 个，较上年降低了 9.66%；演（映）出 10.36 万场，较上年降低了 34.51%，其中，惠民演出 0.89 万场，较上年增加了 9.88%。

表 3　2018~2022 年执行事业会计制度的艺术表演场馆演出场次及观众人次

单位：万场次，万人次

年份	2018	2019	2020	2021	2022
演出场次	35	32	10	16	10
观众人次	3370	2980	1110	1427	1129

资料来源：《中国文化文物和旅游统计年鉴》。

（五）全国群众文化机构

2022 年，全国群众文化活动机构提供文化服务 2683479 次，文化服务惠及 95783.41 万人次，分别较上年增长了 6.42% 和 15%；组织文艺活动 1597455 次，参加人次 68380.12 万，分别较上年增长了 14.80% 和 10.04%；举办展览 176532 个，参观人次 19861.94 万，分别较上年增长了 5.39% 和 39.30%。举办训练班 867002 次，较上年降低了 5.84%；组织公益性讲座 42490 次，较上年增长了 1.31%（见表 4）。

表 4　2021~2022 年群众文化机构业务基本情况

年份	文化服务次数（次）	文艺活动次数（次）	展览个数（个）	训练班次（次）	公益性讲座次数（次）
2021	2521666	1391490	167497	920740	41939
2022	2683479	1597455	176532	867002	42490
增幅（%）	6.42	14.80	5.39	−5.84	1.31

资料来源：《中国文化文物和旅游统计年鉴》。

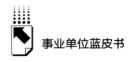
（六）文物保护管理机构

2022年，全国文物保护管理机构拥有文物藏品903852件（套），较上年增长了2.45%；本年新增藏品23039件（套），较上年降低了52.68%；基本陈列、临时展览983个，较上年降低了19.43%；参观人次6564.96万，较上年降低了30.27%，其中，未成年人参观人次956.76万，较上年降低了45.57%（见表5）。

表5　2021~2022年文物保护管理机构业务基本情况

年份	文物藏品数［件（套）］	本年新增藏品［件（套）］	基本陈列、临时展览（个）	参观人次（万人次）	未成年人参观人次（万人次）
2021	882221	48683	1220	9415.1	1757.67
2022	903852	23039	983	6564.96	956.76
增幅（%）	2.45	-52.68	-19.43	-30.27	-45.57

资料来源：《中国文化文物和旅游统计年鉴》。

（七）美术馆

2022年，全国美术馆藏品数为702605件，较上年增长了5.14%；全年共举办年度展览7544个，较上年增长了0.24%；参观人次达3588.92万，其中未成年人参观人次为801.93万，分别较上年增长了2.08%和1.73%。

表6　2021~2022年美术馆业务基本情况

年份	藏品数（件）	年度展览总量（个）	参观人次（万人次）	未成年人参观人次（万人次）
2021	668259	7526	3515.84	788.28
2022	702605	7544	3588.92	801.93
增幅（%）	5.14	0.24	2.08	1.73

资料来源：《中国文化文物和旅游统计年鉴》。

二 机构基本情况

（一）主要文化机构数

2022 年，我国主要文化机构数整体较上年有所增加。公共图书馆 3303 个，较上年增长了 2.74%；博物馆 6091 个，较上年增长了 5.53%；全国文化和旅游部门执行事业会计制度的艺术表演团体 19739 个，较上年增长了 7.45%；文物保护管理机构 2663 个，较上年增长了 17.99%；美术馆 718 个，较上年增长了 5.28%；群众文化机构 43619 个，较上年增长了 0.20% （见表 7）。

表 7 2021~2022 年全国主要文化机构数及增幅

单位：个，%

年份	公共图书馆	博物馆	艺术表演团体	文物保护管理机构	美术馆	群众文化机构
2021	3215	5772	18370	2257	682	43531
2022	3303	6091	19739	2663	718	43619
增幅	2.74	5.53	7.45	17.99	5.28	0.20

资料来源：《中国文化文物和旅游统计年鉴》。

（二）经费状况

近年来，文化和旅游事业费占国家财政支出的比重整体呈稳步增长趋势，人均文化和旅游事业费不断增加。2022 年，全国文化和旅游事业费 1201.76 亿元，较上年增加了 68.88 亿元，增幅为 6.08%；文化和旅游事业费占财政总支出的比重为 0.46%，与上年持平；全国人均文化和旅游事业费 85.13 元，较上年增加了 4.82 元，增幅为 6.0%（见表 8）。

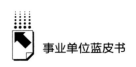
表 8　2018~2022 年全国文化事业经费基本情况

年份	2018	2019	2020	2021	2022
全国文化和旅游事业费(亿元)	928.33	1065.02	1088.26	1132.88	1201.76
占国家财政比重(%)	0.42	0.45	0.44	0.46	0.46
人均文化和旅游事业费(元)	66.53	76.07	77.08	80.31	85.13

资料来源:《中国文化文物和旅游统计年鉴》。

三　人才队伍情况

2022 年,全国执行事业会计制度的文化机构从业人员 699517 人,比上年增加 17982 人,增幅为 2.64%。其中,公共图书馆从业人员 60740 人,较上年增加了 2.43%;博物馆从业人员 131461 人,较上年增加了 4.58%;公有制艺术表演团体从业人员 73595 人,较上年降低了 0.05%;公有制艺术表演场馆从业人员 9350 人,较上年降低了 7.32%;文物保护管理机构从业人员 32131 人,较上年增加了 6.35%;美术馆从业人员 6415 人,较上年增加了 2.66%(见表 9)。

表 9　2021~2022 年全国主要文化机构从业人数

单位:人,%

年份	公共图书馆	博物馆	艺术表演场馆	艺术表演团体	文物保护管理机构	美术馆
2021	59301	125704	10088	73635	30212	6249
2022	60740	131461	9350	73595	32131	6415
增幅	2.43	4.58	-7.32	-0.05	6.35	2.66

资料来源:《中国文化文物和旅游统计年鉴》。

2022 年,全国执行事业会计制度的文化机构共有专业技术人才 261872 人,较上年增加了 1.99%,其中具有正高级职称的人员 10544 人,占比为

4.03%，具有副高级职称的人员 38813 人，占比为 14.82%；具有中级职称的人员 94760 人，占比为 36.19%（见表 10）。

表 10　2021～2022 年执行事业会计制度的文化机构专业技术人员基本情况

单位：人，%

年份		正高级职称	副高级职称	中级职称
2021	人数	9948	36830	92943
	占比	3.87	14.34	36.20
2022	人数	10544	38813	94760
	占比	4.03	14.82	36.19

2022 年，公共图书馆正高级职称 1067 人，副高级职称 6783 人，中级职称 19103 人；博物馆正高级职称 2491 人，副高级职称 7146 人，中级职称 18236 人；执行事业会计制度的艺术表演团体正高级职称 3260 人，副高级职称 9741 人，中级职称 19583 人；执行事业会计制度的艺术表演场馆正高级职称 97 人，副高级职称 392 人，中级职称 1289 人；文物保护管理机构正高级职称 174 人，副高级职称 1240 人，中级职称 3857 人；美术馆正高级职称 299 人，副高级职称 759 人，中级职称 1556 人（见表 11）。

表 11　2022 年执行事业会计制度的主要文化机构专业技术人员基本情况

单位：人，%

项目	正高级职称		副高级职称		中级职称	
	人数	较上年增长	人数	较上年增长	人数	较上年增长
公共图书馆	1067	13.75	6783	4.76	19103	0.65
博物馆	2491	6.0	7146	9.63	18236	5.85
艺术表演团体	3260	-0.09	9741	-1.22	19583	-3.47
艺术表演场馆	97	22.78	392	11.36	1289	-1.60
文物保护管理机构	174	5.45	1240	7.73	3857	1.50
美术馆	299	9.93	759	11.62	1556	5.85

资料来源：《中国文化文物和旅游统计年鉴》。

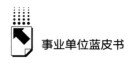

四 我国文化事业单位发展总体特点

综合以上数据，我国文化事业单位发展主要呈现以下几个特点。

（一）深化基本公共文化服务模式创新，使之更数字化、智能化

数字化转型加速是文化行业的鲜明特征，为满足更多观众需求，文化事业单位注重将数字技术融入公共文化服务创新之中，2022 年艺术表演团体线上演出展播 6.08 万场，线上展播观众 152410.17 万人次。

（二）加强文化行业人才队伍建设，推进专业化水平整体提升

2022 年全国执行事业会计制度的文化机构共有专业技术人员 261872人，其中具有正高级职称的人员 10544 人，具有副高级职称的人员 38813人，具有中级职称的人员 94760 人。我国执行事业会计制度的文化机构从业人员数量整体呈增长趋势，以博物馆、艺术表演场馆、文物保护管理机构、美术馆为代表的文化机构，高级职称人才数量增幅较明显，国家注重培养一批更具专业性的文化行业专业人才队伍，提升公共文化服务水平。

五 我国文化事业单位发展趋势

（一）更加注重文化传承与发展，基本公共文化服务更加全面

国家高度重视弘扬中华优秀传统文化，注重文物和文化遗产保护传承，强调促进基本公共文化服务标准化均等化。我国覆盖城乡的公共文化服务网络基本建成并不断完善，公共文化服务实现质的提升，未来也将更加注重推动公共文化服务向高品质和多样化升级。

（二）文化事业高质量发展，公共文化服务效能进一步提升

国家强调加快构建现代化服务体系，文化事业单位面临转型升级，推动文化事业高质量发展，要坚持政府主导、社会参与、共建共享等原则，积极培育和规范文化类社会组织，增强公共文化服务发展动力，提升公共文化服务效能，提供优质文化产品，培育和促进文化消费。与此同时，健全文化事业法律体系，为保障人民群众的文化权益和文化事业的繁荣发展提供法律支撑。

（三）文化行业数字化转型加速，服务对象更加广泛

为顺应数字产业化和产业数字化发展趋势，国家从顶层设计层面，对如何建设国家文化数据做出了全局性、系统性部署，绘就了未来一段时期推动数字文化产业高质量发展的新蓝图，依托国家文化大数据体系建设形成系统的数字化采集、管理与开发模式，积极优化数字化基础建设，开展文化数字共享，强化文化数据库建设，提升文化数字化传播水平。

B.5
卫生事业单位发展状况与趋势分析

朱祝霞　曾宇哲*

摘　要： 本报告分析了2022年全国医疗卫生机构及卫生事业单位的基本状况、机构发展、人才队伍和卫生经费等相关数据，结合健康中国战略，发现我国卫生事业单位的发展呈现以下三个趋势：医疗卫生资源提质扩容，医药费用总体稳定；医疗卫生队伍规模持续扩大，人员结构得到优化；专业公共卫生机构投入持续增加，公共卫生服务能力得到强化。

关键词： 医疗卫生　事业单位　公立医院

2022年，我国卫生事业坚持以人民健康为中心，立足于贯彻实施健康中国战略，致力于保基本、强基层和建机制，持续深化医药卫生体制改革。卫生事业单位在落实党中央和国务院关于健康中国战略及医药卫生体制改革的决策部署中，发挥了重要作用。本报告基于《中国卫生健康统计年鉴》，分析了2021~2022年我国卫生事业单位的发展状况及趋势。

一　卫生事业基本状况

2022年，全国医疗卫生机构的总诊疗人次达841627.6万，居民的平均就诊次数为6.0次。入院人数则达24686万，居民的年住院率为17.5%。全

---

* 朱祝霞，管理学博士，中国人事科学研究院事业单位管理研究室主任、副研究员，主要研究方向为事业单位管理、公务员管理；曾宇哲，统计学博士，中国人事科学研究院事业单位管理研究室研究实习员，主要研究方向为事业单位管理。

国医疗卫生机构的床位总数为 975.99 万张，病床使用率为 66.1%。公立医院的诊疗人次为 318920.6 万，入院人次为 16304.1 万人，公立医院的床位数为 536.34 万张，病床使用率为 75.6%。

（一）医疗卫生机构总体情况

1. 总诊疗人次

2022 年，全国医疗卫生机构的总诊疗人次达 841627.6 万人次。其中，医院、基层医疗卫生机构和专业公共卫生机构的诊疗人次分别为 382245.0 万、426609.5 万和 32648.6 万，占比分别为 45.42%、50.69% 和 3.88%。与 2021 年相比，总诊疗人次减少了 5575.7 万，降幅为 0.66%。具体来看，医院和专业公共卫生机构的诊疗人次分别减少了 6135.1 万和 1022.6 万，降幅为 1.58% 和 3.04%，而基层医疗卫生机构则增加了 1585.8 万，增幅为 0.37%。医院和专业公共卫生机构的诊疗人次占比分别下降 0.43 个和 0.10 个百分点，基层医疗卫生机构的占比则增加了 0.52 个百分点（见表 1）。

表 1　2021~2022 年全国医疗卫生机构诊疗人次及其占比

单位：万人次，%

项目		医院	基层医疗卫生机构	专业公共卫生机构	其他医疗卫生机构	合计
2021 年	人次	388380.1	425023.7	33671.2	128.3	847203.3
	占比	45.84	50.17	3.97	0.02	100.00
2022 年	人次	382245.0	426609.5	32648.6	124.5	841627.6
	占比	45.42	50.69	3.88	0.01	100.00

2. 总入院人次

2022 年，全国医疗卫生机构的入院人数达 24687 万。其中，医院、基层医疗卫生机构和专业公共卫生机构的入院人次分别为 20099 万、3619 万和 948 万，占比分别为 81.42%、14.66% 和 3.84%。与 2021 年相比，全国

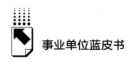

入院人次减少了 46 万，降幅为 0.19%。

具体而言，医院和专业公共卫生机构的入院人次较 2021 年分别减少了 56 万和 15 万，降幅为 0.28% 和 1.56%。同时，基层医疗卫生机构的入院人次增加了 27 万，增幅为 0.75%。医院和专业公共卫生机构的入院人次占比分别降低了 0.07 个和 0.05 个百分点，而基层医疗卫生机构的入院人次占比则上升了 0.14 个百分点（见表 2）。

表 2　2021~2022 年全国医疗卫生机构入院人数及其占比

单位：万人，%

项目		医院	基层医疗卫生机构	专业公共卫生机构	其他医疗卫生机构	合计
2021 年	人数	20155	3592	963	22	24732
	占比	81.49	14.52	3.89	0.09	100.00
2022 年	人数	20099	3619	948	21	24686
	占比	81.42	14.66	3.84	0.09	100.00

3. 总床位数

2022 年，全国医疗卫生机构的床位总数为 974.99 万张。其中，医院、基层医疗卫生机构和专业公共卫生机构的床位数分别为 766.29 万张、175.11 万张和 31.36 万张，占比分别为 78.59%、17.96% 和 3.22%。

与 2021 年相比，全国医疗卫生机构的床位总数增加了 29.98 万张，增幅为 3.17%。具体来看，医院、基层医疗卫生机构和专业公共卫生机构的床位数分别增加了 24.87 万张、5.13 万张和 1.20 万张，增幅分别为 3.35%、3.02% 和 3.98%。医院和专业公共卫生机构的床位占比分别上升了 0.14 个和 0.02 个百分点，而基层医疗卫生机构的床位占比下降了 0.03 个百分点（见表 3）。

2022 年，全国医疗卫生机构的病床使用率为 66.13%。其中，医院、基层医疗卫生机构和专业公共卫生机构的病床使用率分别为 71.02%、46.01% 和 55.33%。

表3 2021～2022年全国医疗卫生机构床位数

单位：万张，%

项目		医院	基层医疗卫生机构	专业公共卫生机构	其他医疗卫生机构	合计
2021年	床位数	741.42	169.98	30.16	3.45	945.01
	占比	78.46	17.99	3.19	0.37	100.00
2022年	床位数	766.29	175.11	31.36	2.24	974.99
	占比	78.59	17.96	3.22	0.23	100.00

与2021年相比，全国医疗卫生机构的病床使用率下降了3.15个百分点。具体来看，医院、基层医疗卫生机构和专业公共卫生机构的病床使用率分别下降了3.58个、1.37个和3.46个百分点（见表4）。

表4 2021～2022年全国医疗卫生机构病床使用率

单位：%

年份	医院	基层医疗卫生机构	专业公共卫生机构	其他医疗卫生机构	合计
2021	74.60	47.38	58.79	44.55	69.28
2022	71.02	46.01	55.33	43.21	66.13

（二）公立医疗卫生机构情况

1. 公立医院诊疗人次

2022年，公立医院的诊疗人次为318920.6万，占医院诊疗人次的83.43%，占医疗卫生机构总诊疗人次的37.89%。与2021年相比，公立医院的诊疗人次减少了8168.7万，降幅为2.50%。同时，其在医院诊疗人次中的比重下降了0.79个百分点，而在所有医疗卫生机构总诊疗人次中的比重降低了0.71个百分点（见表5）。

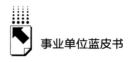

表5　2021~2022年公立医院诊疗人次及其占比情况

单位：万人次，%

年份	诊疗人次	诊疗人次/ 医院诊疗人次	诊疗人次/ 总诊疗人次
2021	327089.3	84.22	38.61
2022	318920.6	83.43	37.89

2. 公立医院入院人次

2022年，公立医院的入院人次为16304.1万人次，占医院入院人数的81.12%，占医疗卫生机构总入院人次的66.05%。与2021年相比，公立医院的入院人次减少了105.8万，降幅为0.64%。同时，其在医院入院人次中的比重下降了0.30个百分点，且在所有医疗卫生机构总入院人次中的比重也下降了0.30个百分点（见表6）。

表6　2021~2022年公立医院入院人次及其占比情况

单位：万人，%

年份	入院人次	公立入院人次/ 医院入院人次	公立入院人次/ 总入院人次
2021	16409.9	81.42	66.35
2022	16304.1	81.12	66.05

3. 公立医院床位数

2022年，公立医院的床位总数为536.34万张，占医院床位数的69.99%，占医疗卫生机构总床位数的55.01%。与2021年相比，公立医院的床位数增加了15.57万张，增幅为2.99%。同时，其在医院床位数中的比重下降了0.25个百分点，而在所有医疗卫生机构总床位数中的比重下降了0.10个百分点（见表7）。

表7　2021~2022年公立医院床位数及其占比情况

单位：万张，%

年份	床位数	床位数/医院床位数	床位数/总床位数
2021	520.77	70.24	55.11
2022	536.34	69.99	55.01

2022年公立医院病床使用率为75.6%，比2021年下降了4.7个百分点。

二　卫生机构发展情况

2022年，全国医疗卫生机构总数为1032918个。其中，医院、基层医疗卫生机构和专业公共卫生机构的占比分别为3.58%、94.85%和1.20%。公立医疗卫生机构的数量为530756个，其中，公立医院、基层医疗卫生机构（公立）和专业公共卫生机构（公立）的占比分别为2.21%、95.19%和2.29%。

（一）机构数总量

2022年，全国医疗卫生机构的总数为1032918个。其中，医院、基层医疗卫生机构和专业公共卫生机构的数量分别为36976个、979768个和12436个，占比分别为3.58%、94.85%和1.20%。

与2021年相比，全国医疗卫生机构增加了1983个，增幅为0.19%。其中，医院和基层医疗卫生机构分别增加了406个和1978个，增幅分别为1.11%和0.20%；而专业公共卫生机构减少了840个，降幅为6.33%。医院和基层医疗卫生机构的占比分别上升了0.03个和0.01个百分点，专业公共卫生机构的占比则下降了0.08个百分点（见表8）。

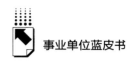

表8 2021~2022年各类医疗卫生机构数及其占比

单位：个，%

年份		医院	基层医疗卫生机构	专业公共卫生机构	其他医疗卫生机构	合计
2021	机构数	36570	977790	13276	3299	1030935
	占比	3.55	94.84	1.29	0.32	100.00
2022	机构数	36976	979768	12436	3738	1032918
	占比	3.58	94.85	1.20	0.36	100.00

（二）公立机构数

2022年，全国公立医疗卫生机构的总数为530756个。其中，公立医院、基层医疗卫生机构（公立）和专业公共卫生机构（公立）的数量分别为11746个、505233个和12164个，占比分别为2.21%、95.19%和2.29%。

与2021年相比，全国公立医疗卫生机构减少了4764个，降幅为0.89%。具体而言，公立医院、基层医疗卫生机构（公立）和专业公共卫生机构（公立）分别减少了58个、3895个和742个，降幅分别为0.49%、0.77%和5.75%。公立医院和基层卫生机构（公立）的占比分别上升了0.01个和0.12个百分点，而专业公共卫生机构（公立）的占比则下降了0.12个百分点（见表9）。

表9 2021~2022年各类公立医疗卫生机构数及其占比

单位：个，%

年份		公立医院	基层医疗卫生机构（公立）	专业公共卫生机构（公立）	其他医疗卫生机构（公立）	合计
2021	机构数	11804	509128	12906	1682	535520
	占比	2.20	95.07	2.41	0.31	100.00
2022	机构数	11746	505233	12164	1613	530756
	占比	2.21	95.19	2.29	0.30	100.00

三 人才队伍状况

2022年，全国医疗卫生机构卫生人员总数为1441.08万人。其中，卫生技术人员为1165.79万人，含执业（助理）医师443.47万人、注册护士522.42万人，医护比为1∶1.18。全国医师日均承担诊疗7.0人次，日均负责的住院床日为1.5床日。公立机构的卫生人员总数为1061.59万人，其中卫生技术人员为865.28万人，含执业（助理）医师318.34万人、注册护士386.87万人，医护比为1∶1.22。公立医院的医师日均承担的诊疗人次为6.6人次，日均负责的住院床日为2.0床日。

（一）卫生人员总体情况

1. 卫生人员总数

2022年，全国医疗卫生机构卫生人员总数为1441.08万人。其中，医院、基层医疗卫生机构和专业公共卫生机构的卫生人员数分别为874.77万人、455.06万人和97.89万人，占比分别为60.70%、31.58%和6.79%。

与2021年相比，全国卫生人员数增加了42.54万人，增幅为3.04%。具体来看，医院、基层医疗卫生机构和专业公共卫生机构的卫生人员数分别增加了26.65万人、11.90万人和2.07万人，增幅分别为3.14%、2.69%和2.16%。医院的卫生人员占比上升了0.06个百分点，而基层医疗卫生机构和专业公共卫生机构的占比分别下降了0.11个百分点和0.06个百分点（见表10）。

2. 卫生技术人员数

2022年，卫生技术人员为1165.79万人，占比为80.90%，其中执业（助理）医师为443.47万人，注册护士为522.42万人，医护比为1∶1.18；与2021年相比，卫生技术人员增加了41.37万人，增幅为3.68%（见表11）。

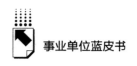

表 10　2021~2022 年全国医疗卫生机构卫生人员数及其占比

单位：万人，%

年份		医院	基层医疗卫生机构	专业公共卫生机构	其他医疗卫生机构	合计
2021	人数	848.12	443.16	95.82	11.44	1398.54
	占比	60.64	31.69	6.85	0.82	100.00
2022	人数	874.77	455.06	97.89	13.36	1441.08
	占比	60.70	31.58	6.79	0.93	100.00

表 11　2021~2022 年卫生人员数及其占比

单位：万人，%

年份	卫生技术人员	卫生人员	卫生技术人员占比
2021	1124.42	1398.54	80.40
2022	1165.79	1441.08	80.90

与 2021 年相比，执业（助理）医师增加了 14.71 万人，增幅为 3.43%。注册护士增加了 20.48 万人，增幅为 4.08%。医护比略有提升（见表 12）。

表 12　2021~2022 年医护人员数与医护比

单位：万人，%

年份	执业（助理）医师	注册护士	医护比
2021	428.76	501.94	1:1.17
2022	443.47	522.42	1:1.18

3. 城乡与区域间分布情况

党的十八大以来，随着全面建成小康社会和乡村振兴战略实施，城乡间医疗资源差异得到有效改善，中西部地区卫生健康事业蓬勃发展。

城镇地区每千人口卫生技术人员数由 2012 年的 8.5 人提升至 2022 年的 10.2 人，农村地区每千人口卫生技术人员数由 2012 年的 3.4 人提升至 2022 年的 6.6 人，城乡每千人口卫生技术人员数差异缩小至 3.7 人（见图 1）。

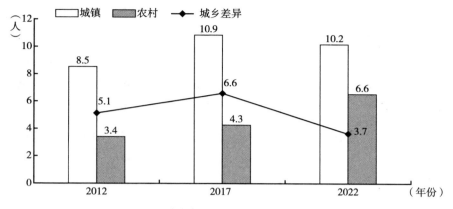

图1 城乡每千人口卫生技术人员数

同时，东中西部地区间的每千人口卫生技术人员数的差异也在逐渐缩小，中西部年均增速较东部地区更高，至2022年，西部地区每千人口卫生技术人员数已经超过东部地区，医疗资源分布更为均衡。

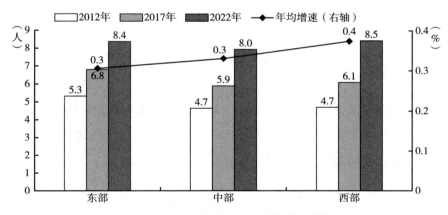

图2 东中西部每千人口卫生技术人员数

4. 医师工作负荷

2022年，全国医师日均承担的诊疗数为7.0人次。其中，医院、基层医疗卫生机构和专业公共卫生机构的医师日均承担的诊疗数分别为6.2人次、8.5人次和7.2人次。与2021年相比，全国医师日均诊疗数减少了0.3

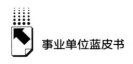

人次，其中医院和专业公共卫生机构的日均诊疗数分别下降了 0.3 人次和 0.4 人次，基层医疗卫生机构则持平。

在住院床日方面，2022 年全国医师日均承担住院床日为 1.5。医院、基层医疗卫生机构和专业公共卫生机构日均住院床日分别为 2.1、0.5 和 0.9。与 2021 年相比，全国医师日均住院床日下降了 0.1，医院和专业公共卫生机构的日均住院床日数均下降了 0.1，而基层医疗卫生机构的日均住院床日数保持不变。

（二）公立机构卫生人员情况

1. 公立机构卫生人员总数

2022 年，全国公立机构的卫生人员总数为 1061.59 万人。其中，公立医院、基层医疗卫生机构（公立）和专业公共卫生机构（公立）的卫生人员数分别为 667.21 万人、292.93 万人和 96.91 万人，占比分别为 62.85%、27.59% 和 9.13%。

与 2021 年相比，全国公立机构的卫生人员数增加了 30.42 万人，增幅为 2.95%。具体来看，公立医院、基层医疗卫生机构（公立）和专业公共卫生机构（公立）的卫生人员数分别增加了 20.83 万人、6.56 万人和 3.19 万人，增幅分别为 3.22%、2.29% 和 3.40%。公立医院和专业公共卫生机构（公立）的占比分别上升了 0.17 个和 0.04 个百分点，而基层医疗卫生机构（公立）的卫生人员数占比下降了 0.18 个百分点（见表 13）。

表 13　2021~2022 年各类公立医疗卫生机构卫生人员数及其占比

单位：万人，%

年份		公立医院	基层医疗卫生机构（公立）	专业公共卫生机构（公立）	其他医疗卫生机构（公立）	合计
2021	人数	646.38	286.37	93.72	4.70	1031.17
	占比	62.68	27.77	9.09	0.46	100.00
2022	人数	667.21	292.93	96.91	4.54	1061.59
	占比	62.85	27.59	9.13	0.43	100.00

2.公立机构卫生技术人员数

2022 年，卫生技术人员为 865.28 万人，占比为 81.51%。与 2021 年相比，增加了 29.91 万人，增幅为 3.58%（见表 14）。

表 14　2021~2022 年公立机构卫生技术人员数及其占比

单位：万人，%

年份	卫生技术人员	卫生人员	卫生技术人员占比
2021	835.37	1031.17	81.01
2022	865.28	1061.59	81.51

2022 年，卫生技术人员中，执业（助理）医师为 318.34 万人，注册护士为 386.87 万人，医护比为 1∶1.22。

与 2021 年相比，执业（助理）医师增加了 10.09 万人，增幅为 3.27%。注册护士增加了 14.24 万人，增幅为 3.82%。医护比略有提升（见表 15）。

表 15　2021~2022 年医护人员数与医护比

单位：万人

年份	执业（助理）医师	注册护士	医护比
2021	308.25	372.63	1∶1.21
2022	318.34	386.87	1∶1.22

3.公立医院医师工作负荷

2022 年，公立医院医师日均担负诊疗数为 6.6 人次，与 2021 年相比下降了 0.4 人次；日均担负住院床日为 2.0，与 2021 年相比下降 0.2 床日。

四　卫生经费状况

2022 年，全国各类医疗卫生机构的总收入达 56402.39 亿元，其中财政补助收入占比为 18.37%。医院门诊病人次均医药费用为 342.7 元，住院病

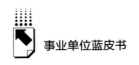
人人均医药费用为 10860.6 元，人均人员经费为 14.10 万元。全国各类公立医疗卫生机构的总收入为 47442.03 亿元，财政拨款收入占比为 21.64%。公立医院门诊病人次均医药费用为 333.6 元，住院病人人均医药费用为 11468.6 元，人均人员经费为 19.75 万元。

（一）医疗卫生机构总体情况

1. 收入情况

2022 年，全国各类医疗卫生机构的总收入为 56402.39 亿元。其中，医院、基层医疗卫生机构和专业公共卫生机构的收入分别为 41988.48 亿元、8954.29 亿元和 4190.01 亿元，占比分别为 74.44%、15.88% 和 7.43%。

与 2021 年相比，全国医疗卫生机构的总收入增加了 1578.37 亿元，增幅为 2.88%。具体来看，医院、基层医疗卫生机构和专业公共卫生机构的收入分别增加了 1083.92 亿元、54.12 亿元和 255.89 亿元，增幅分别为 2.65%、0.61% 和 6.50%。医院和基层医疗卫生机构的收入占比分别下降了 0.17 个和 0.36 个百分点，而专业公共卫生机构的收入占比则提高了 0.25 个百分点（见表 16）。

表 16　2021~2022 年各类医疗卫生机构收入及其占比

单位：亿元，%

年份		医院	基层医疗卫生机构	专业公共卫生机构	其他医疗卫生机构	合计
2021	收入	40904.56	8900.17	3934.12	1085.17	54824.02
	占比	74.61	16.23	7.18	1.98	100.00
2022	收入	41988.48	8954.29	4190.01	1269.61	56402.39
	占比	74.44	15.88	7.43	2.25	100.00

2022 年，全国各类医疗卫生机构总收入中的财政拨款收入占比为 18.37%。其中，医院、基层医疗卫生机构和专业公共卫生机构的财政补助收入占比分别为 12.34%、31.36% 和 50.99%。

与 2021 年相比，全国各类医疗卫生机构总收入中的财政拨款收入占比上升了 1.71 个百分点。具体而言，医院、基层医疗卫生机构和专业公共卫生机构的财政拨款收入占比分别上升了 1.76 个、1.31 个和 3.74 个百分点（见表 17）。

表 17　2021～2022 年各类医疗卫生机构财政拨款收入占比

单位：%

年份	医院	基层医疗卫生机构	专业公共卫生机构	其他医疗卫生机构	合计
2021	10.58	30.05	47.24	25.27	16.66
2022	12.34	31.36	50.99	18.42	18.37

自党的十八大以来，政府卫生支出占财政支出比重稳步提升，至 2022 年已达 9.22%，除了疫情期间的波动，占 GDP 比重总体也呈上升趋势，体现了我国对卫生健康事业的重视（见图 3）。

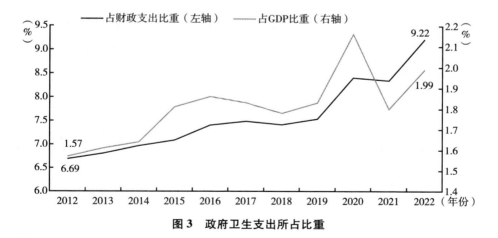

图 3　政府卫生支出所占比重

2022 年，全国各类医疗卫生机构总收入中的事业收入占比为 76.19%。具体来看，医院、基层医疗卫生机构和专业公共卫生机构的事业收入占比分别为 84.63%、60.69% 和 42.57%。

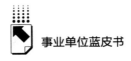

与 2021 年相比，全国各类医疗卫生机构总收入中的事业收入占比下降了 1.73 个百分点。其中，医院和专业公共卫生机构的事业收入占比分别下降了 2.08 个和 1.99 个百分点，而基层医疗卫生机构的事业收入占比则上升了 0.97 个百分点（见表 18）。

表 18 2021~2022 年全国各类医疗卫生机构事业收入占比

单位：%

年份	医院	基层医疗卫生机构	专业公共卫生机构	其他医疗卫生机构	合计
2021	86.71	59.72	44.55	17.17	77.93
2022	84.63	60.69	42.57	17.41	76.19

2. 门诊费用与住院费用

2022 年，医院门诊病人次均医药费用为 342.7 元，其中，药费为 130.3 元，检查费为 63.1 元，占比分别为 38.0% 和 18.4%。

与 2021 年相比，门诊病人次均医药费用增加了 13.6 元，增幅为 4.13%。具体来看，药费增加了 7.1 元，增幅为 5.76%；检查费增加了 0.4 元，增幅为 0.64%。药费的占比上升了 0.6 个百分点，而检查费的占比则下降了 0.7 个百分点（见表 19）。

表 19 2021~2022 年医院门诊病人次均医药费用

单位：元，%

年份	门诊病人次均医药费			门诊医药费占比	
	总费用	药费	检查费	药费	检查费
2021	329.1	123.2	62.7	37.4	19.1
2022	342.7	130.3	63.1	38.0	18.4

2022 年，医院住院病人人均医药费用为 10860.6 元，其中，药费为 2640.5 元，检查费为 1120.3 元，占比分别为 24.3% 和 10.3%。与 2021 年相比，医院住院病人人均医药费用降低了 141.7 元，降幅为 1.29%。具体来

看，药费减少了118.9元，降幅为4.31%；检查费则增加了21.2元，增幅为1.93%。药费的占比下降了0.8个百分点，而检查费的占比上升了0.3个百分点（见表20）。

表20   2021~2022年医院住院病人人均医药费用

单位：元，%

年份	住院病人人均医药费			住院医药费占比	
	总费用	药费	检查费	药费	检查费
2021	11002.3	2759.4	1099.1	25.1	10.0
2022	10860.6	2640.5	1120.3	24.3	10.3

3. 人均人员经费

2022年，全国各类医疗卫生机构的人均人员经费为14.10万元。其中，医院、基层医疗卫生机构和专业公共卫生机构的人均人员经费分别为16.98万元、8.04万元和15.89万元。与2021年相比，全国各类医疗卫生机构的人均人员经费增加了0.56万元，增幅为4.15%。具体来看，医院、基层医疗卫生机构和专业公共卫生机构的人均人员经费分别增加了0.72万元、0.35万元和0.69万元，增幅分别为4.42%、4.56%和4.56%（见表21）。

表21   2021~2022年全国各类医疗卫生机构人均人员经费

单位：万元

年份	医院	基层医疗卫生机构	专业公共卫生机构	合计
2021	16.26	7.69	15.20	13.54
2022	16.98	8.04	15.89	14.10

（二）公立医疗卫生机构情况

1. 收入情况

2022年，全国各类公立医疗卫生机构的总收入为47442.03亿元。与

2021 年相比，这一收入增加了 1328.50 亿元，增幅为 2.88%。其中，公立医院的总收入为 36213.15 亿元，较 2021 年增加了 830.70 亿元，增幅为 2.35%（见表 22）。

表 22　2021~2022 年全国各类公立医疗卫生机构收入

单位：亿元

年份	公立医院	公立医疗卫生机构	各类医疗卫生机构合计
2021	35382.45	46113.53	54824.02
2022	36213.15	47442.03	56402.39

2022 年，公立医疗卫生机构总收入中的财政拨款收入占比为 21.64%，比 2021 年上升了 2.03 个百分点。

2022 年，公立医院总收入中的财政拨款收入占比为 14.24%，比 2021 年上升了 2.12 个百分点（见表 23）。

表 23　2021~2022 年公立医疗卫生机构财政拨款收入占比

单位：%

年份	公立医院	公立医疗卫生机构	各类医疗卫生机构合计
2021	12.12	19.62	16.66
2022	14.24	21.64	18.37

2022 年，全国各类公立医疗卫生机构总收入中的事业收入占比为 74.53%，比 2021 年下降 2.09 个百分点。

2022 年，公立医院总收入中的事业收入占比为 82.65%，比 2021 年下降了 2.57 个百分点（见表 24）。

2.门诊费用与住院费用

2022 年，公立医院门诊病人次均医药费用为 333.6 元，其中，药费为 131.6 元，检查费为 66.2 元，占比分别为 39.45% 和 19.84%。

与 2021 年相比，公立医院门诊病人次均医药费用增加了 12.7 元，增幅为 3.96%。具体而言，药费增加了 7.0 元，增幅为 5.62%；检查费则增加了 0.90 元，增幅为 1.38%。药费的占比上升了 0.62 个百分点，而检查费的占比下降了 0.50 个百分点（见表 25）。

表 24　2021~2022 年全国各类公立医疗卫生机构事业收入占比

单位：%

年份	公立医院	公立医疗卫生机构	各类医疗卫生机构合计
2021	85.22	76.63	77.93
2022	82.65	74.53	76.19

表 25　2021~2022 年公立医院门诊病人次均医药费用

单位：元，%

年份	门诊病人次均医药费			门诊医药费占比	
	总费用	药费	检查费	药费	检查费
2021	320.9	124.6	65.3	38.83	20.35
2022	333.6	131.6	66.2	39.45	19.84

2022 年，公立医院住院病人人均医药费用为 11468.6 元，其中，药费为 2743.4 元，检查费为 1218.9 元，占比分别为 23.92% 和 10.63%。

与 2021 年相比，公立医院住院病人人均医药费用降低了 205.1 元，降幅为 1.76%。具体来看，药费减少了 151.9 元，降幅为 5.25%；检查费则增加了 23.6 元，增幅为 1.97%。药费的占比减少了 0.88 个百分点，而检查费的占比则上升了 0.39 个百分点（见表 26）。

3. 人均人员经费

2022 年，公立医疗卫生机构人均人员经费为 16.69 万元，比 2021 年增加 0.67 万元，增幅为 4.21%。2022 年，公立医院人均人员经费为 19.75 万元，比 2021 年增加 0.84 万元，增幅为 4.47%（见表 27）。

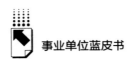

表26　2021~2022年公立医院住院病人人均医药费用

单位：元，%

年份	住院病人人均医药费			住院医药费占比	
	总费用	药费	检查费	药费	检查费
2021	11673.7	2895.3	1195.3	24.8	10.2
2022	11468.6	2743.4	1218.9	23.92	10.63

表27　2021~2022年公立医疗机构人均人员经费

单位：万元

年份	公立医院	公立医疗卫生机构	各类医疗卫生机构合计
2021	18.90	16.02	13.54
2022	19.75	16.69	14.10

五　趋势分析

从数据中可以看出，2021~2022年我国健康中国战略稳步推进，我国卫生事业单位的发展呈现以下几个趋势。

（一）医疗卫生资源提质扩容，病人医药费用总体稳定

2021~2022年，我国医疗资源供给能力不断提升，在公立机构数量略有减少的情况下，卫生人员、床位数保持增长，医疗服务质量不断提高。从机构数目看，与2021年相比，全国公立医疗卫生机构减少了4764个，公立医院、基层医疗卫生机构（公立）和专业公共卫生机构（公立）降幅分别为0.49%、0.77%和5.75%。从卫生人员数看，公立医院、基层医疗卫生机构（公立）和专业公共卫生机构（公立）卫生人员数增幅分别为3.22%、2.29%和3.40%。从硬件设施看，公立医院床位数增加了15.57万张，增幅为2.99%。

同时，人次均就诊医药费总体保持稳定，就诊公立医院门诊病人次均医药费小幅上升，由320.9元增加至333.6元，住院病人人次均医药费小幅下降，由11673.7元下降为11468.6元。

（二）队伍规模不断扩大，人员结构持续优化

2021~2022 年，全国公立医疗卫生机构卫生人员队伍规模从 1031.17 万人增至 1061.59 万人，增加了 30.42 万人，队伍力量得到不断增强，队伍结构也在不断优化。首先，卫生技术人员在卫生人员中的占比从 81.01%增至 81.51%，公立医疗卫生机构卫生人员队伍的专业化能力得到进一步提升。其次，执业（助理）医师从 308.25 万人增至 318.34 万人；注册护士从 372.63 万人增至 386.87 万人。

（三）专业公共卫生机构投入持续增加，公共卫生服务能力得到强化

2021~2022 年，专业公共卫生机构（公立）卫生人员数增幅均居公立机构前列，财政投入水平保持较高水平，进一步强化公共卫生服务能力。从卫生人员数看，专业公共卫生机构（公立）人员数增加了 3.40%，高于公立医院和基层医疗卫生机构（公立）增幅。从财政拨款看，公立医疗卫生机构的财政拨款收入占比由 19.62%上升至 21.64%，表明政府对公共卫生体系和人民生命健康的高度重视。

地方实践篇

B.6
河北省事业单位公开招聘实践与探索

武 岩*

摘 要： 加强公开招聘工作事关干部队伍建设大局，必须确保公平性、安全性、规范性，在此基础上努力实现科学性、精准性、灵活性。河北省实行灵活招聘方式，采取科学考试方法，出台有力优惠政策，着力建设高素质事业单位工作人员队伍。面对当前公开招聘客观存在人才招不准、招聘不规范、投诉数量多的问题，河北省通过实行灵活招聘方式、采用科学考试方法、把好重点环节等举措，逐步实现全方位加强人才引进，全流程规范公开招聘。

关键词： 事业单位 公开招聘 人才引进 河北省

公开招聘作为事业单位人事管理的一项基本制度，是事业单位择优进人

---

* 武岩，河北省人力资源和社会保障厅事业单位人事管理处一级主任科员。

的主要途径，是规范事业单位进人行为的制度性安排，也是加强高素质专业化事业单位工作人员队伍建设的源头保证。加强公开招聘工作事关干部队伍建设大局，必须确保公平性、安全性、规范性，在此基础上努力实现科学性、精准性、灵活性。

一　河北省当前的经验做法

近年来，河北省以优化事业单位工作人员队伍结构为目标，坚持政府宏观管理与落实事业单位用人自主权相结合，加强统筹管理，创新工作机制，优化服务保障，促进各类人才向事业单位集聚，近三年全省共招聘 12.3 万人，为事业单位高质量发展提供有力支撑。

（一）实行灵活招聘方式，满足用人需求多样化

为满足事业单位用人需求，河北省实行了统分结合、灵活多样的招聘方式。《河北省事业单位公开招聘工作人员暂行办法》明确规定单位选聘、单独招聘、统一招聘三种方式，有效地解决了"一统就死，一放就乱"的现象。一是单位选聘。凡招聘博士、副高以上职称人员和急需紧缺人才的，由用人单位提出招聘计划、制订招聘方案，按照管理权限报组织人社部门核准后，到人才培养单位选聘。目前，高等院校、科研院所等单位招聘高层次人才，基本上采取这种方式，近三年全省事业单位选聘人才 6892 名。对特殊高层次人才实行"一事一议、一人一策"。搭建交流服务平台精准开展人才招聘活动，坚持做到人才需求底数、人才分布情况、河北籍毕业生情况、人才落地签约情况等"四个摸清"，提前组织事业单位备案招聘计划，深入开展"冀才高校行"全国巡回引才活动，着力提升人才招聘精准性、实效性，提升品牌影响力。2023 年以来深入省内外校园举办了 11 场招聘活动，特别是与数政、教育、卫健等部门联合举办了数字人才、高校、卫生医疗等引才专场活动，广泛邀约河北籍人才参会，效果很好。二是单位招聘。鉴于教育、卫生等系统规模大、管理规范、招聘人员多、专业性较强，一般实行单

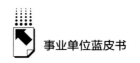

独招聘，即由用人单位会同主管部门提出招聘计划、制订招聘方案，经组织人社部门核准后组织实施。三是统一招聘。为了降低招聘成本、减少招聘风险，对于招聘人员少、专业性要求不高的，一般由用人单位提出需求，组织人社部门分级组织招聘。原则上每年5月为事业单位"集中招聘月"，各市、县和省直事业单位都要在5月实行集中招聘，拓宽了选人视野，方便了应聘考生，提高了工作效率，实现了学生毕业与就业有机衔接。另外，还积极鼓励和支持各地各部门各单位探索组团招聘、专场招聘、定向引聘、校园招聘、海外招聘、猎头公司寻聘等多种招聘方式，满足用人单位选人需求。

（二）采取科学考试方法，提高选人用人精准度

为提高人岗匹配度，河北省积极探索"差异化"考试方法，努力做到"干什么考什么"。一是综合知识考试。对于通过单独招聘和统一招聘方式招聘人员的，由于其通用性、竞争性强，一般采取笔试、面试方法测试综合基础知识。比如，招聘管理人员主要通过笔试面试方式考察综合管理知识和分析协调能力，招聘专业技术人员通过笔试面试考察专业知识和运用专业知识解决实际问题的能力。二是专业技能测试。招聘专业操作能力要求较强的工作人员，根据岗位要求，分别采取模拟教学、教师说课、病情诊断、护理操作、实验演示、故障排除、现场表演、才艺展示等测试方法，着重考核实际操作能力水平，确保"高分高能"。三是能力素质考察。对于选聘的高层次、急需人才，由于其学历层次、学术水平高、专业性强，通过常规笔试面试很难考出真实水平，一般由用人单位采取考核考察方式确定人选，主要看其德才表现、学术水平、科研成果、工作实绩等。

（三）抓好重点关键环节，化解招聘工作风险点

为了保证公开招聘工作公平、公正，河北省坚持问题导向，在关键环节上下功夫，抓好风险防控。一是把好方案审核发布关。招聘前，由用人单位根据招聘计划、专业需求，按规定制订招聘方案，按管理权限报组织人社部门核准，主要审核其招聘方案是否切实可行、招聘条件是否公平公正、是否

存在歧视性条件、招聘程序是否公开。方案审核通过后,招聘公告在同级组织人社部门指定网站公布,确保考生报得了名、考得了试。二是把好笔试面试关。公开招聘能否搞好,笔试面试是关键。河北省制定了招聘命题操作指南、面试规则等文件,严格笔试面试工作规程,命题采取封闭式管理,严防试题泄密。笔试阅卷采取无纸化评卷方式,客观题通过机器读卡自动生成成绩,主观题采取电脑随机派发阅卷。面试评委采取组织人社部门指派和单位选派相结合的办法。纪检监察部门全程监督,确保考试各环节万无一失。三是把好结果审核公示关。拟聘人员确定后,由用人单位填写事业单位公开招聘表,对招聘人员考试方式、成绩名次、考察结果、体检等情况进行说明,形成招聘情况报告,由同级组织人社部门审核。审核时,着重核查拟聘人员是否符合公布的条件、是否按考试成绩择优聘用、是否按规定进行公示,确保结果公平公正。

(四)出台有力优惠政策,关注支持特殊人群

事业单位公开招聘应当在坚持公平公正的前提下,适当支持特殊地区、特殊人群。一是放宽基层事业单位招聘条件。艰苦边远乡镇事业单位工作人员,学历最低可以到高中、中专(含技工学校),但不突破行业职业准入对学历的要求;招聘乡镇事业单位管理人员,可以不作专业限制;可以拿出一定数量岗位面向本县、本市或者周边县市户籍人员(或者生源)招聘,助力基层事业单位引进人才、留住人才、用好人才。二是做好大学生乡村医生招聘。指导各地人社部门配合卫生健康部门、机构编制部门做好大学生乡村医生招录和编制保障工作,对将按照大学生乡村医生计划招录的2023届高校毕业生和新冠疫情以来通过"医学专业高校毕业生免试申请乡村医生职业注册政策"进入村卫生室工作的大学生,以及具备临床医学、中医学类、中西医结合类等专业大专及以上学历人员聘用为乡镇卫生院正式在编人员开辟"绿色通道"。三是稳妥解决历史遗留问题。河北省部分高校存在不少空编却长期使用编外人员,这些人员长期在单位工作甚至已经成为业务骨干,但因年龄偏大,难以办理入编手续,长期待遇较低并且缺少归属感,容易引

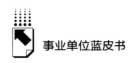

起人才流失，也影响了单位人才队伍建设。为此，河北省积极支持高校适当放宽选聘条件，空缺岗位面向社会公开招聘，鼓励人事代理人员积极参与，目前已将部分高校原人事代理教师纳入编制管理，历史遗留问题正在有效解决。

二　面临的问题

河北省事业单位公开招聘工作取得了不少成绩，但面对新形势、新情况，也存在一些问题和不足。

（一）人才招不准

一方面，河北省事业发展需要的紧缺人才、高层次人才招不来；另一方面，招进来的不能完全适应单位需要，人岗不匹配。这主要是因为事业单位的用人需求不精准，招聘岗位需求与人才匹配度不高；招聘渠道不精准，停留在"发公告、等报名"的传统被动模式，利用各种新兴媒体向应聘人员的精准宣传力度不够；考试评估不精准，还没有完全做到"干什么考什么""干什么评什么"，需要进一步提高招聘针对性、科学性、实效性。

（二）招聘不规范

个别地方招聘工作统筹不够，存在"小散乱"现象，难以有效规避"萝卜招聘""因人画像"；一些单位对招聘政策把握不准，组织笔试面试不够规范；一些单位委托第三方机构承担考务工作乱象较多，这些都违背了公开招聘工作的公开、平等、竞争、择优的原则。

（三）投诉数量多

究其原因，主要有以下三点。一是就业形势较为紧张。2024年全国有1179万名大学生毕业，报考事业单位成为更多人的就业选择。2024年河北省省直事业单位招聘1650人，报名人数达到9.8万，个别岗位报录比达到几百比一，创历史新高。二是维权意识不断增强。目前，参加事业单位公开招聘的人员，绝大多数都是"90后"，甚至"00后"，维权意识高涨，事业单位和主管部门在公开招聘工作中稍有不慎，就会面临质疑举报。个别事业单位在公开招聘中确实存在一些细节不规范、组织不严密的问题。三是举报渠道更加畅通。目前，人社系统有12333投诉举报热线，各级政府有12345便民服务热线，还有人民网留言、省长信箱、国务院大督查线索等，这些渠道持续畅通，更有各种自媒体推波助澜，极易形成舆情，必须妥善应对。

三 下一步工作举措

（一）全方位加强人才精准引进

高度重视事业单位通过公开招聘引进人才工作，要求事业单位合理设置岗位资格条件，努力实现精准招聘、人岗相适，全力支持事业单位精准引进人才。一是指导事业单位精准设置岗位条件。突出政治标准，坚持德才兼备、以德为先，综合分析研判岗位职责要求，科学设置拟招聘岗位学历、专业、年龄、工作年限等资格条件。二是畅通人才引进渠道。积极推进"专场寻聘""校园招聘"，畅通高层次和特殊人才引进渠道。围绕河北省经济发展重点领域、新兴产业，根据事业单位招聘人才需求，组织、指导事业单位到省内外相关专业优势明显、特色突出的高校进行专场招聘。三是创新丰富考试测评方式。支持事业单位采取综合知识考试、专业技能测试、能力素质考察等多样化、差异化的考试测评方法，努力做到"干什么考什么"，提高选人用人精准度，例如，对专业操作能力要求较强的工作人员，可根据岗位要求采取模拟教学、教师说课、病情诊断、护理操作、实验演示、现场表演、才艺展示等测试方法，着重考核实际操作能力水平，确保"高分高能"。四是探索建立"高校直通车"机制。加强与省内外高校就业部门联系合作，及时在有关高校就业网站公布用人单位需求，帮助用人单位和高校毕业生实现精准对接。

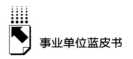
（二）全流程规范公开招聘工作

深入贯彻落实《关于进一步做好事业单位公开招聘工作的通知》文件精神，加强公开招聘工作统筹，严格工作程序要求，着力对公开招聘全流程进行规范。一是加强招聘流程监督。全面梳理公开招聘流程和风险点，进一步规范招聘程序，促进公平、公正、公开，加大对事业单位公开招聘监督指导力度。这是事业单位人事综合管理部门的职责所在，不能一放了之，既要"放"也要"管"，要做到事前指导、事中监督、事后跟踪。二是积极推进面试评委库建设，进一步加强培训，扩充面试评委队伍，充实专业技术评委，实行持证上岗，加强对事业单位面试评委的选派管理工作。三是借鉴公务员四级联考经验，对于管理岗位和通用性专业技术岗位，逐步探索推行全省事业单位统一招聘笔试联考，降低基层招聘成本和风险，提升公开招聘影响力和公信力。四是加强招聘舆情监控。持续加强对招聘工作网络舆情的监控管理，落实舆情监督制度，积极发挥事业单位公开招聘信息网评员作用，强化舆情监督，确保不发生规模性舆情。

B.7
山东省事业单位高层次人才薪酬激励工作实践与探索

赵晓燕　刘　婷　崔明波*

摘　要： 党的二十大报告指出，必须坚持科技是第一生产力、人才是第一资源、创新是第一动力，深入实施科教兴国战略、人才强国战略、创新驱动发展战略。人才在促进战略发展中的重要作用不言而喻，山东省始终把人才工作放在发展战略全局和现代化建设大局中谋划推进，发现人才、集聚人才、服务人才、成就人才已经成为全社会最广泛共识和最优先行动。薪酬激励政策作为事业单位吸引集聚高层次人才的重要"砝码"，在人才工作中发挥着不可替代的作用。近年来，山东省夯实制度基础、优化政策供给、突出大局导向、着力强化监管，重点在激发人才创新创造活力、发挥用人单位主体作用、聚焦服务国家战略、切实发挥激励作用等方面强化制度创新，加快流程再造，完善了事业单位高层次人才薪酬激励机制，助力构建人才引领发展战略格局。

关键词： 事业单位　高层次人才　薪酬激励　山东省

党的二十大报告指出，坚持尊重劳动、尊重知识、尊重人才、尊重创造，实施更加积极、更加开放、更加有效的人才政策。山东省委、省政府历来高度重视发挥好高层次人才的"领头羊"作用，作出一系列重要部署要

---

* 赵晓燕，山东省人力资源和社会保障厅工资福利处处长、二级巡视员；刘婷，山东省人力资源和社会保障厅工资福利处副处长；崔明波，山东省人力资源和社会保障厅工资福利处二级主任科员。

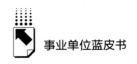
求，坚持创新政策、完善体系，努力建设"能者上、庸者下"的激励机制，着力营造人才引育用的最优生态。为更好发挥高层次人才收入分配激励"指挥棒"作用，完成好"十四五"规划政策中期评估，山东省人力资源和社会保障厅在全省部署开展了高层次人才收入分配激励自查整改工作，对制度建设、政策落实以及存在问题等进行了全面梳理，旨在明晰努力方向，进一步释放高层次人才薪酬激励效能，助力推动创新驱动、人才强国和科教兴国战略在齐鲁大地生根开花结果。

一　高层次人才薪酬激励工作成效

（一）夯实制度基础，激发人才创新创造活力

近年来，山东省深化人才发展体制机制改革，破除思想藩篱，着力解决事业单位在人才激励上"缩手缩脚"、不敢作为等问题，在全国率先出台《关于山东省事业单位高层次人才收入分配激励机制的意见》，为实现人才有效激励提供制度保障。一是充分放权授权。考虑到不同地域、不同层级对高层次人才有不同定义和需求，将高层次人才的确定权下放至县级以上党委政府，明确经县级以上党委政府人才工作部门认定的高层次人才均可享受相关政策，满足各地人才激励需求。二是探索灵活多样分配方式。鼓励事业单位对高层次人才实行绩效工资倾斜、协议工资制、年薪制、项目工资制等灵活多样的分配办法，薪酬水平可参考人才市场价格，并结合高层次人才实际贡献，由事业单位和高层次人才双方协议确定。三是实行单列管理。明确高层次人才薪酬激励所需经费在绩效工资总量中单列，不作为本单位绩效工资调控基数，避免产生实施高层次人才激励导致其他人员待遇降低的情况，消除单位思想顾虑，提高实施薪酬激励的积极性、主动性。

（二）优化政策供给，发挥用人单位主体作用

在党委政府人才工作部门认定的高层次人才作为薪酬激励实施范围的基

础上，进一步落实用人单位选人用人自主权，为实施科教兴国、人才强国、创新驱动发展战略塑造新优势、新动能。一是激发高校院所活力。贯彻中央人才工作会议精神，授权高水平大学、科研院所结合实际自主研究制订高层次人才认定方案，科学确定高层次人才的具体条件，发挥高校院所在人才培养、引进、使用中的主体作用。二是助力公立医院薪酬制度改革。坚持高标准、严要求，放权公立医院结合实际自主研究制订高层次人才认定方案，自主确定本院的高层次人才。认定方案和结果由同级卫健主管部门把关。三是落实疾控首席专家激励政策。明确疾病预防控制中心首席专家可享受高层次人才收入分配激励政策。配合疾控体制机制试点工作的推进，进一步完善首席专家制度，明确各级专家年薪额度。四是支持山东省体育事业高质量发展。指导省体育局研究制定所属事业单位高层次人才薪酬激励办法，对符合条件的高层次教练员进行绩效工资倾斜。

（三）突出大局导向，聚焦服务国家战略

贯彻新时代人才工作新理念、新战略、新举措，准确把握新时代做好高层次人才激励工作的新任务、新要求。一是强化海外人才集聚。助力加快建设具有山东特色的新时代人才集聚高地，支持高校、科研院所等事业单位，根据海外人才原收入水平等情况，一事一议地量身打造薪酬激励模式。二是助力关键核心技术攻关。落实健全关键核心技术攻关新型举国体制要求，对全时全职在山东省高等学校、科研院所承担关键技术攻关任务的领军人才及创新团队核心成员，纳入山东省事业单位高层次人才收入分配激励范围。三是激励基础研究人员潜心科研。支持高等学校、科研院所探索建立有利于基础研究人员安心科研的薪酬制度，鼓励实行年薪制、协议工资制等分配方式，建立保障基础研究人员稳定工资收入的内部绩效考核和绩效工资分配机制，逐步提高基础研究人员工资待遇水平。

（四）着力强化监管，切实发挥激励作用

在充分放权事业单位激励高层次人才的同时，积极探索跟进监督检查

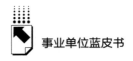
和服务指导，确保下放的权限接得住、用得好，实现放活和管好有机结合。一是开展高层次人才收入分配激励自查整改。通过自查，指导单位进一步厘清政策激励范围、实施路径、效果评价等，明晰政策导向和实施边界，助力单位用足用好激励政策。二是在全国率先建立事业单位绩效工资监督检查机制。把监督检查作为推动绩效工资分配政策落实落细的重要措施，明晰部门职责分工，突出检查重点，将高层次人才薪酬激励政策落实作为监督检查的重点内容，着力构建协调联动、分级负责的长效监管机制。三是组织省市县"三级联动"开展"事业单位工资政策畅通行"活动。强化更新服务理念，通过政策宣传、调研问需和培训提升等多种方式，有机融合深入事业单位开展一系列活动，持续提升服务质效，推动高层次人才激励工作高质量发展。截至2023年12月31日，山东省事业单位4886名高层次人才享受薪酬激励政策，其中，省属事业单位2211名，比上年度增加108.6%。

二　存在的问题

高层次人才薪酬激励制度经过几年的运行和完善，在当前"尊重人才、崇尚人才"的大环境下，各方对事业单位高层次人才薪酬激励已达成初步共识，但也逐渐显现出一些制约作用发挥的问题，除受事业单位固有分配观念、经费来源等因素影响外，主要问题有以下两个方面。一是高层次人才薪酬激励政策还需进一步完善。虽然已明确将高层次人才激励范围的认定权下放至县级以上党委政府人才工作部门，并向高水平大学、科研院所、公立医院进行了充分授权，但还是存在部分市和单位在自主确定高层次人才激励范围方面政策单一，与单位需求存在脱节现象，限制了激励政策发挥作用的空间。二是推动高层次人才薪酬激励落实"最后一公里"还需进一步打通。部分单位对放权政策"接不住""用不好"的问题依然存在，迫切需要"扶上马送一程"。究其原因，主要是对薪酬激励政策的理解与把握还不深不透，"不会用"的现象依然存在。

三 高层次人才薪酬激励工作建议

山东省工资福利工作应以习近平新时代中国特色社会主义思想为指导，全面贯彻落实党的二十大精神，坚持稳中求进、以进促稳工作总基调，以健全制度为主线，以激发创新创造活力为重点，坚持问题导向、需求导向，着重完善高层次人才薪酬激励制度和事业单位工资正常增长机制，加强管理服务，规范收入分配秩序，强化事业单位公益属性，推动公共服务事业健康发展。

（一）攻坚克难，不断创新完善政策体系

一是健全事业单位绩效工资管理制度。探索完善绩效工资总量核定机制，优化规范总量核定、高层次人才薪酬单列等程序要求，合理调控事业单位绩效工资水平。二是结合高校科研院所薪酬试点调研，研究制订试点方案，回应单位人才"引育留"需求，积极争取纳入地方第一批试点。三是督导各市（县）人社部门根据本地人才发展需求，联合相关部门研究制定更加具有可操作性、有针对性的政策，进一步为用人单位松绑、放权，提供更多更好推动事业单位实施高层次人才薪酬激励的"政策套餐"，综合发力，打好"组合拳"。

（二）强化管理，促进释放现有政策红利

一是认真落实事业单位绩效工资监督检查办法，通过单位自查、主管部门书面审查和人社部门重点核查等方式，聚焦事业单位高层次人才薪酬激励政策落实、效用发挥情况，打通"最后一公里"，确保激励制度的规范、有效运行。二是加强省市县"三级联动"，通过开展专项调研、收集典型案例和召开现场会等活动，以点带面，加大精准指导力度。三是加强与教育、科技、卫健等行业部门协作，配合行业主管部门指导高水平大学、科研院所、公立医院等自主确定激励范围的单位用好、用足现有授权政策，引导单位建

103

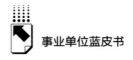

立正确的高层次人才激励导向，注重人才品德、能力和业绩，发挥高层次人才薪酬激励政策的"黄金效能"。

（三）提质增效，营造人才激励良好氛围

一是不断推进事业单位工资管理"放管服"改革走深走实，重点开展"工资政策进高校、进科研院所、进公立医院"活动，继续深入基层调查研究，有针对性地加强指导，通过"请进来"和"走出去"相结合等多种方式开展系列活动，持续提升服务质效。二是加强高层次人才薪酬激励典型案例收集、整理和宣传，营造尊重人才、爱护人才的浓厚社会氛围。三是积极推进"智慧人社"一体化平台建设，提高高层次人才薪酬激励信息化管理水平，不断强化人社大数据在高层次人才薪酬激励管理方面的深层次应用，推动实现精准施策，激发高层次人才干事创业的澎湃动力，为山东锚定"走在前 开新局"全方位推进高质量发展提供坚实的人才支撑。

B.8
广西壮族自治区事业单位人事管理
和制度改革实践与探索

陆永玖　李芸[*]

摘　要：　事业单位是提供公益服务的重要载体，激发事业单位活力、营造事业单位人员良好干事创业环境，有助于促进经济社会发展、保障民生福祉。本报告梳理了广西事业单位人员公开招聘制度、岗位管理制度、支持职业发展和人才交流制度等方面的改革进展，分析了当前存在的岗位管理制度促进事业发展作用不够明显、事业单位自主管理和灵活用人积极性不高、基层引人难留人难三方面的问题和挑战，提出做好事业单位公开招聘工作、加强事业单位岗位管理、破解基层招人难留人难的对策和建议，为不断健全和完善广西事业单位人事管理制度体系提供参考。

关键词：　事业单位人事管理　公开招聘　岗位管理　职业发展　广西

近年来，广西围绕充分激发事业单位活力这一主线，不断改革创新，出台多个事业单位人事管理规范性文件，持续完善事业单位人事管理制度体系，为全区事业单位人员营造良好的干事创业环境。

---

[*]　陆永玖，广西壮族自治区人力资源和社会保障研究所助理研究员；李芸，广西壮族自治区人力资源和社会保障研究所中级经济师。

一 主要做法

（一）优化事业单位公开招聘制度，打造灵活的选人用人机制

广西事业单位全面推行公开招聘制度以来，2017~2022 年，广西共公开招聘事业单位工作人员约 33 万人，年均公开招聘人数约 5.5 万人。其中区直事业单位公开招聘约 2.8 万人，年均公开招聘约 0.47 万人；设区市以下公开招聘 30 万余人，年均公开招聘 5 万余人（见表 1）。

表 1　2017~2022 年广西公开招聘事业单位工作人员情况

单位：人，%

项目	2017 年	2018 年	2019 年	2020 年	2021 年	2022 年	总计招聘人数及占比	年均招聘人数及占比
合计招聘人数	49873	56909	41259	59089	63525	58764	329419	54903
区直招聘人数	6326	4239	2011	4719	6199	4561	28055	4676
区直招聘人数占比	12.68	7.45	4.87	7.99	9.76	7.76	8.52	8.52
设区市以下招聘人数	43547	52670	39248	54370	57326	54203	301364	50227
设区市以下招聘人数占比	87.32	92.55	95.13	92.01	90.24	92.24	91.48	91.48

资料来源：根据各年度广西人力资源和社会保障事业发展统计公报整理计算而得，其中年均招聘人数四舍五入取整数，占比四舍五入保留两位小数。

一是充分下放事业单位公开招聘权限。全面扩大基层事业单位公开招聘自主权，2018 年 12 月广西壮族自治区人力资源和社会保障厅（以下简称广西人社厅）印发文件，明确各县（市、区）可根据需要自主确定事业单位公开招聘批次、规模及招聘时间，不受每年一次全区统一时间考试的限制；同时自主确定当地高层次人才和急需紧缺专业人才的层级、专业和数量，只需将招聘方案和招聘结果报设区市事业单位人事综合管理部门核准及备案。① 充分

① 《广西壮族自治区人力资源和社会保障厅等 5 部门关于印发〈实施乡村振兴战略人力资源和社会保障服务措施〉的通知（桂人社规〔2018〕28 号）》，广西壮族自治区人力资源和社会保障厅网站，http://rst.gxzf.gov.cn/zwgk/xxgkzcfg/xxgkgfxwj/t3247482.shtml，最后访问时间：2024 年 6 月 13 日。

尊重自治区本级事业单位公开招聘自主权，将自治区本级事业单位公开招聘人员权限下放至单位或其主管部门，由事业单位或主管部门根据实际情况制订招聘方案并完成审核备案后，自主发布招聘公告，自主确定招聘时间、方式，自主决定拟聘人员。①

二是精简事业单位增人手续及办理流程。2018 年 12 月，广西人社厅印发文件，明确自治区本级事业单位公开招聘实行方案核准、结果备案的方式，高层次人才引进、人员交流、政策性安置等其他增人方式仅实行结果备案，采用"填表即承诺"方式，由事业单位和主管部门对填报信息真实性负责，自治区人事综合管理部门加强监督纠错。② 2019 年 12 月，广西人社厅印发文件，明确扩大事业单位岗位设置自主权，事业单位或主管部门按照干部人事管理权限，自主设置岗位类别结构，自主编制岗位说明书，自主调整岗位设置方案，自主决定聘用人员。③ 同时，进一步优化事业单位岗位设置程序，精简岗位聘用认定手续。④ 2021 年 9 月，中共广西壮族自治区委员会机构编制委员会办公室和广西人社厅印发文件，明确进一步简化编制计划审核流程，推进落实事业单位选人用人自主权。⑤

---

① 《关于自治区政协第十三届一次会议第 20230198 号提案的会办意见（桂人社复字〔2023〕91 号）》，广西壮族自治区人力资源和社会保障厅网站，http://rst. gxzf. gov. cn/zwgk/xxgk/jyta/t17877125. shtml，最后访问时间：2024 年 6 月 13 日。

② 《广西壮族自治区人力资源和社会保障厅关于落实"放管服"改革精简事业单位增人手续的通知（桂人社规〔2018〕27 号）》，广西壮族自治区人力资源和社会保障厅网站，http://rst. gxzf. gov. cn/zwgk/xxgkzcfg/xxgkgfxwj/t3247471. shtml，最后访问时间：2024 年 6 月 13 日。

③ 《广西壮族自治区人力资源和社会保障厅关于进一步完善事业单位岗位管理工作的通知（桂人社规〔2019〕22 号）》，广西壮族自治区人力资源和社会保障厅网站，http://rst. gxzf. gov. cn/zwgk/xxgkzcfg/xxgkgfxwj/t2282850. shtml，最后访问时间：2024 年 6 月 13 日。

④ 《广西壮族自治区人力资源和社会保障厅关于落实"放管服"改革精简和规范自治区本级事业单位岗位管理工作的通知（桂人社规〔2019〕24 号）》，广西壮族自治区人力资源和社会保障厅网站，http://rst. gxzf. gov. cn/zwgk/xxgkzcfg/xxgkgfxwj/t2282851. shtml，最后访问时间：2024 年 6 月 13 日。

⑤ 《中共广西壮族自治区委员会机构编制委员会办公室 广西壮族自治区人力资源和社会保障厅关于进一步完善事业单位公开招聘工作的通知（桂人社规〔2021〕7 号）》，广西壮族自治区人力资源和社会保障厅网站，http://rst. gxzf. gov. cn/zwgk/xxgkzcfg/xxgkgfxwj/t10674805. shtml，最后访问时间：2024 年 6 月 13 日。

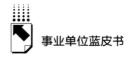

三是放宽事业单位公开招聘应聘条件。一方面，畅通高层次人才引进渠道，支持事业单位高层次人才公开招聘放宽年龄、直接考核、事后备案，定向精准引进博士或副高级职称以上高层次人才；支持事业单位以团队形式引进行业首席科学家、领军人才或特殊人才时，可通过直接考核招聘团队中的硕士研究生或具有中级职称以上人员；鼓励单位通过挂职兼职、项目合作、联合攻关等方式实施高层次人才柔性引进，此类人才不与单位编制、岗位挂钩，可实行年薪制或项目工资制。① 另一方面，着力解决基层事业单位招人难问题，2017 年 10 月，广西人社厅印发文件，明确支持基层事业单位通过适当放宽学历、专业、年龄条件，简化招聘程序、降低开考比例等方式进行招聘；乡镇或重点帮扶县等事业单位，可通过考核方式直接招聘在本单位服务的基层服务项目人员。②

四是持续强化公开招聘制度公平性。2019 年 3 月，广西人社厅印发文件，加强规范公开招聘岗位的专业、学历学位、职称或职（执）业资格、工作经历等条件的设置，强化对资格审查工作的责任主体、审查标准、沟通协调及接受社会和群众监督等的规范。③ 2019 年 7 月，广西人社厅印发文件，加强规范事业单位公开招聘人员体检的组织实施、标准和项目、医疗机构、程序等。④ 2021 年 9 月，中共广西壮族自治区委员会机构编制委员会办公室和广西人社厅印发文件，规定事业单位公开招聘要按照岗位需求合理制

① 《关于自治区十四届人大一次会议第 2023098 号代表建议的协办意见（桂人社复字〔2023〕18 号）》，广西壮族自治区人力资源和社会保障厅网站，http：//rst. gxzf. gov. cn/zwgk/xxgk/jyta/t17955912. shtml，最后访问时间：2024 年 6 月 13 日。

② 《关于印发加强基层专业技术人才队伍建设实施意见的通知（桂人社发〔2017〕60 号）》，广西壮族自治区人力资源和社会保障厅网站，http：//rst. gxzf. gov. cn/xwdt/xwdtzxgg/t3212795. shtml，最后访问时间：2024 年 6 月 13 日。

③ 《广西壮族自治区人力资源和社会保障厅关于进一步规范事业单位公开招聘岗位条件设置及资格审查有关问题的通知（桂人社规〔2019〕8 号）》，广西壮族自治区人力资源和社会保障厅网站，http：//rst. gxzf. gov. cn/zwgk/ywfl/rsgl/sydwrsgl/t2283372. shtml，最后访问时间：2024 年 6 月 13 日。

④ 《关于进一步规范事业单位公开招聘人员体检工作有关问题的通知（桂人社规〔2019〕11 号）》，广西壮族自治区人力资源和社会保障厅网站，http：//rst. gxzf. gov. cn/zwgk/xxgkzcfg/xxgkgfxwj/t2282837. shtml，最后访问时间：2024 年 6 月 13 日。

定招聘条件、确定学历层次，在招聘公告和实际操作中不得将毕业院校、国（境）外学习经历、学习方式作为限制性条件，同等对待职业学校毕业生与普通学校毕业生。① 2024 年 4 月，基于广西地中海贫血高发的实际情况，广西人社厅和广西卫生健康委员会出台《广西壮族自治区事业单位公开招聘人员体检通用标准（试行）》《广西壮族自治区事业单位公开招聘人员体检操作手册（试行）》，补充明确广西地中海贫血考生体检合格标准，补充调整地中海贫血条文解释及诊断要点，保障有关考生权益。②

（二）创新事业单位岗位管理制度，充分发挥岗位管理最大效益

一是创新岗位总量管理制度，实行统一人事管理政策。2019 年 12 月，广西人社厅印发文件，明确规定事业单位按照核定的编制数、后勤服务人员控制数"老人老办法"和纳入人员总量管理的岗位来确定岗位总量。除上级任命的领导人员聘用相应岗位外，上述岗位聘用人员实行统一的岗位管理制度。如根据高校、中小学和基层医疗卫生机构实际需要核定岗位总量，将高校非实名人员控制数、中小学聘用教师控制数、公立医院聘用人员控制数纳入单位岗位设置总量，聘用人员与在编在册人员实行统一的岗位管理制度，在公开招聘、职称考评、岗位聘用、薪酬待遇、社会保险等方面享受与在编在册人员同等待遇，实现不同编制类型人员间的统一规范管理。该做法既满足了编制紧缺如教育卫生等领域事业单位的用人需求，也基本满足了人员对岗位的需求。③

---

① 《中共广西壮族自治区委员会机构编制委员会办公室 广西壮族自治区人力资源和社会保障厅关于进一步完善事业单位公开招聘工作的通知（桂人社规〔2021〕7 号）》，广西壮族自治区人力资源和社会保障厅网站，http：//rst. gxzf. gov. cn/zwgk/xxgkzcfg/xxgkgfxwj/t10674805. shtml，最后访问时间：2024 年 6 月 13 日。

② 《广西壮族自治区人力资源和社会保障厅 广西壮族自治区卫生健康委员会关于印发〈广西壮族自治区事业单位公开招聘人员体检通用标准（试行）〉及〈广西壮族自治区事业单位公开招聘人员体检操作手册（试行）〉的通知（桂人社规〔2024〕3 号）》，广西壮族自治区人力资源和社会保障厅网站，http：//rst. gxzf. gov. cn/zwgk/xxgkzcfg/xxgkgfxwj/t18380985. shtml，最后访问时间：2024 年 6 月 13 日。

③ 《广西壮族自治区人力资源和社会保障厅关于进一步完善事业单位岗位管理工作的通知（桂人社规〔2019〕22 号）》，广西壮族自治区人力资源和社会保障厅网站，http：//rst. gxzf. gov. cn/zwgk/xxgkzcfg/xxgkgfxwj/t2282850. shtml，最后访问时间：2024 年 6 月 13 日。

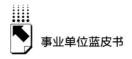
二是建立岗位统筹管理机制，提高岗位配置使用率。实施事业单位特设岗位管理制度，解决事业单位岗位不足和高层次人才引进难问题，助力基层事业单位引进和留住人才。2018年9月，广西人社厅出台文件支持事业单位按专业技术岗位总量的5%～10%增设中高级专业技术岗位，为单位引进高层次人才提供岗位绿色通道，缓解单位内部评聘矛盾，优化岗位等级配置。① 2019年12月，广西人社厅印发文件，明确建立实施岗位管理统筹调控机制，对于单位规模小、人员数量少、分布较分散或确有需要的事业单位，可以由事业单位主管部门统一组织制订岗位设置方案，在核准的岗位总量、结构比例和最高等级限额内，由事业单位主管部门进行统一设置岗位，集中调控管理；乡镇所属事业单位可以由乡镇政府统一制订岗位设置方案；由上级任命的事业单位领导人员对应的管理岗位，不能在不同事业单位之间调控使用。② 2021年12月，广西人社厅印发文件，明确支持事业单位主管部门根据系统内岗位聘用实际情况统筹岗位设置和调剂使用岗位，允许空缺的高等级岗位顺延到较低等级岗位使用，以充分利用好高等级空缺的岗位资源，激发事业单位的活力。③ 2023年中共广西人社厅党组织印发通知，加强对事业单位和主管部门用好岗位总量统筹管理政策，缓解职称岗位结构比例失衡问题，降低专业技术高等级岗位空岗率的指导。④

① 《广西壮族自治区人力资源和社会保障厅关于印发〈广西壮族自治区事业单位特设岗位管理办法（试行）〉的通知》，广西壮族自治区人力资源和社会保障厅网站，http://rst.gxzf.gov.cn/zwgk/ywfl/rsgl/sydwrsgl/t3273651.shtml，最后访问时间：2024年6月13日。

② 《广西壮族自治区人力资源和社会保障厅关于进一步完善事业单位岗位管理工作的通知（桂人社规〔2019〕22号）》，广西壮族自治区人力资源和社会保障厅网站，http://rst.gxzf.gov.cn/zwgk/xxgkzcfg/xxgkgfxwj/t2282850.shtml，最后访问时间：2024年6月13日。

③ 《广西壮族自治区人力资源和社会保障厅印发〈关于进一步加强事业单位人才人事工作若干措施〉的通知（桂人社规〔2021〕17号）》，广西壮族自治区人力资源和社会保障厅网站，http://rst.gxzf.gov.cn/zwgk/xxgkzcfg/xxgkgfxwj/t11087544.shtml，最后访问时间：2024年6月13日。

④ 《中共广西壮族自治区人力资源和社会保障厅党组关于十二届自治区党委第二轮巡视整改进展情况的通报》，广西壮族自治区人力资源和社会保障厅网站，http://rst.gxzf.gov.cn/xwdt/xwdtzxgg/t17764214.shtml，最后访问时间：2024年6月13日。

三是调整重点行业地区岗位结构比例，推进岗位管理服务发展大局。2019 年 12 月，广西人社厅印发文件，实施岗位设置结构比例标准动态调整，加大岗位结构比例指导标准向重点行业倾斜力度，适当提高专业技术中高级岗位结构占比。① 一方面，2021 年 6 月，广西人社厅印发生态环境事业单位岗位设置结构比例指导标准②，2021 年 9 月，广西人社厅和广西农业农村厅发文调整优化农业农村事业单位岗位设置结构比例指导标准③，2021 年 12 月，广西人社厅和广西教育厅发文调整优化普通中小学、幼儿园岗位设置结构比例指导标准④，通过结构比例的调整，两年多来为生态环境、农业农村、中小学幼儿园等重点行业事业单位增加约 7 万个可晋升的专业技术岗位。另一方面，适当提高国家、自治区重大战略和重点开放发展地区，以及乡村振兴重点帮扶地区县（乡）事业单位专业技术高级岗位结构比例，缓解专业技术高级岗位评聘矛盾。在工勤技能岗位方面，将一、二、三级岗位占比由原来的 25% 提高至 50%，其中一、二级岗位占比由原来的 5% 提高至 12%，提升工勤技能人员获得感，促进事业单位更好服务国家和自治区重大战略。⑤ 另外，规定乡村教师、乡村医生等乡镇事业单位专业技术人员已取得职

---

① 《广西壮族自治区人力资源和社会保障厅关于进一步完善事业单位岗位管理工作的通知（桂人社规〔2019〕22 号）》，广西壮族自治区人力资源和社会保障厅网站，http://rst.gxzf.gov.cn/zwgk/xxgkzcfg/xxgkgfxwj/t2282850.shtml，最后访问时间：2024 年 6 月 13 日。

② 《广西壮族自治区生态环境厅关于印发广西壮族自治区生态环境事业单位岗位设置结构比例指导标准的通知（桂人社规〔2021〕4 号）》，广西壮族自治区人力资源和社会保障厅网站，http://rst.gxzf.gov.cn/zwgk/xxgkzcfg/xxgkgfxwj/t9387363.shtml，最后访问时间：2024 年 6 月 13 日。

③ 《广西壮族自治区人力资源和社会保障厅 广西壮族自治区农业农村厅关于调整优化广西壮族自治区农业农村事业单位岗位设置结构比例指导标准的通知（桂人社规〔2021〕8 号）》，广西壮族自治区人力资源和社会保障厅网站，http://rst.gxzf.gov.cn/zwgk/xxgkzcfg/xxgkgfxwj/t10295317.shtml，最后访问时间：2024 年 6 月 13 日。

④ 《广西壮族自治区人力资源和社会保障厅 广西壮族自治区教育厅关于调整优化广西壮族自治区普通中小学、幼儿园岗位设置结构比例指导标准的通知（桂人社发〔2021〕52 号）》，广西壮族自治区人力资源和社会保障厅网站，http://rst.gxzf.gov.cn/zwgk/xxgkzcfg/fgfxlm/t10952073.shtml，最后访问时间：2024 年 6 月 13 日。

⑤ 《广西壮族自治区人力资源和社会保障厅关于进一步完善事业单位岗位管理工作的通知（桂人社规〔2019〕22 号）》，广西壮族自治区人力资源和社会保障厅网站，http://rst.gxzf.gov.cn/zwgk/xxgkzcfg/xxgkgfxwj/t2282850.shtml，最后访问时间：2024 年 6 月 13 日。

称的，可不受岗位结构比例限制聘用到相应岗位，一揽子解决乡镇事业单位专业技术人员评聘矛盾问题。2018 年 12 月，广西人社厅等五部门印发文件，明确乡村教师符合中、高级职称申报条件，且累计在乡村学校工作满 5 年、10 年的，可不受岗位结构比例限制，直接对应申报中、副高级职称，参加评审聘用到相应岗位；县级以下事业单位引进高级职称人员和乡镇事业单位引进中级职称人员，不受岗位结构比例限制，到岗即聘到相应专业技术岗位。①

四是修订专业技术二级岗位管理办法，促进人才评价标准与经济社会发展相适应。2022 年，在 2016 年《广西壮族自治区事业单位专业技术二级岗位管理办法（修订）》和 2019 年《关于 2019 年调整事业单位专业技术二级岗位申报条件的通知》等二级岗位现行管理政策文件的基础上，借鉴先进地区做法、结合广西实践经验，广西人社厅重新修订全区专业技术二级岗位管理办法并于当年 5 月底发布②，突出实绩导向的人才使用评价机制和科学合理的岗位设置管理制度，实现了对二级岗位进、管、出全流程规范管理，力促二级岗位评聘管理与经济社会发展及人才评价标准的变化相适应。③ 按照新的管理办法，广西 2022 年、2023 年分别高质量评聘二级岗位人员 90 名、76 名，进一步壮大了全区领军人才队伍。

（三）畅通职业发展通道，规范人才交流秩序，提高人才资源配置效率

畅通职业发展通道方面，2019 年 12 月，广西人社厅印发文件，明确对

---

① 《广西壮族自治区人力资源和社会保障厅等 5 部门关于印发〈实施乡村振兴战略人力资源和社会保障服务措施〉的通知（桂人社规〔2018〕28 号）》，广西壮族自治区人力资源和社会保障厅网站，http://rst. gxzf. gov. cn/zwgk/xxgkzcfg/xxgkgfxwj/t3247482. shtml，最后访问时间：2024 年 6 月 13 日。

② 《广西壮族自治区人力资源和社会保障厅关于重新修订广西壮族自治区事业单位专业技术二级岗位管理办法的通知（桂人社规〔2022〕6 号）》，广西壮族自治区人力资源和社会保障厅网站，http://rst. gxzf. gov. cn/ztjj/ztjjztzq/2018zc/2018zyzcwj/t13081184. shtml，最后访问时间：2024 年 6 月 17 日。

③ 《〈关于重新修订广西壮族自治区事业单位专业技术二级岗位管理办法的通知〉政策解读》，广西壮族自治区人力资源和社会保障厅网站，http://rst. gxzf. gov. cn/zwgk/xxgkzcfg/xxgkwjjd/tw/t12005325. shtml，最后访问时间：2024 年 6 月 17 日。

于纳入人员总量管理的事业单位工作人员，可以按规定在管理岗位、专业技术岗位和工勤技能岗位之间转聘，不受个人身份、用人方式、编制形式的限制。聘用到领导人员对应的管理岗位的，须符合事业单位领导人员任职有关规定。① 2019 年 3 月，广西人社厅印发文件，明确在部分职业领域建立职称与专业技术类职业资格对应关系，规定专业技术人员取得相应职业资格证书的，可以认定其具备相应系列和层级的职称，并按规定聘用至对应专业技术岗位。② 2021 年 10 月，广西人社厅印发广西高技能人才与专业技术人才职业发展贯通办法，以"专业相近、等级对应"为原则，扩大技术技能人才贯通领域，优化技能人才评价标准，细化高层次技能人才申报职称绿色通道和专业技术人才参加职业技能评价具体条件，强调评价与用人制度衔接，畅通高技能人才与专业技术人才职业发展通道。③ 2022 年初，按照国家统一部署，全面推行县以下事业单位管理岗位职员等级晋升制度；2022 年 7 月，在年度全区事业单位人事管理培训班上重点解读县以下管理岗位职员等级晋升等政策④，稳妥推进县以下事业单位管理岗位职员等级晋升工作，拓展管理人员晋升发展空间。2022 年底，全区所有县区全部完成首次职员等级晋升，7739 人晋升职员等级。

规范人才交流秩序方面，根据《事业单位人事管理条例》（国务院令第 652 号）等有关规定精神，借鉴先进地区做法、结合广西实践经验，

---

① 《广西壮族自治区人力资源和社会保障厅关于进一步完善事业单位岗位管理工作的通知（桂人社规〔2019〕22 号）》，广西壮族自治区人力资源和社会保障厅网站，http://rst. gxzf. gov. cn/zwgk/xxgkzcfg/xxgkgfxwj/t2282850. shtml，最后访问时间：2024 年 6 月 13 日。

② 《广西壮族自治区人力资源和社会保障厅关于在部分职业领域建立职称与专业技术类职业资格对应关系的通知（桂人社规〔2019〕5 号）》，广西壮族自治区人力资源和社会保障厅网站，http://rst. gxzf. gov. cn/zwgk/xxgkzcfg/xxgkgfxwj/t2282831. shtml，最后访问时间：2024 年 6 月 13 日。

③ 《广西壮族自治区人力资源和社会保障厅关于印发广西高技能人才与专业技术人才职业发展贯通实施办法的通知（桂人社规〔2021〕12 号）》，广西壮族自治区人力资源和社会保障厅网站，http://rst. gxzf. gov. cn/ztjj/ztjjztzq/2018zc/2018zyzcwj/t10866999. shtmll，最后访问时间：2024 年 6 月 17 日。

④ 《自治区人力资源社会保障厅举办 2022 年度全区事业单位人事管理培训班》，广西壮族自治区人力资源和社会保障厅网站，http://rst. gxzf. gov. cn/xwdt/xwdtzyxw/t12825776. shtml，最后访问时间：2024 年 6 月 17 日。

2024 年 4 月出台了《广西壮族自治区事业单位工作人员交流规定（试行）》，明确了事业单位在出现编制和岗位空缺时，公开招聘应为主要补充渠道，只有在引进急需紧缺人才或确因工作需要时，方可通过交流的方式补充人员，且交流人员应满足一定的资格条件；将事业单位交流的人员范围明确为事业单位中纳入人员总量管理的所有人员，同时明确纳入人员总量管理的事业单位工作人员应按原用人方式进行交流，避免无序交流；同时明确了事业单位之间的交流不受事业单位类别、财政经费预算方式和保障比例的限制。①

二　广西事业单位人事管理工作存在的问题

广西事业单位人事管理制度改革取得了一些积极成效，但也遇到了既有国家政策层面制度设计的问题，也有受广西经济社会发展制约影响政策落实的问题，还有一些是具体管理操作中的问题，比较突出的有以下几点。

（一）岗位管理与促进事业发展仍存在矛盾

事业单位实行岗位管理制度，目的是推动身份管理向岗位管理转变，通过完善内部考核激励机制，实现岗位能上能下，待遇能高能低，以此激发单位内部活力，促进事业发展。但目前岗位管理制度促进事业发展作用不够明显。一是统一的岗位结构比例管理不尽合理。国家对事业单位岗位等级的比例设置缺乏针对性，没有完全实现分层设计、分类管理，与不同层级、不同类型事业单位的用人需求不适应，产生了一定的岗位结构性矛盾。二是岗位结构比例动态调整机制不灵活。现行岗位结构比例管理周期较长，没能根据

---

① 详见《中共广西壮族自治区委员会组织部　广西壮族自治区人力资源和社会保障厅　中共广西壮族自治区委员会机构编制委员会办公室关于印发〈广西壮族自治区事业单位工作人员交流规定（试行）〉的通知（桂人社规〔2024〕2 号）》，广西壮族自治区人力资源和社会保障厅网站，http：//rst.gxzf.gov.cn/zwgk/xxgkzcfg/xxgkgfxwj/t18303926.shtml，最后访问时间：2024 年 6 月 17 日。

不同时期不同人员的变化进行及时调整，不能满足单位需要。三是事业单位内部考核激励机制不健全，活力不足。岗位管理制度的核心是竞聘上岗、按岗管理，有的单位缺乏有效的考核和聘后管理机制，人员的岗位能上不能下，待遇能高不能低，无法有效调动各类人员的积极性和创造性。四是缺乏改革的内在动力。受传统思维定势的影响，事业单位从领导到工作人员大多求稳怕乱，主动改革的意识不强，对改革带来的风险不敢担当。

（二）自主管理和灵活用人的积极性不高

事业单位在国家制度框架下实行分级管理，实行事业单位和主管部门自行管理的人事管理制度，体现单位用人自主权，目的是搞活用人制度。但是仍有较多事业单位缺乏改革创新的动力，执行政策不灵活、不到位。如一些事业单位受传统思维定式影响，求稳怕乱，主动改革的意识不强，"因人设岗"的思想仍然存在；一些事业单位缺乏有效的聘后考核管理办法，工作人员积极性和创造性还没有得到有效激发。

（三）基层引人难留人难问题依然存在

近年来，广西基层事业单位公开招聘政策倾斜力度不断加大，报考条件一再放宽，但是应聘人数与预期仍有较大差距。广西经济总体发展水平不高，基层事业单位工作人员待遇偏低，基层地区尤其是艰苦边远地区，公共基础设施和交通条件较差，工作平台小，职业发展通道较窄，基层引人难、留人难问题仍然存在。

三　未来工作建议

（一）扎实做好事业单位公开招聘工作

结合近年公开招聘工作实践，健全和完善公开招聘制度，进一步明确笔试、面试、考核等招聘各环节流程标准，维护好事业单位公开平等、竞争择

事业单位蓝皮书

优的选人用人秩序。指导全区各级各类事业单位做好年度公开招聘的组织实施工作，守住人事考试安全"底线"。

（二）进一步加强事业单位岗位管理等工作

进一步完善事业单位岗位管理制度，推进岗位设置、岗位聘用向高层次人才聚集的重点行业、重点单位和基层一线倾斜，促进事业单位人事管理服务经济社会发展大局。严格规范做好专业技术二级岗位评聘工作，进一步发挥领军人才示范引领作用。探索实施事业单位人事管理综合评估制度，科学合理评价事业单位公开招聘、岗位管理、考核激励等各项人事管理成效，强化事中事后监管，确保下放人事管理权限接得住、用得好。督促指导事业单位建立健全内部考核奖惩激励约束机制，激发事业单位发展活力。

（三）进一步破解基层招人难留人难等问题

进一步扩大宣传并落实好基层公开招聘倾斜政策，鼓励引导各类人才到基层工作；进一步扩大宣传并持续优化基层事业单位岗位聘用倾斜政策，引导各类人才向基层流动、在基层扎根。同时，进一步落实好各项事业单位收入分配改革政策，收入分配制度改革继续向基层事业单位工作人员倾斜，不断完善基层事业单位绩效工资政策和高层次人才工资分配激励机制。

116

B.9
新时代甘肃省
事业单位人才引进工作浅析

周永蔚*

摘　要： 甘肃地理位置偏僻，人才总量不足、高精尖人才相对匮乏，但近年来人才引进效果显著，人才是第一资源的理念深入人心。事业单位人才引进工作的成效关系到公益事业发展的质量与水平。公开招聘是事业单位进人的主渠道，而人才引进是公开招聘的有效补充，也是公开招聘的特殊形式。人才的引育留用是系统性工程，贯穿事业单位人事全过程，要站在战略高度协同推进。同时，面对新的世情、国情，结合我国古代人才观中的选人、用人、育人观念，深入思考人才引进工作中的得失，以便对当前甘肃省事业单位的人才引进有所启示。

关键词： 事业单位　人才引进　人才观　甘肃

国以才立，政以才治，业以才兴。培养造就大批德才兼备的高素质人才，是国家和民族长远发展大计。历史发展无不验证了"致天下之治者在人才"的规律，因此，不管什么时候，都要把做好人才工作列为首要任务，持续加强人才引进工作，加强人才队伍建设。

一　甘肃省事业单位人才现状

在我国，事业单位是宪法规定的六大类组织之一，具有社会公益性质，

---

* 周永蔚，甘肃省人力资源和社会保障厅一级主任科员。

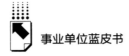
从事公益事业、提供基本公共服务，机构实行事业编制管理，经费主要由财政供给，事业单位既是促进国民经济持续稳定的关键阵地，也是实现社会主义现代化建设的重要基地。

2023 年年报数据统计显示，甘肃省事业单位专业技术人员中，高级占比为 23.3%（其中，正高 12564 人，占高级的 10.4%，占专业技术人员总数的 2.4%）；中级占比为 37.5%；初级及以下占比为 39.2%。按人员行业分布看，全省专业技术人员最主要的是教学人员、卫生技术人员、农业技术人员以及工程技术人员，这 4 类人员共占全省专业技术总量的 94%。其中，教学人员占比为 65.14%，卫生技术人员占比为 17.59%；全省事业单位人员按学历划分，博士研究生 5743 人，占 0.77%；硕士研究生 37479 人，占 5.06%；大学本科 468679 人，占 63.22%。全省事业单位专业技术人员按学历划分，全省 518155 名专业技术人员中：博士研究生 5460 人，占 1.05%；硕士研究生 31780 人，占 6.13%；大学本科 353373 人，占 68.20%。

另外，2019 年以来，甘肃省人才引进的成效比较显著，人才流失的现象得到了有效遏制。2019~2023 年人才引进和流失总数如图 1 和图 2 所示。

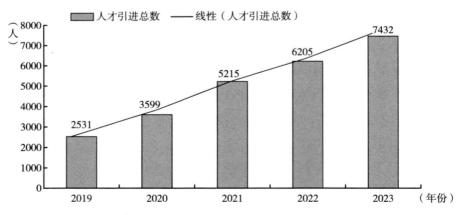

图 1　2019~2023 年人才引进总数统计

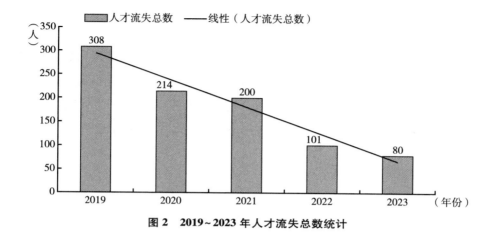

图2 2019~2023年人才流失总数统计

二 人才引进有关政策

国家推行事业单位岗位管理制度和人员聘用制度以来，公开招聘制度是事业单位人事管理的基本制度，除士兵安置、领导干部任命之外，公开招聘成为事业单位进人的主渠道，人才引进是公开招聘的有效补充，也是公开招聘的特殊形式。甘肃省人才引进包括高层次和急需紧缺两类人才引进。

2019年，甘肃省委组织部、省委编办、省教育厅、省人社厅印发《关于进一步做好省属高校和科研院所高层次人才引进工作的通知》，通过放宽用人单位引才权限，改进入编办理程序，实行聘用结果备案制等多项措施，有效解决了高层次和急需紧缺人才引进难的问题。甘肃省委组织部、省委编办、省人社厅和卫健委等部门联合印发《关于加强和改进全省 卫生健康人才引进工作的通知》，以保障全民健康为目标，做到引才有力度。打破编制、招聘、审批等障碍，赋予医疗机构更大自主权，加强卫生健康人才队伍建设。甘肃省委组织部、省人社厅印发《关于省直事业单位引进高层次和急需紧缺人才相关工作的补充通知》，进一步明确了省属高校、科研院所和医疗卫生机构招聘、调动和柔性引进人才的方式方法、专业目录设置、招聘

程序等环节具体工作，让引才工作更加规范、更具有操作性。

2020 年，甘肃省委组织部、省人社厅印发《甘肃省事业单位特设岗位设置管理办法的通知》和《关于进一步优化事业单位岗位管理和公开招聘工作的通知》，重点围绕制度创新和简政放权提出一系列优化措施，树立了重人才、重基层、重服务的政策导向，切实为人才解忧，为用人主体松绑，为事业发展凝智聚力，营造良好发展环境，确保各类人才留得住、干得好、有活力。

三　人才引进工作的主要做法

（一）坚持多措并举，加大人才引进力度

一是充分落实选人用人自主权。事业单位招聘模式已由以前的组织人社部门统一发布公告、组织实施和结果审批，变更为事业单位或主管部门发布公告、组织实施，招聘结果报组织人社部门备案。指导事业单位切实履行主体责任，按照"谁招聘、谁聘用、谁负责"的原则，紧扣职责权限，进一步规范公开招聘程序、强化纪律规矩约束，严格执行招聘流程，确保事业单位招聘公开、公平、公正。

二是探索实施个性化招聘模式。以深化"放管服"改革为主线，提出"六个招聘类型"，即高层次和急需紧缺人才自主招聘、博士和高级专技人才考核招聘、普通岗位联考招聘、特殊人才灵活招聘、艰苦边远行业校园招聘、基层人才放宽条件招聘，真正做到政策找人、人岗相适，确保在政策落实过程中发挥出事半功倍的效果。

三是允许设置特设岗位引才。对于事业单位引进下列有关高层次和急需紧缺人才，可按规定设置特设岗位，不受常设岗位总量、最高等级和结构比例限制，实行另册管理，专岗专用。有关承担省委省政府确定的重大产业、重大项目，以及甘肃区域特色产业相关任务的；或高校中国家级、省级一流学科或一流本科专业点，中国特色高水平高职学校和甘肃省高水平高职学校

国家级骨干专业；或医疗机构中的省级以上重点学科（科室），科研院所骨干学科（实验室）。

四是科学修订省属事业单位人才引进急需紧缺专业目录。2019 年和 2022 年，先后会同甘肃省委组织部对省属高等学校、医疗卫生机构和科研单位的急需紧缺专业目录进行修订，根据行业特点、地区差异和人员缺口情况动态合理确定急需紧缺专业范围，经省委人才工作领导小组会议审议通过，省委组织部、省委编办、省人社厅、省教育厅、省卫健委等五部门连续两次出台了省属高校、科研院所和医疗卫生机构等单位急需紧缺专业目录。《目录》涵盖 25 个省属高校、5 个科研院所和省属所有医疗卫生机构的紧缺专业，为人才密集型单位引进招聘紧缺人才提供了政策支持。

五是"组团式"赴人才聚集地开展招聘引才活动。近年来，甘肃省人社厅统筹各部门单位的优势与合力，专门面向地质类高校和设置地质类专业的"双一流"高校开展招聘，专业更精准、目标更明确，用人单位提前做足功课，通过宣介会、张贴海报、面对面现场交流的方式，让毕业生充分了解甘肃省人才引进的优惠政策以及招聘单位的岗位、福利待遇、工作性质等情况，面试考察方式更便捷，招聘周期大幅缩短，在毕业季前锁定意向人才，同时采取约定服务期、招聘甘肃生源等办法确保引进人才留得住、用得好，得到了行业部门、用人单位及有关高校的一致好评。自校招政策出台以来，相关单位共引进地质地勘测绘专业高校毕业生 805 名，其中 2020~2024 年分别引进 137 人、186 人、201 人、281 人、303 人，呈逐年上涨趋势。

六是开展"直播带岗"引才宣介活动。结合近年甘肃省人才引进现状，解放思想、主动作为、创新模式，大力开展直播带岗活动，并在全国范围内率先启动"百名人社局长直播带岗暖心行动"。主要负责同志高位部署、靠前指挥、一线调度，多次到直播一线指导工作；分管负责人多次直播交流，探讨就业形势、解读就业政策；高校负责人受邀走进直播间，详细介绍本学校的优势专业、办学特色和学校风格，大力推荐学业突出的优秀毕业生；各市（州）人社局主要负责人细致讲解招才引智政策、推介本地实力雄厚的民企；职业指导专家、人社业务骨干、知名律师、心理咨询专家、创业达人

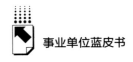

等化身主播向广大网友讲授求职技巧、生涯规划、人社政策、劳动维权、心理健康等知识。截至 2024 年，甘肃省各级人社部门开展直播带岗活动 2850 场次，组织用人单位 5.98 万家次，提供就业岗位上百万个，吸引 6400 多万人次观看参与。其间有 67 名政府分管领导、24 名厅局长、241 名市（县、区）人社局局长及 28 名高校负责人走进直播间。

（二）立足待遇保障，健全服务体系

一是提高高层次人才待遇，将在甘"两院"院士津贴标准提高 1 倍，领军人才 3 年聘期期满考核优秀一次性奖励标准提高 1 倍。二是实行特殊人才评价，对引进的顶尖人才，由省委、省政府直接聘为"甘肃省领军人才"，享受甘肃省领军人才相关待遇，职称评审开通"绿色通道"，实行特殊人才特殊评价。三是加强收入分配调节，允许省内高校、科研院所等事业单位通过年薪制、协议工资或项目工资等灵活多样的方式引进急需紧缺高层次人才。

四 当前存在的问题

一是人才发展环境相对薄弱。从地理区位来看，甘肃省大多数市（县）属于艰苦边远地区，交通不便，自然条件严酷，产业基础薄弱，产业结构单一，市（县）经济社会发展水平与东部沿海地区差异性很大。从收入水平来看，甘肃省各市（县）财政收支矛盾较为突出，财政整体自给率低，全省事业单位工作人员薪酬水平长期徘徊在全国末尾，各类人才聚集的省属高校、科研院所和医疗机构的工资水平也与中东部省份差别较大，与周边省份相比也差距不小。从配套设施来看，甘肃省高等教育资源相对匮乏，优质基础教育不均衡，优越医疗卫生资源少，而且这些主要集中在省会、中心城市，基层宜居宜业养老等环境设施赶不上其他省份，与人才在子女教育、医疗服务、养老保障等方面的期望差距较大。

二是人才管理体制尚不完善。一方面，在各省份激烈抢夺人才，拼政策、拼财力、拼资源的背景下，甘肃省虽然出台了提高待遇、解决住房、子女入学、配偶安置、医疗保障等一系列含金量较高的硬核举措，但与其他省份特别是东部沿海地区相比，吸引力仍然不够，竞争力依旧不强。另一方面，用人单位对人才的重视程度还是不够，更多注重"引"和"用"，往往忽视"培"和"育"，过度重视外来人才，没有充分用好本地人才，造成人才资源浪费；人才培养缺乏系统规划，主要通过培训、挂职、交流等方式，有些单位甚至抑制人才自主升学、外出深造、学术研讨活动，人才成长缺少科研平台、项目经费的支撑，导致人才产生外流的想法；人才评价中"论资排辈"情况仍不同程度地存在，人才选拔、使用、激励中还存在着讲亲情、门第、地域、同学等关系的现象，给青年人才挑大梁、当主角的机会不多，未形成优胜劣汰的竞争机制，导致人才获得感、幸福感不强。

三是人才资源配置机制不优。由于全省人才人事管理服务信息化水平较低，缺乏统一、规范的人才资源信息库，人才队伍状况分析、人才需求预测、人才信息对接等工作均无法实现数字化。同时，受传统的经济管理体制、所有制结构、编制身份制度以及城乡二元分割的影响，人才市场配置机制还不成熟，人才和智力引进的方式和渠道单一，培养和需求不能完全对接，配置结构不科学不合理，能力和岗位不匹配。

五　下一步对策

一是坚持党管人才原则。事业单位是各类人才的重要聚集地，在社会主义现代化建设过程中，坚持党管人才，就是坚持了正确的人才使用、培养方向，既能有效杜绝西方敌对思想的腐化，也能引导人才更好发挥才能服务事业。各级事业单位人事综合管理部门切实尊重知识、尊重人才，掌握人才成长和发展规律，树立强烈的人才意识，团结、引领、服务好各类人才，切实增强政治认同感和向心力，激励引导广大人才为实现中华民族伟大复兴的中国梦贡献聪明才智。

二是充分落实事业单位选人用人自主权。指导各地各部门充分发挥事业

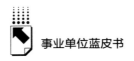

单位选人用人自主权，根据实际用人需求和行业特点，分类制定优化引才措施，自主制定引才计划，自主发布长期招聘公告，自主组织实施，实行招聘结果一次性备案，不断提高人才引进的数量与效果。

三是健全和完善人才引进机制。在前期分析研判各地引才现状的基础上，会同相关部门对2006年以来，国家和甘肃省出台的事业单位公开招聘、人才引进等方面的政策及工作程序进行了全面梳理盘点，为进一步提升市州及以下事业单位人才引进工作的科学化、规范化水平，由甘肃省委组织部、省人社厅、省教育厅、省卫健委共同研究印发《关于进一步做好市州及以下事业单位人才引进工作的通知》，从准确把握定位、明晰职责权限、严格引才标准、确定紧缺专业、规范引才程序、加强全程监管、兼顾特殊需求等方面予以明确。

四是持续加大"感情留才"工作力度。信任的力量是物质待遇无法超越的，情感的共鸣也是政策条款难以激发的。基础设施落后，物质条件更差的基层，没有能力开出令人向往的条件，应打好留才"感情牌"，让人才感受地方发展活力，尊重人才对经济社会发展的意见建议，勇于接受他们的批评意见，为地方发展打开视野、拓宽思路，不拘一格使用人才，让想干事者有事干、能成事者有位子、干成事者有地位。营造支持创新、宽容失败的良好氛围，解除他们的后顾之忧，让他们在干事创业中体现人生价值。秉持"所有的部门都是服务部门、所有的岗位都是服务岗位、所有的人员都是服务人员"的理念，畅通人才发展通道、搭建各类交流平台、常态化开展人才沙龙、联谊等活动，提升人才归属感与幸福感。坚持开展下沉基层、上门服务活动，积极宣传解读新政策，主动与用人单位交流沟通，及时解决各类人才所困所惑，进一步强化政策落实效果，持续优化事业单位人才发展环境。

五是加大人才引进优惠政策落实力度。指导各地各部门继续坚持人才引进分类施策，充分运用好"组团式"引才、校园招聘等方式，优化公开招聘程序，改进招聘方式，根据不同地域、不同行业、不同类型岗位特点，科学合理设置招聘条件，继续落实好"三放宽一允许"等招聘政策。继续做好事业单位公开招聘高校毕业生工作，落实国家在教育、卫生等行业公开招聘专项政策，强化全省事业单位人才队伍储备。

六是健全完善市场配置人才资源机制。充分利用西部大开发和"一带一路"历史发展机遇，以重大项目、重点学科建设基地、战略性新兴产业等平台吸引人才向西部、向基层流动，注重人才与产业发展做好衔接。立足区域资源优势，以积极承接东部产业转移吸引各类人才，中心城市突出吸引国内外高端人才，县区"量体裁衣"重点吸引优秀毕业生，以优质的工作岗位吸引工作导向需求型人才，以多元化的薪酬激励机制吸引经济导向需求型人才，以配套政策组合拳吸引家庭导向需求型人才，重点加快就业宜居"软环境"建设。充分利用大数据、互联网、新媒体等现代信息技术和信用管理方式，建立完善的人才引进、职称评审、人事管理、人才选拔、继续教育、津贴发放等网络办事平台，运用云计算、人工智能等技术手段，改变人才供需失衡、岗位错配、目标模糊等状态，依托人才数据库绘制人才画像，定期分析、识别人才数量缺口和人才质量"洼地"，形成人才引进和流失形势研究报告，为实现精准引才、重点育才、用心留才提供重要参考。

七是加大人才引进工作监督力度。事业单位要按照"谁招聘、谁聘用、谁负责"的原则，切实履行主体责任，严格执行政策，严肃工作纪律，规范招聘行为。主管部门要切实履行对所属事业单位招聘工作的指导和监管责任，主动跟进组织实施全过程，充分发挥审核把关作用，对实名举报及有关投诉要及时调查处理，有关情况报同级事业单位人事综合管理部门。各级事业单位人事综合管理部门要进一步提高政治站位，从事关民心向背等大局出发，切实履行政策指导、监督检查职能，不断加强公开招聘工作全过程监督，指导事业单位依法落实选人用人自主权。同时，指导主管部门和事业单位建立风险防控机制，及时排查风险点和风险源，加强分析研判，做到早发现、早防控，完善应急预案，加强舆情监测，对重大舆情及时妥善处置。

B.10
宁夏回族自治区事业单位公开招聘实践与探索

汪建钢*

摘　要： 公开招聘作为事业单位人事管理的一项基本制度，是事业单位择优进人的主要途径。近年来，宁夏回族自治区（以下简称"宁夏"）事业单位公开招聘工作整体规范有序、安全平稳，全区高素质专业化事业单位工作人员队伍建设不断加强。但也应看到，公开招聘还存在报名竞争持续激烈、岗位报考冷热不均，聘用人员中区外院校人员偏少、性别失衡加剧等现象。对存在的问题提出具体解决思路和建议，促进事业单位招聘质量、招聘精度、招聘效能不断提升。

关键词： 事业单位　公开招聘　质效研究　宁夏

公开招聘是事业单位引才聚才的主渠道，在选拔各类优秀人才、优化人才队伍结构、稳住就业"基本盘"、引导高校毕业生实现高质量就业等方面发挥着重要作用。本报告对宁夏2023年事业单位公开招聘相关数据进行了统计分析，并针对性地提出了对策和建议。

---

* 汪建钢，宁夏回族自治区人力资源和社会保障厅事业单位人事管理处副处长。

一　事业单位公开招聘基本情况

（一）组织实施情况

2023 年宁夏事业单位公开招聘采取统一公开招聘和自主公开招聘两种方式进行，统一公开招聘于 1 月中旬启动岗位计划申报工作，3 月 17 日发布招聘公告，3 月 24~29 日组织报名，5 月 7 日与全国 19 个省（区、市）统一进行笔试，5 月 30 日公布笔试成绩。笔试结束后，由区直部门和各市、县（区）分别组织资格复审、面试、体检、考察、公示等工作，面试于 7 月 9 日全部完成，较 2022 年提前 40 天。体检、考察、公示于 8 月底基本完成，招聘手续于 9 月底基本办结。自主公开招聘由各地各部门按照规定程序和事权组织。

（二）政策调整情况

2023 年宁夏事业单位公开招聘坚持问题导向，优化调整了多项公开招聘政策措施。提高政策性岗位招聘比例，各地各部门按 9 月底前实有空编数申报招聘计划。扩大招聘专业范围，及时增补公开招聘专业 20 个，增加"六新六特六优"产业、乡村建设、乡村治理、种植养殖等相关专业的招聘岗位。落实"两个同等对待"政策，乡村振兴县招聘范围由本县（区）扩大至所在地级市，改进测评方式，小学教师类岗位面试成绩由占总成绩的 50% 提高到 60%。增加空缺岗位递补情形，调整考察主体，将原来市、县（区）人社局组织考察调整为由招聘单位组织考察，进一步落实用人单位主体责任。

（三）招聘人员情况

2023 年宁夏共招聘工作人员 5246 人，其中统一公开招聘岗位计划 3636 人，网上报名 12.28 万人，缴费 10.76 万人，实际参加笔试 8.5 万人，面试

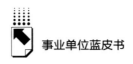

1.05 万人，最终实际招聘 3607 人；自主公开招聘 1639 人。行政层级方面，区直事业单位 1056 人，地级市事业单位 879 人，县直事业单位 2589 人，乡镇事业单位 717 人；学历层次方面，博士毕业生 137 人、硕士毕业生 945 人、本科毕业生 3807 人、大专及以下人员 357 人；行业领域方面，医疗卫生单位 830 人，中小学教师 1967 人，农林水土单位 679 人，其他单位 1744 人；性别结构方面，男性 1655 人、女性 3591 人；政策性岗位方面，定向招聘 386 人（其中退役军人 48 人，"三项目人员" 307 人，残疾人 1 人，村、社区干部 30 人），招聘享受"两个同等对待"政策人员 13 人，招聘享受技工院校毕业生政策人员 2 人。招聘机关事业单位在编人员 111 人。

二 事业单位公开招聘现状

（一）岗位竞争依然激烈

2023 年宁夏事业单位统一公开招聘 2919 个岗位 3636 人，平均竞争比近 30∶1，整体报名热度依然较高（2022 年平均竞争比 28∶1）。竞争比 100∶1 以上的有 156 个岗位，占 5.1%，比 2022 年（130 个）增长 21.83%，竞争比最高的岗位达 654∶1（金凤区综合执法局综合执法岗位）。乡村振兴县共有招聘岗位 812 个，在缩小招聘范围、适当放宽招聘资格条件的情况下，竞争比 100∶1 以上的岗位有 49 个，其中西吉县 11 个（乡镇岗位 7 个），原州区、泾源县、海原县各有 7 个（乡镇岗位共 11 个）。岗位竞争激烈主要受毕业生数量持续增加、疫情期间滞缓就业、市场需求与高校毕业生不相匹配、就业观念等因素的叠加影响。随着 2024 年应届高校毕业生数量和往届毕业生存量累加，公开招聘竞争激烈程度将进一步加剧。

（二）岗位报考冷热不均

在岗位竞争激烈的同时，还存在部分招聘岗位报考人数少或无人报考的情形。经统计，2023 年统一公开招聘无人报考岗位 67 个，较 2022 年减少

60 个，降低 47.24%；报考人数不足 3 人的岗位有 111 个，较 2022 年（139 个岗位）减少 28 个，降低 20.14%。本科学历、职业准入类、医疗卫生类无人报考岗位数较上年明显减少，本科岗减少 49 个，职业准入岗减少 27 个，医疗卫生岗减少 74 个（见图 1）。

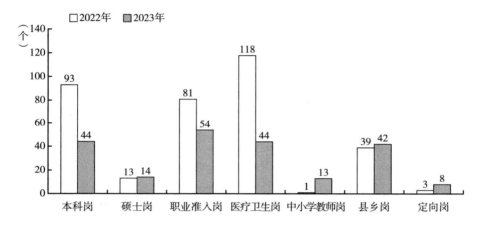

图 1　统一招聘无人报考岗位变化对比情况

2023 年无人报考岗位中，医疗卫生岗 44 个，占 65.67%，同比降低 62.71%；中小学教师岗无人报考的有 13 个（其中职业中学 5 个），同比增加 12 个，达不到开考比例的岗位有 31 个（其中职业中学 6 个、定向招聘 12 个、限男性岗位 8 个、其他 5 个）。出现这种变化的主要原因如下。一是公立医院人事薪酬改革以来，区本级和银川市公立医院备案人员和编外聘用人员待遇不断提高，基层医疗卫生事业单位编制吸引力相对减弱，医疗卫生专业人才就业选择更加多元和灵活。二是职业中学在汽修、医疗、畜禽等专业方面生源相对紧缺，同时这些专业高校毕业生选择到职业中学就业的意向较低。受多种因素影响，男性选择中小学教师等岗位的意向较低。三是基层服务项目人员报考岗位选择多元化，定向岗位对基层服务项目人员吸引力有所下降。

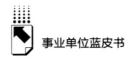
（三）区内院校为招聘主体

招聘人员中博士 137 人，占 2.61%；硕士 945 人，占 18.01%；本科 3807 人，占 72.57%；专科及以下 357 人，占 6.81%，区、市、县、乡招聘人员学历分布情况如图 2 所示。

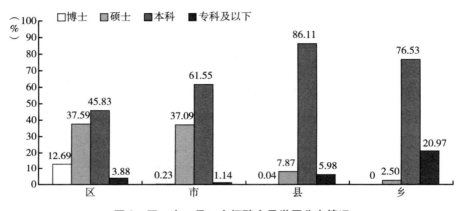

图2　区、市、县、乡招聘人员学历分布情况

招聘人员中毕业于区内院校的 2593 人，占 49.43%，区外院校 2653 人，占 50.57%；国（境）内院校 5095 人，占 97.12%，国（境）外院校 151 人，占 2.88%；原 985 高校 263 人，占 5.01%，原 211 高校 1696 人（含原 985 高校 263 人），占 32.33%。从清华大学、北京大学、复旦大学、上海交通大学、浙江大学、南京大学等国内知名高校毕业生中招聘 18 人。招聘人数较多的高校依次是宁夏大学 995 人、宁夏医科大学 535 人、宁夏师范学院 475 人、宁夏大学新华学院 179 人、中国矿业大学银川学院 121 人。

医疗卫生行业事业单位共招聘 830 人，其中毕业于区内高校宁夏医科大学的占 63.86%，区外高校占 36.14%；原 985 高校占 2.53%，原 211 高校占 3.98%，其他院校占 93.49%。

中小学教师岗招聘人员毕业于区内高校和师范（专业）院校的占比较高，共招聘 1967 人，其中区内高校占 59.18%，区外高校占 40.82%；原

985 高校占 1.93%，原 211 高校占 29.08%（宁夏大学占 77.8%），其他院校占 68.99%；教育部直属 6 所师范院校 64 人，占 3.25%，其他师范院校（专业）占 58.98%，非师范院校（专业）占 37.77%。

农业、林业、水利、土地等行业（专业）事业单位共招聘 679 人，毕业于区内高校的占 49.78%，区外高校占 50.22%；原 985 高校占 5.15%，原 211 高校占 41.53%（宁夏大学占 73.4%），其他院校占 53.31%。

招聘人员中往届毕业生占主体。招聘人员中有应届毕业生 1058 人，占 20.17%，往届毕业生 4188 人，占 79.83%。统一公开招聘人员中应届毕业生 543 人，占 15.05%；往届毕业生 3064 人，占 84.95%。自主公开招聘人员中应届毕业生 553 人，占 33.74%；往届毕业生 1086 人，占 66.25%（见图 3）。

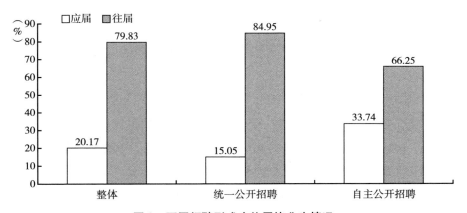

图 3 不同招聘形式应往届毕业生情况

（四）性别失衡尚未根本改变

2023 年统一公开招聘最终确认报名 107395 人，其中，男性 34971 人，占 32.56%；女性 72424 人，占 67.44%。2023 年共招聘 5246 人，其中男性 1655 人，占 31.55%；女性 3591 人，占 68.45%（统一公开招聘聘用 3607 人，其中，男性 1204 人、占 33.38%，女性 2403 人、占 66.62%；自主公开招聘聘用 1629 人，其中，男性 448 人、占 27.50%，女性 1181 人、占 72.50%），女性报

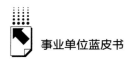
考人员及最终聘用人员均为男性的2倍左右，性别明显失衡。

招聘人员中不同学历层次性别失衡依然严峻。硕士研究生、本科、专科学历层次招聘人员数量多，女性平均占比达60%以上，博士研究生学历层次人员女性虽然低于男性（见图4），但招聘数量较少。

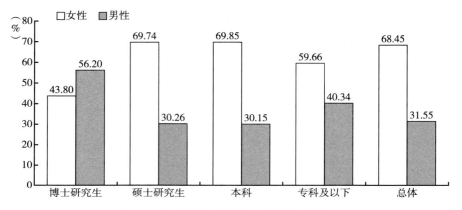

图4 不同学历层次聘用人员性别占比情况

部分行业招聘人员性别失衡更加严重（见图5）。招聘人员中医疗卫生行业男性占30.48%，女性占69.52%，其中护理岗位男性占6.7%，女性占93.3%；中小学教育行业（教师类）男性占16.12%，女性占83.88%，新招聘中小学教师中女教师占近八成半。2023年宁夏高校毕业生共50813人，其中女性27774人，占54.66%；师范专业毕业生5671人，其中女性4867人，占85.82%。2023年初中毕业生92597人，其中男生48874人，占52.78%，女生43723人，占47.22%。2023年普通高中在校生172385人，其中男生80333人，占46.60%，女生92052人，占53.40%；中职在校生76010人，其中男生43285人，占56.95%，女生32725人，占43.05%。从上述数据可以看出，宁夏高校毕业生特别是师范毕业生女性比例偏高，同时普职分流时更多女生进入普通高中学习。

农林水土行业（农业、林业、水利、土地）男性占52.58%，女性占47.42%。

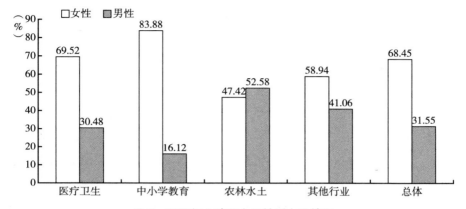

图5 不同行业聘用人员性别占比情况

事业单位性别失衡呈现加剧趋势。目前，宁夏事业单位工作人员中25周岁以下4561人，其中，女性3509人，占76.93%；25~30周岁17537人，其中女性12805人，占73.02%；30~35周岁25718人，其中，女性18210人，占70.81%；35~40周岁20557人，其中女性13594人，占66.13%；40周岁及以上86108人，其中女性36599人，占42.50%（见图6）。随着事业单位"存量"男性逐步减员和"增量"女性逐步增加，性别失衡现象会长期存在。

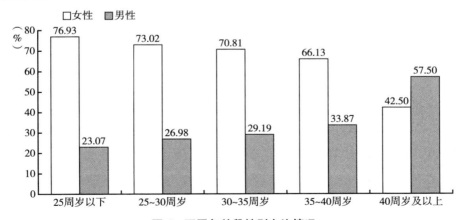

图6 不同年龄段性别占比情况

资料来源：自治区2022年事业单位人员统计报表。

（五）30周岁以下人员占比近九成

2023 年宁夏统一公开招聘中本科及以下学历层次岗位要求年龄为 35 周岁以下，县乡事业单位可放宽到 40 周岁，招聘硕士研究生的年龄要 40 周岁以下，招聘博士研究生的年龄要 45 周岁以下。在实际招聘人员中，20 周岁以下要 14 人，占 0.27%；20~25 周岁 2406 人，占 45.86%；25~30 周岁 2231 人，占 42.53%；30~35 周岁 547 人，占 10.43%；35~40 周岁 31 人，占 0.59%；40 周岁以上 17 人，占 0.32%（见图 7）。整体来看，20~30 周岁人员群体占整体招聘人员的 88.39%，是招聘的主体，在事业单位人员招聘中具有明显的年龄竞争优势。

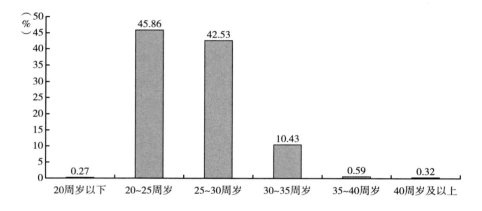

图 7　招聘人员中不同年龄段人数占比情况

不同学历层次招聘人员年轻化趋向明显。本科及以下年龄主要集中在 20~30 周岁，其中 20~25 周岁占比较高；硕士研究生年龄主要集中在 20~30 周岁，其中 25~30 周岁占比较高；博士研究生年龄主要集中在 25~35 周岁，25~30 周岁和 30~35 周岁占比均较高（见图 8）。招聘公告虽然对不同学历层次招聘年龄范围作了适当放宽，但竞争力较强的依然是相对年轻的群体。

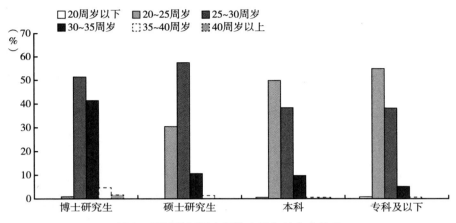

图8　不同学历层次招聘人员年龄分布情况

三　事业单位公开招聘建议

针对公开招聘面临的新形势和新问题，宁夏人力资源和社会保障厅将认真贯彻落实中央和自治区新时代人才工作战略部署，不断优化完善政策措施，构建起公平公正、规范有序、精准高效、权责清晰、监管到位的公开招聘制度，为加快建设美丽新宁夏提供坚强的人才支撑。

（一）放活招聘形式

坚持统一组织与自主招聘相配套，实现一般岗位统一招聘，引进人才岗位自主招聘，急需人才岗位随时招聘，特殊群体定向招聘，实现所有人才岗位精准灵活招聘。坚持简政放权与加强监管相结合，强化对公开招聘全过程跟踪问效和评估检查，全力维护事业单位公开招聘的透明度和公信度。

（二）注重宣传培训

加强《事业单位公开招聘工作人员实施办法》《公开招聘面试评委管理

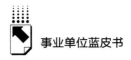

办法》《公开招聘工作人员面试实施细则》等政策规定及考试组织的宣传培训，提升各地各部门公开招聘政策水平和考务组织实施能力，确保考试组织规范有序。加强面试评委队伍规范化建设，适时增补面试评委，常态化开展面试评委线上培训、考试、发证，提升各类面试评委测评能力和面试测评的公信力。

（三）优化政策举措

一是对招聘人数 2 人以上的岗位继续按男女性别 1∶1 比例设定招聘人数，对性别比例严重失衡行业、适宜男性工作的岗位，适当加大男性招聘数量，不断优化人员性别结构。二是试点中小学教师定向招聘退役军人，拿出部分中小学体育、思想政治等学科教师岗位定向招聘退役军人，实行"先上岗、再考证"政策，逐步优化中小学教师队伍结构。三是将定向招聘岗位户籍范围扩大到县（区）所在地级市，优化完善定向招聘岗位学历、专业，鼓励区直事业单位和地级市拿出部分岗位定向招聘，在保持部分岗位招聘竞争性的同时提升"冷门"岗位热度。四是探索实施"1+N"招聘，年度内参加宁夏事业单位统一公开招聘笔试成绩多次有效，对达不到开考比例、无人报考的"冷门"岗位组织实施"二次报名"，有效提升考试效能。

（四）突出精准高效

一是公立医院和县以下基层医疗卫生机构招聘岗位范围扩大到全国，不再限定在区内；拿出部分岗位专项招聘大学生乡村医生；公立医院备案人员全部严格实行公开招聘，严格控制总量外用人。二是全面提升中小学校教师招聘质量，中小学招聘教师岗位学历一般设置为本科以上，除音体美等小专业外，一般向师范类专业招聘，探索中小学教师公开招聘笔试从"考基础"向"考专业"转变。三是提升自主招聘笔试、面试测评水平，突出精准、有效、高质量测评。四是有针对性地摸清部分师范类和医疗类优质高校宁夏生源和相关专业底数，会同有关部门和单位"上门招聘"，将优秀人才揽回宁夏。

（五）积极建言献策

坚持问题导向，会同宁夏教育部门及时与在宁教科文卫界全国人大代表或政协委员对接，请代表或委员向教育部、人社部建议，及时调整中考"普职分流"比例，优化提高普通高中男生占比，调整高校学科布局，提高医学院、师范院校男性招生比例，提高教育部6所重点师范院校在宁招生名额，解决医疗卫生机构和中小学教师男性生源"根源性"问题。同时请在宁夏的全国人大代表或政协委员向国家卫健委建议，探索开展公费医学生招生，采取毕业后聘用遴选、一次性补助学费的方式引进一批医疗卫生机构急需紧缺专业医务人员，进一步加强和改进"组团式"对口帮扶工作，切实解决基层医疗卫生机构人员短缺和医疗服务水平不高的问题。

（六）提升服务水平

统一规范综合管理类、中小学教师类、医疗卫生类面试，统筹全区综合管理类岗位面试工作，实行自治区统一命题、统一选派评委，提升面试规范化水平。改革面试试题命制测评方向，改变"一刀切"命题模式，提高面试选才精准度。探索引入优质第三方考试命题专业机构，为自主公开招聘和专项招聘提供高水平考试服务，助力招聘质量、招聘精度、招聘效能不断提升。

B.11
石家庄市事业单位特设岗位
管理的实践与探索

孟长龙　杨涛　周瑾　周恺辰　解传欣*

摘　要： 河北省石家庄市事业单位积极探索人事管理工作的新模式和新机制，力求在人事管理实践中不断推进改革创新，激发员工的积极性和创造力，提高事业单位的运行效率和服务质量。针对事业单位受人员编制和岗位职数限制，人员流动困难和激励约束不足，干部晋升受限和人才引进使用难题，石家庄市实施《事业单位特设岗位设置管理试行办法》，通过特殊岗位的设置，为那些在各自专业领域内做出特殊贡献的紧缺人才，以及在本行业、本领域内取得显著成就的专业技术人才，提供了一条便捷的"绿色通道"，从而为优秀人才的引进开辟新的路径，而且为现有人才的晋升提供了畅通无阻的渠道，从而极大地激发了事业单位人才的工作效能和创新能力。

关键词： 紧缺人才　特设岗位　分级核准　石家庄

为了进一步深化人才强省战略的实施，河北省石家庄市实施《事业单位特设岗位设置管理试行办法》。这一创新举措的出台，标志着石家庄市在

---

* 孟长龙，河北省人力资源和社会保障厅事业单位人事管理处处长；杨涛，河北省人力资源和社会保障厅事业单位人事管理处副处长；周瑾，石家庄市人力资源和社会保障局事业单位人事管理科科长；周恺辰，石家庄市人力资源和社会保障局事业单位人事管理科副科长；解传欣，石家庄市人力资源和社会保障局事业单位人事管理科副科长。

人才发展机制上的重大进步，旨在通过特殊岗位的设置，充分发挥其在培育、吸引和汇聚高层次人才方面的积极作用。该办法特别为那些在各自专业领域内做出特殊贡献的紧缺人才，以及在本行业、本领域内取得显著成就的专业技术人才，提供了一条便捷的"绿色通道"。不仅为优秀人才的引进开辟新的途径，而且为现有人才的晋升提供了畅通无阻的渠道，从而极大地激发了事业单位人才的工作效能和创新能力。

一　事业单位总体情况

石家庄市事业单位积极探索人事管理工作的新模式和新机制，力求在人事管理实践中不断推进改革创新，激发员工的积极性和创造力，提高事业单位的运行效率和服务质量。

1. 单位、人员总数

石家庄市共有事业单位5372个。其中，市直事业单位518个，县（市、区）事业单位4854个。全市共有事业单位工作人员16.6万人。其中市直2.9万人，县以下13.7万人；按岗位结构划分，管理岗位2.2万人，专业技术岗位12.8万人，工勤技能岗位1.6万人。

2. 行业分布、服务领域

石家庄市事业单位行业分布和服务领域主要分为教育、卫生、公共服务、文化、科技5大类，其中教育类9.9万人，卫生类3.4万人，公共服务类3万人，文化类0.2万人，科技类0.1万人。

3. 学历、年龄、职称分布

按照学历层次划分，研究生1.1万人，本科10.2万人，专科3.8万人，中专及以下1.5万人；按照年龄层次划分，35周岁及以下的4.4万人，36周岁至45周岁的6.1万人，46周岁至55周岁的4.9万人，55周岁以上的1.2万人；按照专业技术职称划分，聘用高级职称的2.4万人，中级职称的4.9万人，初级职称的5.5万人。

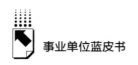
二　深化事业单位人事制度改革

近年来，我国事业单位因人员编制和岗位职数限制，面临人员流动困难和激励约束机制不足，导致干部晋升受限和人才引进使用难题。事业单位难以引进急需的高层次人才，也无法聘用在本行业及领域内有突出贡献的专业技术人才。截至 2024 年 8 月，全市具有正高级专业技术资格人员共 2768 人，实际聘用 1713 人，聘用比例为 62%；具有副高级专业技术资格人员共 33236 人，实际聘用 22282 人，聘用比例为 67%。高级专业技术人员聘用难的问题，限制了事业单位的创新发展，挫伤了部分高层次人才的积极性。为解决这些问题，河北省积极推进事业单位人事制度改革，采取了如下举措。

（一）创新设置特设岗位，特殊岗位特殊政策

1. 坚持于法有据推行改革

特设岗位制度是国家和省确立的事业单位岗位设置制度的一项重要政策，在实际操作过程中应该严格按照《事业单位人事管理条例》（国务院令第 652 号）等有关规定。

2. 允许"一个突破"体现优势

相对于常设岗位，特设岗位具有明显的制度优势，其设置不受本单位岗位总量、最高等级和结构比例限制，允许突破单位常设岗位总量、最高等级和结构比例。[①]

3. 依据"三个前提"设置岗位

一是一般在以专业技术提供社会公益服务的事业单位中；二是在本单位主系列专业技术岗位中；三是相应常设岗位没有空缺。在此前提下，单位可以申请设立特设岗位的情况包括引进对事业发展至关重要的高层次专

---

① 周瑾、周恺辰：《河北石家庄推行事业单位特设岗位制度》，《中国组织人事报》2022 年 5 月 18 日。

业技术人才和专门人才及其团队；承担国家级、省级、市级的重大科技计划项目；国家、省、市政府特殊津贴专家，以及受国家或省政府表彰的杰出专业技术人才；以及根据工作需求和事业发展，确实需要设立特设岗位的情形。

（二）健全完善政策框架，充分激活制度效能

1. 实行从严控制，规范管理

特设岗位需要签订聘用合同，建立正式人事关系，执行国家事业单位人事管理政策。首先，实施任职资格的严格把控，确保特殊岗位的任职资格不得低于本单位相应常规岗位的资格条件。其次，对岗位比例和总数进行限制，比例不得超过本单位批准的专业技术岗位总数量的5%，同时总数不得超过10个。最后，实行聘期控制，特设岗位以完成项目任务为基本导向，聘期一般为3年，最多延长一个聘期。

2. 按照规定程序，分级核准

设置特设岗位需要按隶属关系和干部人事管理权限，由事业单位领导班子集体研究后，提出特设岗位设置申请，明确拟设置的具体岗位和拟聘人员，经事业单位主管部门审核同意后，按照岗位设置管理权限，逐级报人力资源和社会保障部门核准备案；特设专业技术二级岗位需报省人社厅核准。

3. 强化制度建设，提高效能

一是特设岗位聘用人员按照所聘岗位等级进行管理，包括确定相应的人员关系、岗位聘用、工资福利、社会待遇等。[1] 二是特设岗位聘用人员可以转岗聘用，所在单位相应常设岗位出现空缺的，可在聘期届满后转聘为常设岗位。三是特设岗位聘用人员可以晋升，并纳入常设岗位管理。四是特设岗位聘用人员实行年度考核，确定考核等次，考核结果作为调整工资、续聘的重要依据。五是特设岗位聘用人员聘期满、转聘或者出现合同解除情形时，单位应及时核销特设岗位。

---

[1] 王静：《事业单位特设岗位制度 激发人才活力》，《石家庄日报》2022年5月28日。

（三）人才招引同向发力，全力营造良好生态

1. 科学明确目标导向，推动高层次人才集聚

设置特设岗位，旨在将发挥人才资源优势和政策制度优势相结合、解决当前问题与着眼未来发展相结合、兼顾引进人才与本土人才发展相结合，解决事业单位岗位总量限制与引才、留才需求之间的现实矛盾，保障事业单位引进急需紧缺高层次人才，留住在本行业、本领域做出突出贡献事业发展骨干力量，优化事业单位人才队伍结构，营造良好人才发展生态，推动社会公益事业高质量发展。[①]

2. 积极引进外来人才，促进工作能力升级

通过设置特设岗位，采用公开招聘或者从外省柔性引才等方式，精准引进急需紧缺的高层次人才，将拓宽事业单位用人视野和用人渠道，促进提升事业发展水平。[②] 一方面，公开招聘发挥主渠道作用，在岗位条件设置上，全面取消户籍限制，面向全国广揽贤才。另一方面，通过选聘、"名校英才入冀"计划或者从外省、市调入等方式，加大高层次急需人才引进力度，吸引外来人才进入本省事业单位。

3. 注重留住本地人才，优化人才成长环境

石家庄市事业单位现有专业技术岗位 12.8 万人，其中聘用正高级岗位 1713 人、副高级岗位 2.2 万人、中级岗位 4.9 万人，受专业技术岗位设置结构比例限制，中、高级专业技术待聘、未聘人员逐年增加并积压，专技四级及以上岗位聘任压力较大。通过设置特设岗位，能够一定程度解决高级专业技术人员"评聘结合"不够的问题，调动专技人员的工作积极性、主动性。石家庄市事业单位可聘任高级专业技术岗位的人员将增加约 1100 人，人才晋升渠道将进一步畅通。

4. 树立鲜明基层导向，实现政策共用共享

石家庄市 92% 的事业单位、83.4% 的事业单位工作人员在县（市、

---

① 王静：《事业单位特设岗位制度 激发人才活力》，《石家庄日报》2022 年 5 月 28 日。
② 王静：《事业单位特设岗位制度 激发人才活力》，《石家庄日报》2022 年 5 月 28 日。

区），设置特设岗位，可根据部门不同层级进行设置，蕴含了岗位等级激励因素。明确了市级直属或部门所属事业单位，特设岗位最低岗位级别可以设置为专业技术七级；艰苦边远地区和乡镇事业单位可以根据工作需要，特设岗位最低岗位级别设置为专业技术八级，充分体现了向基层倾斜的政策导向，有利于提升基层共享制度改革的红利。

三　经验启示

人才是第一资源，事业单位高质量发展离不开优质人才的引进输送。事业单位建立起科学高效精准的引才机制，持续拓宽引才渠道，提升岗位吸引力，努力打造富有创新活力、创造动力的事业单位人才队伍，为事业单位高质量发展注入源源不断的生机和活力。

人才是第一资源，必须把营造良好发展环境、激发人才自身动力和活力放在人才工作的核心位置。在人才引进、使用、晋升、评价等方面，建立起各类人才顺利成长、健康发展的科学体系，以贡献论英雄、以实绩选人才，以富有创新活力、创造动力的人才队伍，为全省高质量发展注入源源不断的生机和活力。石家庄市大力施行事业单位特设岗位制度，持续营造爱才、惜才、扶才的浓厚氛围，正是以人才为本导向的充分展现，引导事业单位人才发展环境向深度、广度持续创新和发展。

B.12
湖州市推动事业单位干部队伍
建设的实践与探索

蒋柏焰*

摘　要： 事业单位是湖州市经济社会发展中提供公益服务的主要载体，也是谱写中国式现代化精彩湖州篇章的重要力量。近年来，在湖州市委、市政府的正确领导下，湖州市事业单位人事管理体制机制改革加快推进，向用人主体授权、给人才松绑、为事业发展赋能导向愈加鲜明。但对标加强"三支队伍"建设更高要求和事业单位人员自身期盼，仍存在体制机制不活、人才引进难聘用难、职务晋升论资排辈、待遇能上不能下等现实问题，干部队伍获得感仍有待提升。为认真贯彻落实党中央、省委、市委关于关心关爱干部的有关决策部署，积极助推高素质干部队伍建设，持续推进"放管服"改革，进一步加大关心关爱和激励力度，通过开展此次调研，提出相关意见建议，坚持政治上激励、工作上支持、待遇上保障、心理上关怀，不断增强事业单位人员的荣誉感、归属感、获得感。

关键词： 事业单位　人事管理　关爱激励　队伍建设　湖州

　　事业单位是湖州市经济社会发展中提供公益服务的主要载体，也是谱写中国式现代化精彩湖州篇章的重要力量。进一步强化事业单位人员关爱激励，加强湖州市事业单位队伍建设，对于充分调动事业单位人员工作积极性、主动性、创造性，提高事业单位公益服务水平和加快各项社会事业发

---

* 蒋柏焰，湖州市人力资源和社会保障局事业单位人事管理处处长。

展，全力助推"六个新湖州"建设、高水平建设生态文明典范城市具有重要意义。湖州市人力资源和社会保障局通过政策梳理、数据分析、实地调研、座谈交流、考察学习等形式，结合湖州市实际，形成了进一步强化关爱激励推动事业单位队伍建设的调研报告。

一　加强湖州市事业单位干部队伍建设的现实意义

一是贯彻落实上级部署要求的现实需要。习近平总书记反复强调，要关心关爱干部，多为干部办实事、办好事。① 党的二十大报告提出，坚持严管和厚爱相结合，加强对干部全方位管理和经常性监督，落实"三个区分开来"，激励干部敢于担当、积极作为。2024 年浙江省"新春第一会"明确提出全面加强"三支队伍"建设，大力实施"三个一号工程"，以"大人才观"全力打造中国式现代化建设者大军。中央、省、市先后印发了《关于进一步激励广大干部新时代新担当新作为的意见》《事业单位工作人员奖励规定》《关于贯彻落实事业单位工作人员奖励规定有关问题的通知》《关于严肃组织人事纪律进一步加强干部选拔任用和日常监督管理的通知》等文件，明确提出各地各单位要在工作上、生活上给予关心关怀，落实关爱激励举措，激励事业单位工作人员保持荣誉、再创佳绩。这些都要求我们认真贯彻落实上级部署要求，在推进党的建设和日常工作中，更加注重对党员干部（包括事业单位工作人员）进行关爱激励，进一步增强他们工作的获得感、荣誉感和归属感。

二是奋力绘就"在湖州看见美丽中国"幸福图景的现实需要。党的二十大报告强调，教育、科技、人才是全面建设社会主义现代化国家的基础性、战略性支撑。事业单位作为承载教育、科技、人才作用发挥的核心主体，是我国经济社会发展和社会主义现代化建设的重要力量。当前，全市上下随着"在湖州看见美丽中国"实干争先主题实践不断深入，"三个一号工

---

① 人民日报评论部：《让干部干得开心拼得安心》，《人民日报》2018 年 5 月 31 日。

程"推进更加有力,湖州的城市定位更加明晰、城市气质日益彰显、城市品牌持续放大、城市势能全面汇聚。把"在湖州看见美丽中国"幸福图景变为美好现实,关键在人、在队伍。湖州市委、市政府在打造实干争先铁军队伍工作会议中多次强调,要不断健全完善干部及时激励机制,精心抓好干部身边"暖心小事",努力让干部暖心头、有劲头、有奔头,奋力投身"六个新湖州"建设。这就要求我们自觉把干部关爱激励放在"六个新湖州"大场景中去思考、去谋划,找准调动事业单位工作人员干事创业激情的逻辑起点、发力重点、实践落点,守正创新、实干争先,为奋力绘就"在湖州看见美丽中国"的幸福图景注入强大动能。

三是不断满足事业单位人员自身期盼的现实需要。近年来,湖州市干部人事体制机制改革加快推进,事业单位及其工作人员评价激励机制不断健全,关爱激励干部力度不断加大,向用人主体授权、给各类人才松绑、为事业发展赋能导向愈加鲜明。但对照新时代事业单位人事管理工作面临的新形势新任务,对标全市事业单位高质量发展要求和广大事业人员自身期盼,湖州市事业单位管理工作尤其是在关爱激励方面还存在一定差距,"人才会客厅"、事业单位座谈交流和区县走访调研中发现,近年来,事业单位人事管理体制机制不够顺畅、评价激励制度不够科学、岗位资源总量统筹不够有力等问题仍不同程度地存在。这就要求我们精准聚焦事业单位工作人员关爱激励,深入查找影响制约干事创业活力激发的关键问题,加大改革创新力度,着力破除阻碍人才发展的体制机制障碍,全力营造识才爱才用才敬才的良好环境。

二 湖州市推动事业单位干部队伍
建设的主要举措

近年来,围绕引进培养、岗位管理、薪酬待遇、考核奖励等方面,湖州市在严格贯彻落实上级部署要求的基础上,制定出台《关于进一步深化市属事业单位人事管理制度改革的指导意见》《事业单位岗位设置管理实施意见》《市属事业单位七级及以下普通职员管理办法(试行)》《关于进一步完善市属事业单位高层次人才绩效工资管理有关问题的通知》等政策文件，不断加大事业单位工作人员关爱激励力度，有效推动了全市事业单位干部队伍整体能力素质的提升。截至2023年底，湖州市事业单位共1415家，共有岗位55362个，年平均收入达19.22万元，其中管理岗位5253个、专技岗位49698个、工勤岗位411个，年平均收入分别为19.26万元、18.91万元、18.23万元。湖州市为推动事业单位干部队伍建设采取了以下几项主要措施。

一是持续加大事业单位人才引进力度。聚焦"六个新湖州"建设目标和"八大新兴产业链"发展需求，加快高素质专业化事业单位人才引进，特别是事业单位青年博士人才、紧缺急需专业、特殊专业岗位高层次人才等用人需求，采取多样化招聘渠道优先面向相关专业、岗位引进高层次人才，优化事业单位队伍整体结构水平。拓宽事业单位人才选拔范围，适当放宽对高层次人才引进中"特殊人才"的年龄限定，对经认定的"特殊人才"采取"一事一议"的方式引进，其中认定为高级人才（E类）及以上的，年龄可放宽到55周岁。2020～2023年，全市以公开招聘（含选聘生）的方式选拔聘用各类工作人员10838人，平均每年公开招聘2709人，占事业单位新进人数总量的94%以上。

二是全面实施岗位设置统筹管理。在浙江省行业指导意见的基础上，着眼于单位职能要求和事业发展实际，做到有保有压。以教育系统为例，湖州市教育科研研究中心、湖州中学等重点中学专技高级结构比例分别调至100%、51%，较省行业指导意见分别高58%、9%，而其他中学则低于省行业指导意见4%～5%。紧扣激发湖州市优秀中青年专业人才队伍活力，尽力盘活事业单位专业技术岗位资源，会同湖州市委组织部制定出台《事业单位特设岗位设置管理实施办法》《市属事业单位高级岗位周转池管理暂行办法》，推动主管部门统筹开展专技高级岗位聘任，成功设置特设岗位9个，周转池岗位申请副高以上岗位4人，为市建设、交通运输、农业、审计、规划、卫健等单位加强专业技术人才支撑保障。

三是常态化推动形成能上能下机制。制定市级管理人员岗位聘任办法，明确市属事业单位七级及以下管理岗位普通职员的晋升条件和管理办法，有

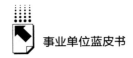

效拓展了管理岗位普通职员的晋升空间。2013年至今，市属事业单位有2000多名管理岗位普通职员晋升了管理八级、七级职员。严格贯彻执行中央、省县以下职员等级晋升工作部署，建立常态化工作机制，破解因交流调入无法确定岗位等级待遇兑现、转岗人员晋升、垂管单位专技岗位参照市级比例提高等问题，全市1276名管理岗位人员晋升职员等级，人均月增资额294.2元。在原市建设工程质量监督站先行试点的基础上，指导推动原市纤维检验所、南浔交通质量监督管理站、市质量技术监督监测研究院等单位相继实施公平竞争、能上能下竞聘机制，打破"一聘定终身"的困境。

四是着力深化事业单位职称评价改革。积极推动职称评审试点改革，通过自主组建评审团、制定评审标准、开展职称评聘工作，促进人才评价与使用相结合，在全市3所高校，12家医院、区县医共体，32所中小学校和3所技工院校开展职称自主评审试点改革。在全省率先开展企业行业人才自主评价改革，将机械工程、能源工程和环保工程等6类专业中级职称评审权限，下放至13家重点企业行业协会，累计有1800余人晋升工程师。抓住入选全省蓄电池行业高级工程师资格评审权限改革试点市契机，制定《浙江省蓄电池行业高级工程师资格评价办法》，晋升高级工程师102人。分行业分专业修改完善建设、农业、交通等领域的职称评审标准和业绩指标权重，取消职称外语和计算机应用能力考试作为职称申报、论文作为应用型人才评价的必备条件，真正实现"干什么、评什么"。

五是不断加强高层次和专业人才待遇保障。出台市属事业单位高层次人才绩效工资管理办法，将国家、省、市各类人才纳入绩效工资单列管理范围，允许单位根据市场定位和单位实际确定高层次人才薪酬水平，有效破解绩效工资政策对高层次人才薪酬水平的限制，目前已在党校、交规院、疾控中心、农科中心、高校等单位常态化运行。探索建立高中教学质量奖、职业学校社会培训奖励等项目，在绩效工资制度外根据单位工作实绩核定奖励额度，用于劳动报酬激励，在市属高中和中职学校、交通技师学校等单位得到积极反响。根据省市部署，结合新冠疫情防控工作实际情况，去年底会同市财政局对卫健、民政部门下属部分事业单位核增一次性绩效工资总量。

六是持续深化公立医院薪酬制度改革。自 2017 年湖州市开展公立医院薪酬制度改革试点以来，探索建立起"1+3"配套制度体系，即改革试点工作实施方案和绩效工资总量核定办法、绩效评价考核办法、院长（党委书记）年薪制实施办法，进一步扩大医院收入分配自主权，市属 5 家公立医院收入水平显著提升，2017～2022 年，人均绩效水平从 13.38 万元增长到 24.55 万元，增幅为 83%。2023 年，根据浙江省深化公立医院薪酬制度改革要求，开展全市公立医院调研，深入了解医院人员薪酬、人事管理、财务收支情况、内部分配机制等多方面信息，研究制订《湖州市关于深化公立医院薪酬制度改革的实施方案》，整合现有碎片化政策，建立符合湖州市公立医院发展需要的专项激励机制。

七是全面提升人事管理整体服务效能。以数字化改革全面推进事业单位人事管理，会同市委组织部、市委编办、市医保局、市公积金管理中心，制定完善事业单位人员职业生涯全周期管理"一件事"改革业务标准。如公开招聘材料从原来的 19 份减少到 1 张总表和 1 个附件，办理时限由原来的 10 多个工作日压缩至 1～2 个工作日，极大提高了办理效率、服务效能。2020 年 8 月湖州市人事工资系统上线运行以来，最大限度地减少了人事工资业务办理数据的手工录入；2021 年 7 月开始，"一件事"平台所需信息全部从省人事工资系统自动抓取，不再手工录入，切实将组织人事干部从烦琐的事务中解脱出来。

三　当前湖州市事业单位干部队伍建设存在的问题与短板

总体来看，在湖州市委市政府的高度重视下、在各行业主管部门配合支持下、在人事综合管理部门的共同努力下，湖州市在关爱激励事业单位工作人员上取得积极成效，有力助推建立了一支与全市经济社会事业发展相匹配的高素质专业化事业单位干部队伍。但面对湖州高质量发展需求和市委市政府更高工作要求，特别是比对公务员队伍现状，实施更加有效的关爱激励举

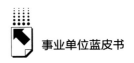
措和事业单位人员自身期盼还有一定差距，主要体现在以下几个方面。

一是事业单位薪酬待遇水平仍不平衡。从机关事业单位情况来看，事业单位工作人员与公务员相比，缺少了年终一次性奖金、车改补贴、通信补贴等政策规定的结构性项目。同时，事业单位工作人员的绩效工资和绩效考核奖水平，与公务员的津贴补贴和考核奖水平存在一定差距。从事业单位内部来看，义务教育学校、高校、公立医院和部分专业化事业单位相继享受了教育督导、高层次人才单列、公立医院薪酬制度改革等政策优惠，薪酬待遇显著提升，而其他全额补助单位由于受现行政策机制所限，薪酬待遇缺乏增长通道和空间，导致不同事业单位的同类人员收入待遇存在明显差距，在一定程度上影响了事业单位干部干事创业的热情。

二是七级及以下普通职员晋升通道相对狭窄。近年来，针对岗位设置办法出台以来专技岗位、管理岗位晋升通道不平衡问题，国家去年出台实施县以下职员等级晋升办法，从制度上解决基层事业单位机构层级低、管理人员职业发展空间小、岗位晋升难的问题，但市属事业单位管理岗位（含县以下垂管单位）职员等级晋升办法至今尚未实施，一定程度上影响了市属事业单位管理人员工作的积极性。同时，市属事业单位从2013年实施七级及以下普通职员管理办法，至今已有数十年时间，随着近年来人才招引力度不断加大，全市事业单位本科以上学历的工作人员占比超90%，平均年龄达39岁，人才的学历层次、年龄结构都发生了本质改变，实施过程也逐步遇到了一些新问题，特别是以管理岗位为主的事业单位（如交通执法支队）近年来七级普通职员职数问题反映较为普遍，亟须对管理办法进行修订完善。

三是事业队伍知识更新工程实施力度不够。事业单位及其主管部门因疲于应付日常业务、机械执行上级人事管理文件精神，尚未有效建立人才队伍培养机制、健全人员成长发展体系，缺乏干部队伍政治理论素养、综合能力素质提升整体规划，专业知识和理念更新仍不够快。如目前尚未将思想政治理论学习作为事业单位工作人员年度考核指标内容；日常培训仅停留在继续教育、业务培训等常规动作，针对性、系统化专业能力培养力度不够；工作传帮带机制有待健全完善，某些专业领域发展因人事变动出现断崖式下跌；缺乏高精尖学研交流平台，干部能力提升通道受阻。同时，基层事业单位工作人员在机关混岗现象普遍存在，导致部分专业长期从事与专业不一致的工作，一定程度影响了事业单位职能发挥和专业干部人才能力提升。

四是公开招聘工作体系有待健全完善。事业单位公开招聘实行分级管理，区县对高素质专业化事业单位人才引进采取"灵活化"操作，对同类人才的招聘，考核形式不一，条件要求不同，人才选择较有倾向性，招考源头不精准，引进渠道不平衡，人才分布不均衡，一定程度上打破了全市高素质专业化人才引进体系整体平衡。同时，在公开招聘过程中，市级和区县对于户籍限制条件设定仍有不同，市级招聘普遍放开户籍限制，而部分区县在招聘过程中仍设定仅招录本地户籍考生条件，一定程度上限制人才选拔高度，降低人才流动活力，削弱人才吸引力，选才结构单一化，聘才趋势本土化，一定程度上影响了全市公开招聘人才队伍的整体活力。

五是事业人事管理政策碎片化问题依然存在。近年来，国家、省级层面围绕事业招聘交流、岗位设置、人员聘用、收入分配、考核奖惩等内容，陆续出台了一些事业单位人事管理的政策意见，但相较于公务员队伍制度体系，顶层设计力度不够，制度体系化、指导性、时效度不强，导致人力社保部门职能从管理为主、服务为辅向服务为主、管理为辅转变，出现管理权威不够、服务力不从心、闭环管理仍有差距等现象。如湖州市人社局虽将事业干部队伍建设纳入全市组织工作考核，统筹制定《考核细则》，但对照《事业单位人事管理条例》等上级有关文件精神，人事综合管理部门、主管部门在抓好宏观指导、监督检查、考核评价等方面仍有差距，事业单位实现"自我管理、自我约束、自我发展"的运行机制任重道远。

四 加强关爱激励推动事业单位干部队伍建设的对策建议

为贯彻落实党中央和省委、市委关于关心关爱干部的有关部署要求，真正做到政治上激励、工作上支持、待遇上保障、心理上关怀，不断增强干部

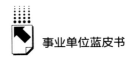
的获得感、荣誉感和归属感，激励全市事业单位工作人员在建设"六个新湖州"、高水平建设生态文明典范城市进程中担当作为、再建新功，现就进一步强化全市事业单位队伍关爱激励提出如下建议。

一是切实加强事业单位收入待遇保障。调整完善绩效考核奖与绩效工资两方面政策，统筹提升事业单位工作人员薪酬待遇水平，积极构建机关与事业单位、事业单位内部平衡有序的收入分配格局。一方面，根据明年财力情况，调整市属事业单位绩效考核奖发放方式，适时推动建立平时考核奖制度，适度提高事业单位绩效考核奖水平，合理缩小公务员与事业单位工作人员薪酬差距。另一方面，按照"全额补助单位强保障、差额补助单位强激励"的思路，分类完善市本级事业单位绩效工资政策，对全额补助事业单位，参照公务员规范津贴补贴与职务职级挂钩情况，统一确定各岗位的基础性绩效工资标准（基础性绩效工资占比70%），事业单位按要求计算奖励性绩效工资并自主分配（奖励性绩效工资占比30%）；对其他事业单位，进一步放宽调节金征收等政策限制，强化绩效激励，健全薪酬正常增长机制。

二是适时修订七级以下管理岗位实施办法。一方面，为保持七级及以下管理岗位实施办法与时俱进，尽快修订完善七级及以下管理岗位实施办法。在原设置晋升条件方面，针对不同学历、不同人员，优化晋升条件，如缩短本科晋升八级年限（原晋升八级工作需满15年），年度考核优秀予以缩短年限，对管理岗位的临近退休人员结合工作表现、个人贡献等方面给予职数倾斜，进一步加大关爱激励力度，不断激发制度活力、激励专业技术人员担当作为。另一方面，针对区县不纳入职员等级晋升的垂管单位（如生态环境局），既未享受市属事业单位待遇，也未纳入职员等级晋升，导致出现两头落空情况，积极向省人社厅反映争取按市级行业单位调整专技岗位结构比例，进一步提高正高、副高比例。

三是加大事业单位干部队伍教育培训力度。一方面，按照分级分类、全员覆盖要求，健全完善培训体系，充分发挥考核指挥棒作用，进一步压实人事综合管理部门、主管部门、事业单位各自职责，大力组织实施日常、岗前、在岗、专项等各类线上线下培训，突出政治训练、政治历练，强化专业能力、专业精神，积极构建人事综合管理系统化培训体系，积极构建线上与线下相结合、理论与实践相结合的多元培训模式，不断提升事业单位干部队伍政治能力和业务本领。另一方面，加大继续教育经费资源投入力度，积极搭建学习交流平台，探索建立常态化工作服务品牌，通过举办领导人员能力提升培训班、专业技术人员高研班、新进工作人员岗前培训班、人事干部业务培训班和各重点行业主管部门事业单位人员专项培训，组建各类事业单位干部信息库、浙政钉、微信群，开展专技人才组团服务结对活动，进一步提升事业单位干部人才学识眼界、业务能力和服务水平。

四是进一步规范事业单位公开招聘。研究制定《湖州市事业单位公开招聘人员实施细则》，在充分尊重各区县招聘"属地管理"的基础上，认真抓好组织实施工作。一方面，在切合精准引才的前提下，将高素质专业化事业单位人才引进考核方式标准化，条件设置规格化，优化引才渠道，加大引才力度，共建引才大平台。另一方面，进一步引导部分区县放开引才户籍限制条件，提升公开招聘选才水平，拓宽选才渠道，增强人才流动活力，提高人才吸引力，支持各地优秀人才进入湖州市事业单位队伍，丰富人才交流，提升人才活力，为事业单位队伍建设注入更有活力的新鲜血液。

五是着力推进事业单位人事闭环管理。一方面，抓紧制定出台《进一步加强全市事业单位人事管理工作的若干意见》，不断完善公开招聘、岗位管理、人员聘用、教育培训、考核奖惩等制度，通过分级管理、分类施策、分行业推进，不断提高事业单位人员获得感和满意度，最大限度激发事业单位干部队伍创新、创造、创业活力。另一方面，积极开展事业单位人事管理绩效评价试点，不断完善考核评价机制，建立健全事前指导规范、事中事后监督、上下联动检查等常态化机制，切实形成人事综合管理部门、主管部门、事业单位工作合力，健全统一规范、分类指导、分级管理的事业单位人事管理闭环体系，全力推动事业单位人事制度改革和人事管理工作高质量发展。

B.13
马鞍山市事业单位人事管理
工作实践与思考

袁良宪　熊保坤*

摘　要： 　近年来，马鞍山市事业单位人事管理工作紧紧围绕市委、市政府聚力打造人才高地推进创新驱动发展目标任务，不断加强岗位资源统筹设置管理，全面落实事业单位用人自主权，用好用活各领域专项支持政策，深入实施职员等级晋升制度，全面推行事业单位人事管理信息化，激发事业单位活力。但通过调研分析，工作中还存在有关政策规定缺乏明确的解释口径，竞聘上岗和聘用合同管理制度落实不均衡，部分事业单位因超结构比例一些业务骨干和优秀人才晋升困难等问题。针对以上问题，从完善事业单位人事管理政策法规体系、加强事业单位聘用合同订立管理、完善专业技术人员职称评聘等相关政策、完善工勤技能岗位人员聘任相关政策、加强政策培训和业务研讨等方面提出对策建议。

关键词： 　事业单位　人事管理　聘用管理　马鞍山市

　　近年来，马鞍山市事业单位人事管理工作在安徽省人力资源和社会保障厅的有力指导下，认真贯彻落实中央和省事业单位人事管理政策法规，紧紧围绕市委、市政府聚力打造人才高地推进创新驱动发展的目标任务，不断深化事业单位人事制度改革，健全政策制度、规范人事管理、搞活用人机制，强化管理服务保障，激发事业单位活力。

---

　　* 袁良宪，马鞍山市人力资源和社会保障局副局长；熊保坤，马鞍山市人力资源和社会保障局事业单位人事管理科科长。

一 马鞍山市事业单位人事管理经验做法及成效

（一）加强岗位资源统筹设置管理

马鞍山市（含市辖 3 县 3 区）共有事业单位 1200 个，实有在编在岗人员 30180 人，核准岗位 35178 个。在编在岗人员中，管理岗位 5133 人（含政工岗位 208 人），占 17.0%；专业技术岗位 24787 人（含"双肩挑"1003 人），占 82.1%；工勤技能岗位 1263 人，占 4.2%。近年来，马鞍山市不断建立完善事业单位岗位设置管理制度，特别是针对教育、医疗卫生、农业农村、交通运输和乡镇街道所属事业单位，根据行业特点、人员数量，由事业单位主管部门统一组织制订岗位设置方案，实行集中调控、集中管理，集约使用岗位资源，积极促进人才流动。2018 年马鞍山市出台《关于建立市区事业单位专业技术高级岗位"统筹管理、周转使用"机制的意见》，对市区专业技术高级岗位资源实行跨系统、跨区域统筹，统筹的岗位资源重点满足教育、卫生、科研、工程（含制造、环境、建筑、计算机）、文化（含新闻）、农业等技术性强、任务繁重、专业技术人员密集且高级岗位职数相对紧张的事业单位对高层次人才的需求，2019 年以来共统筹使用高级岗位职数 143 个，有效破解"无岗可用"和"有岗不用"的结构性矛盾，有力地激发调动了人才积极性。

（二）全面落实事业单位用人自主权

落实"放、管、服"改革精神和事业单位工作人员分级分类管理要求，进一步厘清和规范事业单位人事管理权限，将事业单位人事管理领域内审批事项由核准调整为备案，拟定办事指南，明确办理方式、办理材料及办结时限，指导事业单位自主设置岗位、自主聘用人员。指导事业单位在核准的岗位总量、结构比例和最高等级限额内，自主制订岗位设置方案和管理办法、自主聘用人员。近年来，马鞍山市先后制定印发《事业单位公开招聘新进

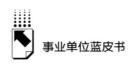
人员试用期管理和岗位聘任暂行办法》《关于落实事业单位公开招聘方案和招聘结果备案制度的通知》等政策文件，全面落实地方高校、中小学校、公立医院等事业单位公开招聘自主权，会同市机构编制、人才管理等部门加强 100 名人才引进专项事业编制使用管理，针对重点领域急需引进的高层次人才、紧缺专业人才，简化程序予以重点保障。

（三）用好用活各领域专项支持政策

根据《关于印发进一步激发人才活力更好服务乡村振兴的支持举措的通知》（皖人社秘〔2023〕211 号），2024 年含山县、和县、当涂县首次拿出共 11 名乡镇事业单位岗位面向本县户籍（生源）人员招聘，合理设置 3~5 年服务期限，缓解乡镇事业单位招聘难、留人难问题。落实中央和省关于疫情防控关心爱护医务人员政策，疫情防控一线医务人员职称评聘、年度考核、工资待遇、工伤认定倾斜措施均予以落实。贯彻落实基层事业单位人员在职称评聘方面的激励政策，激发人才干在一线、扎根基层。对在乡镇基层事业单位专业技术岗位连续工作满 30 年且具有中、高级职称资格的专业技术人才，可不受单位岗位职数限制，聘任相应职务；对在乡镇事业单位工作的全日制本科（学士）以上学历（学位）高校毕业生，具有高、中级专业技术资格而相应岗位无空缺的，可先聘用再逐步消化，聘用后 5 年只能在乡镇事业单位之间流动。对在乡村连续任教男满 30 年女满 25 年且仍在乡村学校任教并符合高、中级资格申报条件的教师，或在乡村累计任教男满 30 年女满 25 年且距法定退休年龄不足 5 年的教师，或在乡村任教累计 25 年符合晋升一级教师、累计 30 年符合晋升高级教师职称（职务）申报条件且仍在乡村学校任教的教师，可不占岗位结构比例评聘相应教师职务。

（四）深入实施职员等级晋升制度

在中央和省制度框架下，结合实际制定《马鞍山市县以下事业单位管理岗位职员等级晋升操作办法》，严格标准条件，统一操作规程，统筹推进实施。指导县区做好职员等级职数使用规划，对实施范围内人员的岗位聘用、任职年限、考核等情况逐一核实、分类造册，合理把握晋升节奏，盘活用好职员等级结构资源。晋升职数重点向一线和艰苦岗位倾斜，优先晋升在基层工作年限较长及乡村振兴、疫情防控等一线工作岗位的人员。截至 2024 年 3 月，马鞍山市现有管理岗位人员 3435 人，符合管理岗位职员等级晋升基本条件的 1473 人，已晋升职员等级的 853 人（六级职员 12 人、七级职员 95 人、八级职员 502 人、九级职员 244 人），晋升受益面占比为 24.8%，占符合晋升职员等级基本条件人数的 57.9%。从基层反映情况看，职员等级晋升制度的实施打破了基层管理岗位人员工作多年无法晋升的困境，充分发挥了干事创业、正向激励的导向作用，让基层事业单位管理人员实实在在享受到了政策红利。

（五）全面推行事业单位人事管理信息化

2023 年，根据安徽省人力资源和社会保障厅统一部署，马鞍山市分阶段、分步骤、分层次推广使用安徽省事业单位人事管理信息系统。开展专题培训，研究制定数据采集规则，印发电子材料上传要点，明确事业单位领导人员、专业技术人员、工勤岗位人员、"双肩挑"人员聘任等业务流程和所需材料，打造数据联动、标准统一的线上办理模式。全市事业单位于 2023 年 12 月底全面上线并在工作中运用，岗位聘任、人员流动解聘等服务初步实现"至多跑一次、全留痕"线上办理，经办流程更简化、业务办理更顺畅、办事过程更透明。同时，人社部门可根据工作需要适时对数据进行"抓取"，实时动态掌握事业单位岗位设置、人员聘用、人才队伍结构情况，进行数据分析，及时发现问题、解决问题，强化岗位动态管理和人员聘任及时监管，实现事业单位人事管理与数据融合"1+1>2"。

二　事业单位人事管理工作面临的问题和不足

（一）有关政策规定缺乏明确的解释口径

事业单位岗位管理与事业单位工作人员的考核结果、处分和工资待遇紧密相关，涉及事业单位人员切身利益，在工作中有些政策规定比较笼统，没有统一的解释口径和标准。例如，关于事业单位专业技术人员降低岗位等级处分后如何晋升问题，《事业单位工作人员处分规定》明确"受到降低岗位等级处分的，不恢复受处分前的岗位、职员等级、工资待遇"，但对受处分前后的聘任年限计算没有明确规定。《关于县以下事业单位管理岗位职员等级晋升有关问题的答复》（人社厅函〔2021〕118号），对受处分人员如何晋升职员等级作出了明确规定："县以下事业单位管理人员因受处分降低岗位等级，影响期满后符合晋升条件的，可以晋升职员等级，但不视为恢复受处分前的职员等级，之前所晋升的职员等级的时间不累计计算。"中央纪委、中央组织部、人力资源和社会保障部、监察部、国家公务员局《关于公务员纪律惩戒有关问题的通知》（人社部发〔2010〕59号）规定："公务员受撤职处分后新任职务的任职时间，从新任职务任命之日起开始计算，此前相同或以上职务层次的任职时间不得累计为今后晋升职务所需的任职年限。"事业单位专业技术岗位人员能否参照执行还未加以明确。

此外，《事业单位人事管理条例》规定，事业单位新聘用工作人员，除国家政策性安置、按照人事管理权限由上级任命、涉密岗位等人员外，应当面向社会公开招聘。实践中，按照组织人事管理权限（比如各级组织部门、开发园区党工委）任命的事业单位人员（特别是科级领导人员）调入国企工作的，能否通过任命的形式再调入事业单位，各地做法不一。

（二）竞聘上岗和聘用合同管理制度落实不均衡

新设立的事业单位或编制数较多而实有人数较少的事业单位，普遍存在岗位空缺较多，竞争压力不大，"论资排辈"现象一定程度上存在，虽按程序进行了民主测评、公示等环节，但竞聘上岗没有真正开展。此外，2021年实施基础绩效工资制度后，专业技术岗位人员平均每月增加的绩效工资远超管理岗人员，甚至超过同等级别公务员，而各行业专业技术等级评审门槛较低，多数只要求在当前聘期考核均为合格，就可以参加考评获得上一层级职称资格，造成事业单位人员一心为职称等级提升而在工作中"躺平"，增加了管理难度。聘用合同签订也不够规范，马鞍山市事业单位均已落实人员聘用制度，与事业单位工作人员签订了事业单位聘用合同，但多数用人单位合同管理风险意识淡薄，多与职工仅在入职时签订聘用合同，首次聘用合同到期后，主动续签的比较少；部分事业单位对合同期限、岗位职责、约定事项缺乏清晰认识，合同内容约定不严谨、不明确，造成合同条款执行不到位。

（三）部分事业单位因超结构比例一些业务骨干和优秀人才晋升困难

部分事业单位因历史原因超结构比例问题相对严重，加之近年来事业单位新进人员层次普遍较高，而单位岗位职数有限，叠加近年来向基层一线倾斜政策，进一步加大了消化的难度，致使一些业务骨干和优秀人才短期内难以聘任到位。比如，马鞍山市博望区教育、卫生系统专业技术人才众多，受岗位结构比例的限制，很多符合晋升条件的中级专业技术人员因职数短缺而无法评聘高级职称，同时由于乡村连续任教累计25年、累计30年可不受岗位比例限制进行评聘，青年教师晋升困难。此外，马鞍山市及所属县区事业单位工勤技能岗位受历史遗留因素影响，现有人员超岗位结构比例问题比较严重，其中市本级工勤技能二级、三级岗位分别超9人、117人，造成工勤人员晋升困难，用人单位诉求较强。

三　加强事业单位人事管理工作的建议与思考

（一）完善事业单位人事管理政策法规体系

结合贯彻落实《事业单位人事管理条例》，进一步修改完善和制定相关配套政策，保障事业单位在公开招聘、人员聘用、岗位管理等方面的自主权。同时加快聘用和岗位管理配套制度的建设，尽快出台事业单位竞聘上岗制度、聘用合同管理制度。针对事业单位人事管理中经常遇到的热点、难点问题和政策规定比较模糊的问题，比如受处分后聘任年限计算、辞聘解聘具

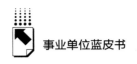
体程序、人员流动、事业单位政工专业岗位设置和工资待遇等，修订事业单位人事管理工作相关政策指导性意见，或是有针对性地出台政策解释口径，更好指导实践操作。进一步完善事业单位公开招聘制度，破除部门利益，维护公开招聘严肃性、公正性、统一性。

（二）加强事业单位聘用合同订立管理

专门组织力量，对事业单位聘用合同书进行修订，明确岗位职责、聘用条件、聘期、工资待遇等事项，对凡与相关法律法规不符的条文（如关于旷工时间的规定）进行修改，下发新版聘用合同，突出合同确定人事关系的作用。着重规范聘用合同订立、变更、续订等重要环节，畅通解除合同以及合同终止等人员出口，妥善处理好合同签订及履行过程中的各种矛盾。针对事业单位不规范不合理约定违约金、培训费、限定服务期等问题，明确要求事业单位要依法依规约定相应条款，确保聘用合同签订及履行规范有序。推行电子化合同管理，建立电子化合同管理系统，实现聘用合同的在线签订、审批、查询和统计等功能，提高聘用合同管理的效率和便捷性。同时，事业单位人事综合管理部门要指导事业单位工作人员认真学习、准确理解把握聘用制度的实质及要求，引导单位与职工按照聘用合同的约定切实履行权利与义务，使聘用合同真正成为事业单位人事管理的基本依据，真正把聘用制度落到实处。

（三）完善专业技术人员职称评聘相关政策

动态调控事业单位岗位结构比例，适当提高教育、卫生类事业单位专业技术岗位结构比例控制标准，与时俱进开展新一轮控制标准制定，进一步上调教育、卫生类事业单位中高级职称结构比例，缓解高级岗位聘任压力，确保教育卫生事业持续健康均衡发展。同时，为着力解决基层人力资源配置不均衡、服务能力较弱等问题，对在乡镇基层事业单位专业技术岗位连续工作满30年且具有中、高级职称资格的专业技术人员以及乡村教师、乡镇卫生院人员等相关类似人员在不受岗位比例限制进行评聘后，不占岗位职数，或将此类人员的职称评审与岗位聘任均单列，逐步消化，充分调动基层工作者的积极性，鼓励专业技术人才扎根基层、踏实工作。

（四）完善工勤技能岗位人员聘任相关政策

2022年，中共中央办公厅、国务院办公厅印发《关于加强新时代高技能人才队伍建设的意见》，提出"加强高级工以上的高技能人才队伍建设""用人单位在聘的高技能人才在学习进修、岗位聘任、职务晋升、工资福利等方面，分别比照相应层级专业技术人员享受同等待遇。"2023年5月，安徽省人力资源和社会保障厅、安徽省教育厅、安徽省财政厅《关于印发支持技工强省建设若干政策实施细则的通知》（皖人社秘〔2023〕118号），大力支持技能人才队伍建设。建议统筹提高事业单位技师以上岗位结构比例，专门用于聘用距离国家法定退休年龄不足两年、取得技师以上资格未聘人员，有效化解矛盾，体现人文关怀。

（五）加强政策培训和业务研讨

事业单位人事工作培训是提升事业单位人事管理人员专业能力和工作质效的重要途径。近年来，随着事业单位改革的深入推进，处分、考核等新政策新规定密集出台，有关事业单位人事管理政策分散在各行各业、各类政策文件中（比如教育、医疗卫生、科技等），要让新政新规落地生根，取得实效，必须加大政策培训和指导力度。同时，应就事业单位公开招聘组织实施、事业单位岗位管理以及事业单位人员考核、处分、申诉实施等重难点问题，常态化开展讲授式、案例解剖式专题学习研讨，同时利用现代信息技术手段开展网络直播、视频课程等多样化形式的培训，不断提高事业单位工作人员履职尽责能力，协调各地相关政策的执行尺度。

B.14
临夏州事业单位公开招聘工作实践与探索

马延忠*

摘 要： 自 2011 年甘肃省委办公厅、省政府办公厅印发《甘肃省事业单位公开招聘人员暂行办法》后，临夏州严格落实事业单位公开招聘政策，取得了较好的实践效果，基本上做到了"逢进必考"，在一定程度上杜绝了"人情招聘""内部招聘"等不良现象。虽然在具体操作过程中，也遇到了一些困难和问题，但随着我国事业单位改革的不断深化，事业单位人员招录更加坚定地实行公开招聘，逐步完善公开招聘制度及监督体系等，做到人员招聘更加公开、公正、透明，招聘程序更加规范有序，为事业单位招录到更加优秀的人才，促进事业单位更加快速、健康发展。

关键词： 事业单位 公开招聘 招聘监督 临夏州

自 2005 年《事业单位公开招聘人员暂行规定》（人事部令第 6 号）发布后，为进一步规范事业单位招聘行为，提高事业单位人员素质，甘肃省委办公厅、省政府办公厅在 2011 年印发了《甘肃省事业单位公开招聘人员暂行办法》，严格要求从下发之日起，凡事业单位新进人员必须实行公开招聘。

一 事业单位公开招聘的重要意义

事业单位公开招聘是事业单位人事制度改革逐步深化的必然结果，是规

---

* 马延忠，甘肃省临夏州人力资源和社会保障局事业单位人事管理科科长。

范竞争机制、转换用人机制和大力推行聘用制度的重要人事管理制度，事业单位公开招聘可不同程度地克服进人信息不公开、程序不透明、政府监管不到位等问题，扩大了事业单位选人用人的视野，拓宽了选人进人渠道，保证了事业单位新进人员的素质，优化了人才资源配置，切实体现了就业公平，维护了求职人员和用人单位的合法权益，保障了事业单位客观公正选用人才的渠道。

二 临夏州事业单位公开招聘工作经验

为规范事业单位公开招聘行为，中共甘肃省委组织部、省人社厅先后印发了《关于进一步规范事业单位公开招聘工作的通知》（甘人社通〔2016〕48号）、《关于进一步做好艰苦边远地区县乡事业单位公开招聘工作的通知》（甘人社通〔2017〕276号）和《关于进一步优化事业单位岗位管理和公开招聘工作的通知》（甘人社通〔2020〕208号），进一步对事业单位公开招聘工作进行了规范性要求，对临夏州等艰苦边远地区招聘工作出台了"三放宽、一允许"优惠政策，有效解决了临夏州等艰苦边远地区"招人难、留人难"的问题，为临夏州脱贫攻坚、全面建设小康社会和巩固脱贫攻坚成果与乡村振兴有效衔接等重大发展战略吸纳有用人才提供了政策保障。

2017年以来，临夏州严格按照《甘肃省事业单位公开招聘人员暂行办法》和省委组织部、省人社厅《关于进一步规范事业单位公开招聘工作的通知》（甘人社通〔2016〕48号）、《关于进一步做好艰苦边远地区县乡事业单位公开招聘工作的通知》（甘人社通〔2017〕276号）和《关于进一步优化事业单位岗位管理和公开招聘工作的通知》（甘人社通〔2020〕208号）等规定，坚持公平、公正原则，为各类事业单位公开招聘工作人员4936名，其中2017年354名、2019年3601名、2021年290名、2022年456名、2023年235名。在认真规范开展事业单位公开招聘工作的同时，积极解决招聘工作中存在的问题，不断优化措施，改进不足，取得了一定的成效和经验。

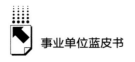

1. 加强组织领导，统一开展招聘

近几年，为确保全州事业单位招聘工作统一和规范有序，临夏州事业单位公开招聘工作一直由州上统一组织实施。每年根据州委州政府安排，由州委编办、州人社局向全州事业单位统一征集招聘计划、统一发布招聘公告、统一组织招聘考试。招聘工作开展前，州上成立由州委、州政府领导为组长，分管秘书长，州委组织部、州委宣传部、州人社、教育、卫健、公安、市场监管、文化广电、应急管理等 20 多个部门负责人为成员的公开招聘工作领导小组，统筹安排、统一组织招聘工作，领导小组下设办公室，办公室设在临夏州人社局，州人社局、州教育局、州卫健委主要负责人任办公室主任、副主任，具体负责组织招聘工作，通过各部门统一协作高质量完成招聘工作。

2. 严格编制管理，规范招聘行为

为了实现人才存量、工作需求、空缺编制等精准对接，根据《甘肃省事业单位公开招聘人员暂行办法》，全州每年原则上只开展 1 次事业单位公开招聘工作，由临夏州委编办、州人社局按照促进就业，盘活编制的原则，对全州事业单位空缺编制和岗位需求进行统一征集，严格按程序向省委编办上报本年度公开招聘计划，在省委编办审核批复的编制内开展公开招聘工作。

3. 严密制订方案，规范招聘流程

甘肃省委编办批复招聘计划后，在充分调研、广泛征求各成员单位意见的基础上由临夏州招聘办统一制定印发《临夏州事业单位公开招聘面试工作实施方案》，明确具体的公告发布、报名、资格初审、笔试、面试、资格复审、体检、公示等招聘程序及时间，以及各部门具体职责和工作任务完成时限，确保各招聘环节环环相扣，规范有序。根据《临夏州事业单位公开招聘面试工作实施方案》和《临夏州事业单位公开招聘工作人员公告》规定的各环节时间组织开展报名、资格初审、笔试、面试、政审、体检、公示、招聘录用等程序，促进招聘工作规范、高效进行。

4. 落实倾斜政策，招聘有用人才

根据国家和省有关艰苦边远地区公开招聘政策，着眼本州实际，在招聘过程中，充分落实省委组织部、省人社厅《关于进一步做好艰苦边远地区县乡事业单位公开招聘工作的通知》（甘人社通〔2017〕276号）和《关于进一步优化事业单位岗位管理和公开招聘工作的通知》（甘人社通〔2020〕208号）中艰苦边远地区招聘"三放宽、一允许"政策，在约定服务期限的前提下，对部分基层事业单位岗位适当放宽年龄、学历、专业进行招聘，并拿出部分岗位面向本州户籍考生招聘，对达不到开考比例的采取笔试前划定成绩合格线的办法进行招聘，确保基层事业单位人员招得来、留得住、用得上。

5. 落实单位用人自主权，加强政策监督管理

在甘肃省人社厅批复的招聘计划内，临夏州招聘办统一向各用人单位征集招聘岗位和招聘条件，由用人单位根据工作需要自主确定招聘岗位、自主制定招聘条件，按照深化事业单位人事制度改革要求，最大限度落实事业单位用人自主权。临夏州招聘办根据国家和省招聘政策加强监管，严防用人单位制定"萝卜招聘"和歧视性条件，确保招聘条件合理合法，最大限度保障招聘工作的公平、公正原则。

6. 强化宣传报道，注重公开透明

临夏州始终把宣传报道作为促进招聘工作公开、公正的重要手段，在临夏电视台、《民族日报》、州政府网站、州人社局网站、临夏教育信息网发布《临夏州事业单位公开招聘工作人员公告》，全方位转载宣传报道招聘内容，扩大群众和考生对招聘工作的知晓度，确保招聘计划、招聘岗位、招聘条件、招聘时间公开。

7. 加强协调配合，优化服务质量

笔试工作是招聘工作中参与人员最多、程序较繁杂、细节问题多、安全风险最高的环节，近几年因州人社局组织得力，配合到位，招聘笔试工作都能安全圆满完成，未发生过重大考试安全事故。每年组织笔试工作时，为确保招聘考试规范有序，州招聘办抽调各成员单位工作人员参与，成立考务组、试卷接送组、安全保卫组、电力保障组、信号检测组、医疗保障组、后勤安保组、应急工作组等工作机构，各工作组分别制订符合实际的工作方案，确保笔试工作安全顺利完成。笔试工作根据考点、考场设置情况和工作需要抽

调工作人员，在 2019 年组织近年最大规模的统一招聘时，由于招聘人数达 3600 人，报名人数 3.4 万余人，全州共设置 4 个考区，分类设置 23 个考点，其中综合类和卫生类其他岗位笔试在临夏市举行，医疗卫生类医学医技岗位笔试在永靖县举行，教育类笔试在临夏县、和政县举行，共设置考场 1020 个，共抽调工作人员 4300 多人，为确保笔试工作顺利开展，州招聘工作领导小组在考前多次组织召开部门工作协调会和推进会，统一思想，提前谋划，明确部门职责，落实工作人员职责，圆满完成了临夏州历史上招聘人数最多、报名人数最多、抽调工作人员最多的一次招聘考试，本次考试也是对全州各部门协调配合能力和工作人员工作素质的一次实践考验。

在每次笔试、面试开考前，州招聘办及时在相关网站和媒体印发《临夏州事业单位公开招聘工作考生考试指南》《临夏州事业单位公开招聘考试气象服务》《临夏州事业单位公开招聘工作温馨提示》，指导考生提前做好考前准备，为考生提供考场分布、乘车路线、周边住宿就餐地址及联系方式、气象等相关信息，着力为考生提供各项便利。考试期间对考点周边环境进行综合治理，相关部门督促考点周边建筑工地停止施工，考点周边及重点路段实行交通管制，最大限度为考生提供优良考试环境和优质高效服务，得到了考生和家长们的一致好评。

8. 紧盯关键环节，提高招聘质量

临夏州人社局把依法规范、公平、公正作为招聘工作的关键，严把关口，规范程序，杜绝各类违纪事件的发生。一是严把资格审查关。在组织报名、体检和聘用时，着重审查参考人员的"三证"，即身份证、毕业证、资格证，针对假文凭、假学历现象，采取网上学历查验，确保考生资料真实可靠。二是严把考试关。笔试、面试均委托第三方机构命题、制作、印刷，试卷在临期间严格按密级文件管理规定保管运送，笔试考场按高考标准设置，统一抽调笔试主、监考教师，在考前由纪检部门工作人员临时抽签确定监考教师考场，防止考前打招呼等违规违纪问题发生；面试考官由州委组织部统一抽调，并对抽调的考官在通知当天在指定的宾馆集中统一封闭管理，所有抽调考官手机等通信工具由招聘办统一收缴管理，直到面试工作全部结束，必要时与其他兄弟市州进行考官交流，确保面试工作公平、公正。三是严把体检关。采取统一体检的方式，专门安排医院统一开展，强化纪律，加强对体检医院的保密，由纪检公安部门全程监督，对体检人员进行抽签编号，防止考生与医生提前接触，避免体检中的人情关等违法违规行为。四是严把考察录用关。重点审核考察聘用人员的政治思想、道德品质、人事档案、违法记录等，有效保证了聘用人员的思想政治和道德品质。五是坚持公开透明。对笔试、面试成绩和符合招聘条件人员在州人民政府网站等相关网站进行全面公布、公示，全方位接受社会监督，牢固树立"零纰漏、零差错、零事件"底线意识，精心组织、扎实举措，努力营造公开、公平、公正的招聘氛围。把事业单位公开招聘工作做好、做扎实。

9. **严肃考风考纪，净化考试环境**

为招聘考试营造良好的社会环境，杜绝考试中存在的高科技作弊现象，由公安、市场监管、文广、教育等部门考前对违规开设的培训班进行清理整顿。为保障招聘笔试公平、公正，对考生实行"裸考"，招聘办足额为考生购置配备考试文具，在考点和考场配置屏蔽器和金属探测仪，考点设置安检通道，考生进考场时实行耳蜗检测，坚决杜绝利用高科技设备违纪作弊行为，对招聘全过程邀请纪检监察部门监督。特别是在 2019 年事业单位公开招聘考试中，配合公安部门侦破了"7·03"组织考试作弊案，成功抓获了一个利用微信朋友圈发布出售考试作弊器材信息、预谋兜售考试答案的犯罪团伙。根据有关招聘规定，对向组织考试作弊的犯罪团伙传递个人资料、约定事后支付资金协议的考生做出"取消本次考试资格，且三年内不准参加临夏州组织的各类公职招聘考试，并记入个人诚信档案"的处罚。进一步净化了考试环境，有效震慑了考试作弊行为。

三　事业单位公开招聘工作中存在的问题及对策

1. 招聘考试组织难度大

由于公开招聘工作社会关注度高，招聘组织工作程序烦琐，从报名、资

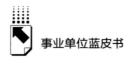

格审核、组织笔试、面试和体检等环节都需要各招聘成员单位和大量的工作人员参与。虽然招聘工作全州统一进行，但实际具体招聘工作一直由州人社局负责组织实施，由于各招聘单位从思想上认为招聘工作是人社部门的责任，因人员缺乏、本职工作繁忙等，人社部门在开展招聘前期准备工作中存在抽人难、任务重、压力大等问题。同时，因国家财经制度和过紧日子的要求等，考试工作在招聘经费支出、保障和设备购置等方面存在较大问题。下一步需加强临夏考试院建设，完善招聘考试各项制度，争取财政资金支持，才能使事业单位公开招聘考试工作真正实现专业化、规范化。

2. 非法作弊难以防范

目前临夏州缺少先进的考试设备，工作人员素质参差不齐，各环节都不可避免地存在风险漏洞。如考生进入考点或考场时，因金属探测仪、耳蜗检测设备质量差、考生进场数量大、工作人员失误等一些铤而走险的考生将作弊器材等带入考场，致使作弊或试题外泄发生，造成整个招聘工作的失败。虽然在每次招聘考试中对非法组织作弊行为进行严厉打击和严密防范，但还是存在部分非法组织拉拢考生利用高科技作弊的问题，临夏州无线电管理部门目前缺乏足够的监测车辆和设备，不能在每个考点进行定点信号监测，只能在多个考点进行流动监测，造成笔试工作中信号监测工作漏洞，为违法人员留下了可乘之机。对以上问题，一是考前制定严格的入场程序，加强对入场监测工作的演练，进一步提高工作人员的防范意识和监测质量，避免开考时考生数量多造成工作人员顾此失彼，出现考生蒙混过关的情况，确保考生入场安全监测扎实有效；二是要会同公安部门对有组织的非法作弊集团进行严厉的打击，按照国家法律严查严判利用高科技手段非法组织作弊集团，加大对作弊参与考生的处罚力度，从源头防止作弊行为；三是在条件允许时加强监测设备的购置，或与附近兄弟市州加强协作，合理调度使用监测设备，确保招聘工作安全顺利完成。

3. 招聘条件的制定需规范

近几年，临夏州事业单位实行公开招聘已经取得了较好的实践效果，基本上做到了"逢进必考"，坚决杜绝了"人情招聘""内部招聘"等不良现象。事业单位用人方式得到了极大规范。但部分招聘单位制定招聘岗位条件不严谨，未进行深入研究，对招聘政策理解不到位，导致招聘专业条件与招聘岗位不相符，存在"因人画像"和"萝卜招聘"的嫌疑。针对此类问题，需要人事综合管理部门加强监管，严格审核用人单位招聘条件，规范招聘行为，确保招聘工作公平公正。

4. 面试团队建设不足

面试环节在整个招聘过程中占有重要的地位，目前参与临夏州事业单位招聘的面试官主要是由省委组织部和省人社厅培训后取得考官资格证的。因近几年培训数量少，加之有些已退休或到县市担任党委、政府领导等，面试官数量不能满足招聘面试的工作需求。针对面试官不足问题，建议由面试官培训管理部门加强面试官统筹安排，制订定期培训计划，逐步健全面试官人才储备库。在条件允许的情况下也可借助专门招聘机构开展相关工作。

临夏州事业单位公开招聘已取得较好的实践效果，基本上做到"逢进必考"，在一定程度上杜绝了"人情招聘""内部招聘"等不良现象。虽然在具体操作过程中，也暴露了一些问题，但随着我国事业单位改革的不断深化，事业单位人员招录更应坚定地实行公开招聘，逐步完善公开招聘制度及监督体系等，做到人员招聘更加公开、公正、透明，招聘程序更加规范、有序，为事业单位招录到更加优秀的人才，促进事业单位更加快速、健康发展。

改革探索篇

B.15
北京协和医学院准聘长聘
教职体系改革实践与思考

王健伟 马春雨 王莹莹 李 春 王 辰*

摘 要： 准聘长聘制度起源于美国，现为很多国际顶尖医学院校施行的教职聘任制度。北京协和医学院自 2019 年开始在国内率先开展覆盖全医学领域的准聘长聘教职体系改革，经过 5 年的探索实践，准聘长聘教职队伍初具规模，形成了较为完善的制度体系，有力推动高层次人才引育，在学校科技创新、教育教学、高质量内涵式发展等方面发挥了重要的支撑作用，也积累了较为丰富、深刻的改革经验。基于此，本文对准聘长聘教职改革深入推进，取得更大实效提出了意见和建议。

---

* 王健伟，中国医学科学院北京协和医学院副院校长，长聘教授、研究员，主要研究方向为医学病毒学及科研管理；马春雨，中国医学科学院北京协和医学院人事处处长，主要研究方向为人事人才管理；王莹莹，中国医学科学院北京协和医学院人事处副处长兼教师工作部副部长，副研究员，主要研究方向为人事人才管理及教师管理；李春，中国医学科学院北京协和医学院人事处干部，副研究员，主要研究方向为卫生事业管理；王辰（通讯作者），中国医学科学院北京协和医学院院校长、中国工程院副院长，中国工程院院士、长聘教授、主任医师，主要研究方向为呼吸病学与危重症医学。

关键词： 医学院校　准聘长聘　教职改革　协和实践

党的二十大报告将教育、科技、人才三位一体部署，并作为"全面建设社会主义现代化国家的基础性、战略性支撑"进行统筹布局，党的二十届三中全会对科技创新的任务部署特别强调"要有力统筹教育、科技、人才工作"。教育是基础，科技是关键，人才是根本，三者有机统筹推进，才能系统地、最大限度地支撑现代化国家建设。高校作为我国原始创新的主渠道和创新人才培养的主阵地，在卓越人才培养和科技创新方面应积极主动作为，建设国际一流师资队伍和人才队伍。这也是深入落实党的二十大强调的教育、科技、人才三大战略的重要着力点和发力点。

医学院校教职体制机制改革是一项复杂的系统性工程，准聘长聘教职制度已成为被国内外知名高校广泛应用的一种新型教职聘任体制机制，部分国内医学院校也渐次改革实施。北京协和医学院深入贯彻落实党的二十大、二十届三中全会和中央人才工作会议精神，以准聘长聘教职体系改革为着力点，统筹资源、重塑医学教职体系，凝聚构建国际一流的师资队伍，推进国家医学科技创新体系"核心基地"、世界一流医学院校建设，为深入实施新时代人才强国战略，落实健康优先发展战略，建设世界重要人才中心和创新高地提供坚实的人才保障。作为国内首个在全医学学科领域全面施行准聘长聘教职体制改革的医学院校，自 2019 年 2 月实施改革至今，初步成效显现，取得了阶段性的成果，并积累了一定的实践经验。

一　准聘长聘教职体系的起源及发展

（一）准聘长聘教职的概念

准聘长聘（Tenure-track）制度在多个世界科技先行国家被高校采用、施行，通过一定的试用期，遴选出符合学校要求的优秀教职人员，对其进行

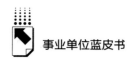

长期聘任（Tenured）并给予优厚的教学科研资源、充分的经济保障和较高的学术自由度。从高校管理角度看，这是一种新型的教职体制机制，是高校培育优秀师资力量和人才队伍的一种新路径和新手段。该机制引进国内后，翻译为"准聘长聘"制，也有的学校翻译为"预聘长聘"制。"长聘教授（教职）"也曾被翻译为"终身教授（教职）"。

（二）准聘长聘教职体系的起源与发展

1915 年在哥伦比亚大学召开会议，成立了美国大学教授协会（American Association of University Professors，AAUP），为准聘长聘教职体系的建立和发展做出了重要贡献。该协会是由教师和专业人士组成的非营利性社会组织，其总部位于美国华盛顿，由著名哲学家约翰·杜威（John Dewey）担任首任会长。协会的宗旨和使命是增进美国专家学者的学术自由和共同治理，明确高等教育的基本职业价值及标准，提升高校的教学质量等。经过广泛讨论，AAUP 于 1940 年发表了著名的"学术自由与长聘教职原则声明"（Statement of Principles on Academic Freedom and Tenure）。该声明指出，提供"长聘教职"对保障教师的学术自由非常重要。声明中还对长聘教职的定义、试用期时长等内容做了明确的规定。例如，通过充分的经济保障以吸引有才华的人才进入教授岗位；准聘试用期不超过 7 年，期满考核通过后应该获得长聘教职。只有在学校发生严重财务危机，或教授存在严重问题的情况下，长聘教职才可以被校方解聘。该教职制度的建立，在保障学术自由和权利方面发挥了重要作用，已成为美国大学教育体系改革的标志性成果。

1998 年，AAUP 发布《长聘教职后评估：美国大学教授协会的回应》，为实施的高校提出了切实可行的终身教职后评估原则，在美国高校广泛推广应用。截至 2000 年，美国 37 个州的州立高校已经完成或者正在研究制定相关制度。

准聘长聘教职体系的要点包括：①发挥学术共同体作用，在岗教师对拟引进的人才是否适合来校工作进行面试和评议，重点思考"是否愿意与其成为长期同事"，获得在岗准聘长聘教师的充分认可后方可聘任；②设定一定试用期，即准聘期，一般为 5~7 年，试用期满考核合格者授予长期教职；③申请教职岗位聘任和岗位晋升时，需获得一定数量的国内外高水平大学所申请岗位及以上教职同行的推荐；④准聘岗位晋升长聘岗位、长聘副教授晋升教授，需实施细则选定的学术对标机构中获得拟晋升岗位及以上教职的教师进行同行评议；⑤各岗位教师对同级别及以下级别的教师具有学术评议权；⑥长聘教师可享受较好的生活和工作待遇，如享受学术休假等。

（三）国内准聘长聘教职体系的应用与实践

20 世纪 80 年代，我国各高校陆续开展高校人事制度改革，借鉴学习国外高校改革的先进经验，国内部分高校将"准聘长聘"教职聘任制度引入国内教职体系，试点推进准聘长聘教职聘任改革。该教职体系的引入，打破了高校传统用人模式及高校教师"铁饭碗"的情况，为高校在教师管理上实现教师队伍"有上有下、有进有出、优进劣汰"的良性循环提供了制度保障，充分激发了青年教师的科研潜力，对促进科学研究、教育教学和学科建设等发挥了重要作用。2018 年，中共中央、国务院印发《关于全面深化新时代教师队伍建设改革的意见》，提出推行高等学校教师职务聘任制改革，加强聘期考核，准聘与长聘相结合，做到能上能下、能进能出。

近年来，清华大学、北京大学、上海交通大学等国内部分顶尖高校走在改革前列，陆续启动实施了准聘长聘教职聘任制度。但因医学学科及人才评价的特殊性和复杂性，未覆盖临床医学等全医学领域。2019 年 2 月，北京协和医学院在充分调研国内外经验的基础上，结合自身实际，率先在全国完成了覆盖全医学学科领域的准聘长聘教职体制机制改革，涵盖基础医学、生物学、公共卫生与预防医学、药学、临床医学、护理学、生物医学工程等学科。

（四）准聘长聘教职体系的创新人才培养优势

准聘长聘教职体系，由准聘期和长聘期两部分组成，分别对应准聘教职和长聘教职，共有助理教授、副教授、教授 3 个层级 4 类岗位。助理教授是

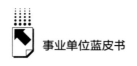

准聘岗位，教授是长聘岗位，副教授可以是准聘岗位也可以是长聘岗位。

青年教师首次聘任，一般先进入准聘教职。经过学校 5~7 年准聘期的精心培育，将在准聘期结束后参加聘期晋升考核，通过后晋升为长聘副教授或者长聘教授岗位。对于高校而言，准聘教职岗位的设置提供了一个重要的时间窗口期，可以对遴选出来的符合该校人才标准、具有较大培养潜力的青年教师予以充分的考察和培养。在此阶段，高校给予青年教师优厚待遇、充足的科研支持及学术指导，为其快速成长提供良好的条件和环境。通过准聘期的培养和考察，遴选出符合高校发展目标和战略定位的优秀人才，聘任为长聘教职。被授予长聘教职的教师，相当于获得了高校长期聘任的承诺，并获得较好的薪酬待遇、科研及教学条件的保障，使其不受其他因素影响，可以根据学术兴趣点进行长期的、潜心的、专注的学术研究，取得"十年磨一剑"的重大学术成果。

通过这样的职业路径，有才华的青年人才将获得更快、更好的发展机会；高校也可以培育和遴选出最优秀的师资力量。因此，准聘长聘教职体系在世界高水平大学，如哈佛大学、耶鲁大学等广为实行。清华大学教育研究院王传毅和石岚的论文中写道，在"预聘—长聘"制度下，2006~2016 年，西方高校的学术出版物数量增加了 56%，可见该制度对科研工作者的激励成效。2006~2012 年，历时六年多时间，清华大学经管学院分三步设计和实施了准聘长聘教职人事制度改革，自 2012 年起实施准聘长聘教职体系下的教师聘用和晋升，人才培养取得了显著成绩。

二　北京协和医学院的准聘长聘教职改革实践

（一）北京协和医学院概况

1917 年，北京协和医学院奠基并开始招生，1921 年，耗资 750 万美元的全校建筑群落成。作为中国现代医学教育、科学医学（Scientific Medicine）的发源地，北京协和医学院自建校以来秉持一贯的国际一流的人才要求及教师标准，建校宗旨为建设可与欧美最优秀的医学院校相媲美的高水平医学教育。在 1921 年的开幕典礼上，校长胡恒德在致辞中指出，学校的主要任务是教学，同时要进行科学研究。洛克菲勒二世在开幕典礼上强调，学校的任务主要是培养高级的师资、优秀的医师、科学研究的人才。

中国医学科学院成立于 1956 年，其前身为中央卫生研究院，是新中国成立后最早成立的三大科学院（中国科学院、中国农业科学院、中国医学科学院）之一。中国医学科学院与北京协和医学院（以下简称院校）自 1957 年起实行院校合一的管理体制，是我国最高医学研究机构和领衔医学教育机构。多年来，为我国医学研究和医学教育事业发展做出了重要贡献。院校已发展成为拥有 21 个研究所、6 家附属医院、10 所学院、106 个院外研发机构，集医教研产于一体的国家级综合性医学科学研究机构。截至 2023 年 12 月，院校在职专技人员 1 万余人。

（二）改革背景及目的

院校的核心任务是建设我国医学科技创新体系核心基地和世界一流医学院校，一流的人才队伍是发展的关键。对标院校核心任务需求，长期以来存在高层次人才总量不足、领军学术人才缺乏、人才队伍创新活力不强等问题，已成为制约院校发展的关键因素。为解决人才发展的突出矛盾和瓶颈问题，落实国家关于教师队伍建设改革的要求，强化医学研究与医学教育的深度融合，建设现代人才管理制度，借鉴国内外顶尖高校先进经验，贯彻"适类适法、适才适所"的人才工作方针和"聚才、育才、选才、养才、用才、成才"的人才工作理念，院校试点实施准聘长聘及相关教职聘任制度改革，在压力与激励并存的环境中建立胜任核心基地和世界一流医学院校建设要求的高水平师资队伍，以此推动院校教育教学、学科建设、科技创新、资源配置等各项改革。

（三）教职体系岗位设置

为建设具有一流学术水准的师资队伍，加快提升医学研究和医学教育水

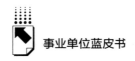
平，健全教师职业发展路径，遵循临床医学教育教学特点和规律，建立了以分系列管理、分类评价为基础的教职聘任体系。在临床、研究、教学等传统职称的基础上，实行增量改革，增加设立国际高水平医学院校普遍实行的准聘长聘教职。

其中，准聘长聘教职制度体系设置四个岗位，分为准聘系列和长聘系列。准聘系列岗位包括助理教授（Assistant Professor）、准聘副教授（Tenure-track Associate Professor），聘期一般为 6 年，通过严格的考核后可聘任长聘岗位。长聘系列岗位包括长聘副教授（Tenured Associate Professor）和教授（Professor），一般可聘任至退休。通过具有淘汰机制的准聘岗位识才辨才，通过长聘岗位爱才用才，确保在压力与激励并存的环境中择优选拔一流的教师队伍，在兼顾科研自由和遴选能够承担国家重大科技创新使命优秀人才的平衡中，实现了教师个人发展和高校根本任务的双赢，为解决新时期高校高层次人才队伍建设问题，提高人才队伍内涵式发展，更好践行立德树人根本任务提供了一条行之有效的路径。

（四）教职体系改革主要原则与基本考虑

1. 坚持"优化机制，教研并重"

秉持北京协和医学院建校宗旨，强调"教学是教授第一学术职责""教学与研究并重"，通过工作机制的建设，引导高水平研究人才投入更多精力。强化"以本为本"，在准聘长聘教师岗位聘任合同中，将本科生授课任务纳入岗位考核内容。充分发挥年度考核、聘期考核指挥棒作用，设置教学考核"负面清单"，对教学事故、严重违反师德师风等行为予以严肃处理。

2. 坚持"守正创新，增量改革"

为医教研人员设计多样化发展路径和上升通道，既激发创新活力，又尊重个性化发展和个人职业理想。兼容国家传统职称体系和准聘长聘新型教职体系，兼顾现有人员和引进人才，用"加法"拓宽人才职业发展道路，降低改革阻力，提高改革成效。2019 年 2 月，实行准聘长聘教职改革之前已聘医教研人员可根据自身情况"自主选择"是否申报及申报的准聘长聘教职岗位类型,即科研人员和教学人员可分别在已聘的研究系列或教学系列的基础上申请准聘长聘教职,临床人员可在已聘临床系列职称的基础上申请准聘长聘教职或临床医学教职。

3. 坚持"尊重规律、科学评价"

根据医学人才成长规律,科学研究周期和医学研究特点,运用国际通用、广泛认可的分类评价、代表性成果评价、同行评价等方式,在评价标准上以品德、能力和业绩为导向,结合国际先进经验,对学术成就、贡献和影响力等进行综合考量。完善同行专家评议机制,对申请长聘岗位的候选人,实行国际对标机构的同行专家评议制度。

4. 坚持"制度保障、配套齐全"

提供全方位、多样化的科研保障及优厚的工作待遇。建立科学合理的薪酬模式,对准聘长聘系列教师实行年薪制,打造具有国内外竞争力的薪酬体系,发挥薪酬制度的激励导向作用,吸引和稳定人才。建立健全配套支持措施,给予引进人才较优厚的安家费和科研启动经费,充分尊重人才,体现人才价值,为人才解决后顾之忧,支持其潜心开展前沿性、探索性、原创性科学研究。

(五)主要改革举措

在充分调研国内外知名高校的经验与做法的基础上,于 2018 年 7 月正式启动此项改革工作,采取了如下举措。

1. 建立健全规章制度,规范组织保障体系

经过充分调研、摸底测算、征求意见、修改完善、宣传动员、沟通协调,制订了改革方案,印发了包含改革意见、实施细则、待遇保障、考核激励等在内的全流程准聘长聘教职聘任考核工作各方面的制度文件,总计 20 余项。着力建设学术评价共同体,指导全部二级所院成立教授委员会,固根基、扬优势、补短板、强弱项,固化改革成果,形成科学严谨的制度矩阵,构建系统完备、科学规范、运行有效的制度体系,为准聘长聘制度改革在高

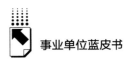

质量发展之路上行稳致远提供了坚固而科学的制度保障。

2. 成立专家学术委员会，保障学术评价专业性

为保障有效推进改革，从院校、所院层面设立较为完备的专家学术评价体系。院校成立准聘长聘及相关教职聘任制度改革领导小组、工作小组、技术咨询专家组、教职聘任委员会和薪酬委员会。所院成立改革工作小组、聘任工作组和薪酬委员会。

3. 充分发挥所院作用，稳健梯次推进改革

院校和所属研究所、医院、学院（统称"所院"）合理分工，充分发挥所院作为用人单位的作用。院校制订总体方案，改革方案中的共性部分，由院校统筹考虑；所院根据院校的总体方案制定实施细则，体现学科差异的部分，由所院在广泛征求医教研人员意见的基础上制定，经院校批复后实施。按照分步实施，"成熟一个，实施一个"的原则，截至2023年底，现有200余名准聘长聘系列教师，分布于7个医学一级学科、47个医学二级学科。

4. 实施博士后体制改革，建设后备人才梯队

将优秀博士后人员作为院校新增科研人员的主要来源，畅通职业发展路径，灿烂其前程。将博士后人员作为准聘长聘教职队伍的重要"后备军"和"蓄水池"。对出站时满足准聘长聘系列教职聘任条件者，可申请助理教授岗位；成绩特别突出者，可直接申请准聘副教授岗位。获聘者按照引进人才待遇给予薪酬、安家费、科研启动费等各项支持。

5. 采取"一事一议"的方式，畅通申报绿色通道

对国内外优秀申请者中院校急需紧缺人才，采取"一人一策""一事一议"的方式，引进人才准聘岗位评审，常规每年举办两次；引进人才长聘教职岗位申报系统常年开放，根据评审需求，建设绿色通道，随时组织开展专家评审工作，确保人才岗位申报和聘任工作快速完成。这体现了对人才的尊重及"求贤若渴，聚天下英才而用之"的协和优良传统。

（六）改革初步成效

通过遴选最优秀的人才进入教职岗位，明确其教学任务，激发了教

授们重视教学、回归教学的热情，教授们积极主动承担教学工作。以2020年为例，春季和秋季学期，57.4%的准聘长聘教师承担了本科生课堂教学任务，承担课堂教学任务的高层次人才比例大幅增加。通过改革人才聘用机制和晋升机制，引入竞争机制，初步形成激发创新活力的学术氛围。教职聘任制度改革与院校全球人才招募计划深度链接，大批国内外中青年医学菁英报名申请各类准聘长聘教职岗位，对人才的凝聚效应已初步显现，引进人才在准聘长聘教职总数中占比为37.0%；人才结构不断优化，准聘岗位教职在准聘长聘教师总数中占比为55.2%，国家级高层次人才项目入选数量较改革前增加超过1倍。2019~2023年，院校138人次入选爱思唯尔（Elsevier）中国高被引学者（Highly Cited Chinese Researchers），其中准聘长聘教师有98人次，占比为71.0%；院校20人次入选科睿唯安（Clarivate）全球高被引科学家（Highly Cited Researchers），其中准聘长聘教师有16人次，占比为80.0%。高层次人才总量不足、活力不强的局面得到初步扭转。

三　有关思考与建议

根据国家医学教育和科研发展方向，结合"十四五"规划重点任务和教师队伍建设的改革要求，不断深化体制机制创新。下一阶段将重点从以下几个方面进行探索和实践。

（一）加强教职体系调查研究

及时学习采纳国内外先进改革经验，明确清晰改革理念，推进学术共同体建设，分步实施，稳中有进，以进促稳，不断完善体制机制，充分发挥教师治校作用，建立中国特色、国际先进的教职聘任体系。

（二）坚持人才工作的全球视野

秉承"适才适所、适类适法"的工作理念，通过"募育结合，全球选

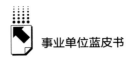
贤"的工作方式，将准聘长聘教职改革与全球人才招募计划紧密结合，吸引全球医学科技创新高端人才加盟，提高师资队伍的国际化水平。

（三）完善优化考核评价体系

在学术比较对象设置、评价指标、评审形式、评价内容、考核结果应用等方面不断探索，减少学历等限制性条件，弱化人才"帽子"等二手指标，注重高质量论文和标志性科研成果等"一手指标"，引导教师坚持"四个面向"，甘坐板凳十年冷，取得原创性、引领性科技成果。

（四）加强对人才的全方位支持

为人才提供优厚的待遇保障和潜心科研的经费支持及多样化资金保障，消除后顾之忧，去除非学术性因素的干扰，充分激发其内生动力和创造力；搭建人才交流平台，构建跨学科交叉体系，促进交叉合作，为其科技创新提供良好的生态环境；为年轻教师聘任学术导师，提高人才成长效率。

参考文献

甘永涛：《美国大学教授协会：推动共同治理制度的重要力量》，《高教探索》2009年第3期。

王传毅、石岚：《美国高校"预聘—长聘"晋升评估的经验与启示》，《高等教育评论》2021年第2期。

清华大学技术创新研究中心、深圳人才集团：《中国创新人才指数2022》（China Innovative Talents Index），2022。

钱颖一：《大学人事制度改革——以清华大学经济管理学院为例》，《清华大学教育研究》2013年第2期。

由由：《大学教师队伍建设中的筛选机制——以美国五所世界一流大学为例》，《北京大学教育评论》2013年第4期。

阎光才：《学术共同体内外的权力博弈与同行评议制度》，《北京大学教育评论》2009年第1期。

王思懿、张爽：《多重制度逻辑下高校教师人事场域的改革变迁》，《河北师范大学学报》（教育科学版）2022 年第 2 期。

《中共中央办公厅 国务院办公厅印发〈关于分类推进人才评价机制改革的指导意见〉》，2018 年 2 月 26 日，http：//www. gov. cn/zhengce/2018-02/26/content_5268965. htm。

《人力资源社会保障部 教育部关于深化高等学校教师职称制度改革的指导意见》，中国政府网，2021 年 1 月 27 日，http：//www. gov. cn/zhengce/zhengceku/2021-01/27/content_ 5583094. htm。

陈先哲：《学术锦标赛制：中国学术增长的动力机制与激励逻辑》，《高等教育研究》2017 年第 9 期。

张洋磊：《大学跨学科学术组织冲突的特征及其成因》，《高等教育研究》2018 年第 7 期。

B.16
天津市公益类检验检测
事业单位改革实践与探索

张　涵　孙洪臣　郑宏　张　骏　张玉婷*

摘　要： 2019 年至今，天津以推进事业单位机构职能优化协同高效为着力点，坚持瘦身和健身相结合，优化布局结构，强化公益属性，科学配置公益服务资源，促进公益事业单位平衡充分发展。通过跨部门整合共性事业单位，将不同部门分散设置、重复建设、功能定位相同相近的相关单位进行整合，实行集中统一提供服务。天津市市场监督管理委员会承担了对全市具有公益属性检验检测事业单位的整合任务，完成了新组建单位的人员转隶、岗位设置、人员聘用、绩效工资核定等工作，改革稳妥有序。但仍存在内部整合不彻底、资源共享机制不完善、科研创新水平不高、市场竞争力不足等问题。下一步要持续深化机构整合优化、加速专业人才集聚、夯实检验检测能力、提升科技创新水平，更好地在保障民生、服务企业、支撑监管方面发挥作用。

关键词： 公益类检验检测机构　事业单位改革　人才队伍建设

一　改革概况

天津市市场监督管理委员会（以下简称"天津市市场监管委"）是

---

* 张涵，天津市市场监督管理委员会党组成员、副主任；孙洪臣，天津市市场监督管理委员会组织干部处、人事处处长、二级巡视员；郑宏，天津市市场监督管理委员会人事处副处长、二级调研员；张骏，天津市市场监督管理委员会人事处一级主任科员；张玉婷，天津市药品检验研究院主管药师。

2018 年天津市机构改革中将原市市场和质量监督管理委员会（市食品安全委员会办公室）的职责、市发展和改革委员会的价格监督与反垄断执法职责，以及市商务委员会的经营者集中反垄断执法职责等整合而新组建的政府组成部门。

2019 年，为推动天津市检验检测高技术服务业做大做强，提升市场竞争力和影响力，根据天津市委编制委员会印发的《天津市市级检验检测机构改革方案》（津党编发〔2019〕69 号）及《关于改革调整市市场监管委所属公益类事业单位有关问题的通知》（津党编发〔2019〕104 号），在食品安全、产品质量、计量、特种设备等领域，以天津市食品安全检测技术研究院、天津市产品质量监督检测技术研究院、天津市计量监督检测科学研究院、天津市特种设备监督检验技术研究院等单位为基础，分别整合其他部门的相关检验检测机构。将委属天津市津南药品检验所等 7 个区级药检所并入天津市药品检验研究院。改革后，天津市市场监管委直属公益类检验检测事业单位共 6 个，形成覆盖食品、产品质量、计量、特种设备、药品、医疗器械等领域，布局合理、实力雄厚、公正可信，适应"统一大市场"的检验检测机构新格局。

二　改革成效

自 2019 年改革以来，委属各公益类检验检测事业单位在稳步推进人员调整、资产并转、部门重组等工作的同时，着力从加快人才集聚速度、夯实检验检测能力、搭建科研创新平台、提升技术服务水平等方面深化改革，实现从"物理整合"到"化学融合"的转变，改革成效显著。

（一）检验检测队伍不断壮大，高层次人才加速集聚

改革后，6 家单位核定事业编制 1582 个，内设机构 79 个。截至 2023 年 12 月 31 日，在岗工作人员 1865 人，其中博士学位 48 人，硕士学位 481 人，学士学位 678 人。2019 年以来，共引进高层次人才 41 人。在

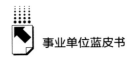
"筑巢引凤"集聚人才的同时，加大人才培养力度，淬炼科技创新队伍。积极"走出去"，选派优秀青年技术骨干到总局直属单位进修锻炼；主动"请进来"，开展关于重点产业领域和前沿科技的专题培训、学术研讨会，举办"名家讲坛""食检大讲堂""药品监管小课堂"等活动。努力造就创新领军人才，形成"领头雁"效应，积极推荐申报享受政府特殊津贴人员、天津市杰出人才等称号。厚植人才培育沃土，深入推进博士后科研工作站建设，与知名高校合作，吸纳优秀青年博士进入博士后科研平台开展研究工作。融入京津冀协同发展战略，建设三地专家库，定期组织专业人才交流互鉴。优化人才评价机制，健全完善评价体系，畅通职称晋升渠道，在工程技术系列职称评委会增设药品检验子专业，开辟了职称评审新通道。

（二）检验检测能力不断提升，检验项目资质持续扩充

坚持质量和效益优先，持续推进各专业领域能力建设，不断提升技术水平和资质覆盖。在食品、农产品、工业产品、特种设备、药品、化妆品、医疗器械等领域，取得检验资质3000余项，通过检验检测资质认定和实验室认可的标准和参数达25000余项，为服务市场监管、提供高质量检验检测服务奠定了坚实的技术支撑和资质保障。

（三）搭建高端科研平台，营造创新发展环境

积极推动国家级检验检测中心、国家级及市级重点实验室、博士后科研工作站、创新中心等科研平台，与高层次人才引进工作形成联动，提高科技创新能力和核心竞争力。目前，拥有国家级检验检测中心13个、博士后创新研究工作平台4个，建成国家药监局无源植入器械质量评价重点实验室，在建国家市场监管重点实验室（特种设备数字孪生共性技术）和天津市食品安全监测技术重点实验室，规划建设国家市场监管重点实验室（光纤传感计量测试技术）。积极建立创新中心及"产学研用"一体化科技创新平台，实现企业、高校和科研院所"协同—创新—转化"闭环机制。

（四）提高科研水平，突出公益属性，强化服务市场监管的技术支撑作用

围绕各检验领域主责主业，聚焦市场监管"卡脖子"难点问题，积极在科研创新、技术攻关、标准制（修）订等方面发挥技术支撑作用。2019～2023 年，科研立项 272 项，科技成果转化 6 项，发表论文 808 篇，授权专利 179 项，承担标准制（修）订 426 项。

（五）优化营商环境，对接产业链升级需求，助力企业高质量发展

天津市食品安全检测技术研究院（以下简称"市食检院"）作为国家及天津市中小企业公共服务示范平台、工业和信息化部第四批产业技术基础公共服务平台，截至 2023 年 12 月，已累计服务中小企业千余家次，出具委托检验报告 3 万余份，减免委托检验费 300 余万元。天津市产品质量监督检测技术研究院（以下简称"市质检院"）开展公益性服务或低收费服务，获评市中小企业公共服务示范平台单位，同时还建立了天津市自行车和电动自行车产业"一站式"综合服务平台。天津市计量监督检测科学研究院（以下简称"市计量院"）牵头推进质量基础设施"一站式"服务平台建设，打造集计量、标准化、检验检测、认证认可于一体的质量基础设施集成服务体系。天津市特种设备监督检验技术研究院（以下简称"市特检院"）成立业务发展团队，主动承接企业需要的各种委托检验，为企业节省了人力物力，大幅提高检验效率。天津市药品检验研究院（以下简称"市药检院"）启用官网客户送检端，实现委托检验业务网上办理，并与天津网上办事大厅互联互通，为客户提供一站式优质高效服务。

（六）强化服务意识，问需群众，惠及社会民生

市食检院为加强食品安全监管，保障群众"舌尖上的安全"，常态化、规范化开展食品安全"你点我检"活动。围绕群众关注的食品安全热点问题，组织专家团队打造"祥说莹论"科普宣传品牌，现已推出科普视频 161

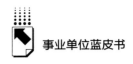

期。市质检院成立天津市珠宝玉石及贵金属饰品消费维权工作站，走进天津"3·15"晚会直播现场，为广大市民进行珍珠、钻石鉴定知识的科普讲解及公益性检测、咨询等服务。市计量院组织开展"3·15激发消费活力，计量在行动"志愿服务活动，为社区居民开展电子血压计免费检测活动。市特检院建设天津市特种设备安全科普基地，集中宣传特种设备知识、法律及监管体系、行业发展成就和典型事故案例。市药检院为社区居民解答安全用药、疫苗安全、中药材鉴别、化妆品甄别等咨询，切实保障群众用药用妆安全。

三　存在的问题

天津市委属各公益类检验检测事业单位在服务市场监管、助力企业发展、保障社会民生等方面取得了一些成绩，但仍存在诸多问题。

（一）人才队伍结构不够合理，引才、育才机制不够完善

2019年以来，随着公开招聘和人才引进工作的开展，人才结构向年轻化、高学历趋势发展，但领军人才和学科带头人数量较少，创新团队、权威技术专家团队建设还不成熟；关键岗位人员相对缺乏，复合型人才紧缺，重点领域和交叉领域人才短板明显；人才引进渠道和招聘方式单一，专家引荐、柔性引进等引才渠道尚未打通；人才培养系统性、计划性不足，未能建立涵盖人才成长全生命周期的跟踪培养机制；以品德、能力、实绩、贡献为导向的人才评价体系不够完善，分类评价指标体系不够健全，动态调整退出机制有待完善；有效激励人才创新的收入分配政策和保障机制不够健全，科技成果转化的现金奖励纳入绩效工作尚未完全实现，部分单位绩效考核方法不够科学，激励作用发挥不够。

（二）科技创新基础薄弱，保障、激励科技创新的制度体系不够健全

现有科研立项中，国家级、省部级项目占比较少，冲击国家重点项目、重点课题的能力不足；科技创新绩效激励机制尚需完善，目前仅有市特检院

实现了科研人员科技成果转化现金奖励，有效激励人才创新的收入分配政策和保障机制不够健全；科研精力投入不足，目前仅市质检院、市特检院设有专职科研队伍，大部分科研人员无法从日常基础检验检测工作中脱身而开展创新研究工作；科研成果多为实用性改进，科研成果呈现碎片化，缺乏重要成果和重大创新，科技成果转化工作真正落地较少，仍有堵点和瓶颈。

（三）市场导向意识不强，参与市场竞争、拓展检验业务的能力不足

第三方检验检测机构方兴未艾，同质化竞争的压力不断加大，部分公益类检验检测机构传统"官检"思想依然存在，以市场需求为导向，转变服务观念、提升检验质效、提高市场竞争力、拓展业务领域的能力不足，成为公益类检验检测机构继续推动改革，实现高质量发展的桎梏。

四　未来举措

2024 年是全面贯彻落实党的二十大精神的关键之年，是持续推进"十四五"规划的攻坚之年。天津市市场监管委直属公益类检验检测事业单位将坚持以习近平新时代中国特色社会主义思想为指导，深入学习贯彻习近平总书记视察天津重要讲话精神，以高质量发展"十项行动"和市场监管"五大工程"为抓手，按照"四个善作善成"重要要求，加快发展新质生产力，以"人才+创新"双轮驱动，不断做大做强，凸显公益属性，扎实做好以下工作。

（一）做好人才引育留用，打造综合化专业化检验检测人才队伍

一是坚持党对人才工作的全面领导，构建党管人才工作格局。深入贯彻落实党组（党委）负责制，设立人才工作领导小组，针对人才引进、培养、使用、考核、激励等工作建立健全制度体系，形成人才工作的良好生态。

二是做好人才工作顶层设计，科学规划人才布局。以问题、目标、效用为导向，制定人才队伍建设中长期发展规划，结合单位事业发展，明确人才

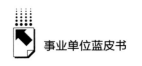

引进计划，充分考虑各类人才的梯队结构。既要满足当前的人才需求，也要立足长远发展，确保队伍发展建设后继有人。

三是创新人才引进机制。结合各单位发展实际，紧抓引才机遇期，积极拓宽引贤纳才渠道，加大高校应届毕业生和高层次急需紧缺人才引进力度，提前谋划，形成精准供需对接。对事业发展有利的领军人才，在充分印证其价值的前提下，采取"一人一策"，建立人才引进"绿色通道"，探索"不为所有、但为所用"的柔性引才模式。

四是构建人才培养体系。依托国家重点实验室、博士后科研工作站、创新中心等高端科研平台，集聚和储备一批高层次创新领军人才、领军团队，构建头雁引领、群雁齐飞、雏雁展翅的人才发展"雁阵格局"。创新"因材施教、精准导育"培养模式，开展丰富多样的学习交流活动，聘请行业专家定期开展学术沙龙研讨等，积极鼓励专业技术人员参与重大科研攻关、先进标准制（修）订以及关键检验检测技术研发。

五是完善人才评价制度。加大对青年骨干人才的激励，优先选派青年骨干人员到市场监管总局直属单位锻炼学习，优先支持青年骨干人才申请荣誉和称号，选拔任用优秀青年人才到重要岗位上锻炼。建立健全以创新价值、能力、贡献为导向的人才评价机制，注重考察各类人才的专业性、创新性和履责绩效、创新成果、实际贡献。在专业技术职务上实行"按需设岗、按岗聘任"，建立竞争上岗、聘后考核、实行"能上能下"动态聘任的专业技术职务管理制度。

六是改革人才激励制度。积极开展薪酬制度改革试点工作，以市特检院先试先行，建立健全鼓励创新的制度保障体系，推进科研薪酬制度改革，加快建立激发创新活力、知识价值导向、管理规范有效、保障激励兼顾的薪酬制度。

七是营造良好人才发展环境。调整优化经费支出结构，提高人才待遇，关注人才队伍的思想动态，深入细致开展思想政治工作，加强感情联络。营造宽松、容错的氛围，积极宣传人才队伍的先进事迹、典型案例和利好政策，为做好人才工作营造良好的舆论环境。

（二）坚持科技创新引领，积蓄技术服务支撑保障水平

一是整合聚力，提升科研能力。着力凸显公益类检验检测机构在科研水平及政策把握方面的优势。梳理现有科技资源，培育核心科技团队，进一步提升科技创新能力。选择重点科技方向，在经费、资源等方面给予倾斜，依托国家级检验中心、创新中心、重点实验室、博士后科研工作站等科研平台开展创新研究和技术攻关，培育重点研发计划、国家科技计划项目，提升核心竞争力和科技影响力。

二是强化应用，助推科研成果转化。谋划以需求为导向的科研方向，瞄准前沿技术加快创新。借助高校、兄弟院所的"科研智囊"，统筹力量解决"卡脖子"的难点问题，突破关键技术瓶颈，激励和促进科研人员持续不断地将创新成果向生产力转化，形成良性的科技成果转移转化循环机制。

三是鼓励创新，建立容错机制。建立科研创新项目的宽容失败机制，在注重创新水平的同时，要给予科研项目一定的风险弹性，让科研人员大胆探索科研领域的"无人区"，催生创新领域的"奇异果"。既鼓励创新，又宽容失败，才能让他们潜心研究而无后顾之忧。

四是创新激励，健全制度和激励保障。积极推进薪酬制度改革，加快建立激发创新活力、知识价值导向、管理规范有效、保障激励兼顾的薪酬制度。进一步完善绩效工资制度，将科技成果转化的现金奖励纳入绩效工资，明确科技成果转化的属性和分类，明确可列入转化奖励的范围，并分类设计奖励提取的比例标准。

（三）聚焦市场导向，强化市场理念，创新业务发展模式

一是坚持科技创新引领，持续提升技术服务支撑保障水平。在第三方检验机构同质化竞争日趋严峻的情况下，充分发挥公益类检验检测机构所具有的独特优势，加强与高校、科研院所的横向合作，依托重点实验室、博士后科研工作站等开展技术攻关，强化核心竞争力与社会影响力，将"服务包"

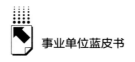
升级为"服务锦囊"。

二是聚焦市场导向,强化市场理念,创新业务合作模式。以提升服务水平撬动业务增长,进一步推动业务资源分布形式由"分散型"向"集中型"过渡。强化合作联盟,充分利用"京津冀食品检验检测技术创新联盟""合作站"等合作平台和合作机制,深化区域联动,推动高质量发展。例如,市特检院将紧抓西北地区石化企业较多,特种设备数量庞大,当地检验机构不能满足检验需求的机遇,积极与当地监管机构对接,开拓特种设备检验相关业务,同时支援西部地区建设。市药检院前移检验端口,主动融入产业集群,在一期工程投入使用,为生物制品、进口中药材等提供快速通关检测服务的基础上,将以滨海实验室为靠前服务的触角,进一步扩大天津市药品检验容量。各单位也将继续加强区域联盟合作,借助京津冀协同发展合力,培育增强天津检验检测机构影响力。

三是发挥技术优势,拓展服务领域。聚焦天津市产业发展和民生需求,扩大服务的深度和广度,从提供单一检测服务向综合服务转变,向参与产品设计、研发、生产、使用全生命周期提供解决方案发展,实行质量基础设施"一站式"服务,为企业发展提供优质、高效、便捷的综合服务。市质检院正在探索认证、检验检测双促进业务模式,在产品质量检验检测的基础上,拓展自愿性产品认证、双碳认证的配套服务,拓展与产品质量相关的质量诊断、技术咨询、标准制定等延伸服务,满足多元需求,提高服务质量和精准度。把握机构改革契机,凝聚业务发展合力,多个检验中心加强联合,共同与大型企业、电商企业建立检测合作关系,提升产品质量检测的市场竞争力。

五　结语

天津市公益类检验检测机构改革是全国范围内检验检测机构改革的示范先行者,委属各单位以改革为契机,加强人才队伍建设和科技创新引领,提高检验检测能力、强化市场导向、优化服务流程。整合后服务产业发展和市场监管的公益属性更加凸显，但也存在内部整合不彻底、绩效考核不统一、编外人员管理不规范、资源共享机制不完善、资产划转不协调等改革之痛。下一步要立足现状，放眼未来，趋利避害将改革推向深入，继续做大做强，为天津市经济建设和行业发展提供公正、科学、规范、高效的高质量检验检测服务。

B.17
福建省"退役军人事务员"
试点建设的实践与探索

杨 硕[*]

摘 要： 自 2019 年起，根据党中央决策部署，从国家至省市县乡村一贯到底组建六级退役军人服务中心（站），全面做好退役军人就业创业扶持、走访慰问、帮扶解困、信访接待、权益保障等工作。为切实打通服务保障退役军人"最后一公里"，从根本上破解基层工作力量专业化、规范化、标准化建设的"瓶颈"问题，2022 年人力资源社会保障部发布"退役军人事务员"新职业。为逐步构建科学合理的退役军人事务员职业技能等级认定体系，退役军人事务部将福建省泉州市列为全国退役军人事务员试点地区，其间，省、市两级退役军人事务部门协同发力，边实践边思考边改进，从加强组织保障、评价体系、激励机制、培养模式等多个方面入手，逐步探索出符合基层实际、便于推广运用的退役军人事务员职业建设的有效路径和方法。

关键词： 退役军人服务保障体系 退役军人事务员 职业技能等级认定 新职业试点 福建省

为贯彻落实习近平总书记重要指示批示精神，国家决定自 2019 年起，全面建立退役军人服务保障体系（县级及以上成立退役军人服务中心，乡村两级成立退役军人服务站），全面做好退役军人就业创业扶持、走访慰问、帮扶解困、信访接待、权益保障等工作。五年多来，福建省始终贯彻落

---

* 杨硕，福建省退役军人服务中心副主任。

实中央部署要求，在推进退役军人服务保障队伍建设改革中积极探索、实践创新，2023 年推动泉州市成为全国首批"退役军人事务员"新职业试点地区，取得积极成效。

一 退役军人服务保障队伍建设现状

目前，福建省共有县级及以上退役军人服务中心 103 个，人员编制数共计 612 人，其中市级平均核编 10 人，县级平均核编 5.05 人，省市县三级在编率已超过 90%；乡级退役军人服务站 1118 个，每站平均配备人员 1.28 人；村级服务站 17306 个，确保每站配备 1 人；纵向到底、横向到边、全域覆盖的五级服务保障网络已经建成，但与高质量发展、精准化服务还存在一定差距。

（一）队伍总体规模与服务人数相比存在较大差距

以试点地区泉州为例，泉州共 12 个县（区），县级服务中心（站）工作人员总计 71 人，平均编制 5.91 人（其中编制数最少的洛江区核编仅 3 人）。然而，据不完全统计，泉州有超万名以上服务对象的县（区）有 5 个，服务对象与工作人员比例最高达 5472（见图 1）。

图 1 泉州市县（区）服务对象与工作人员比例

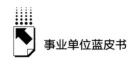

泉州市域内乡、村两级服务站工作人员分别有 164 人、2540 人。其中，1 名乡镇服务站工作人员平均承担 3~4 项基层事务，同时负责网格、驻村等专项工作；村（社区）服务站负责人通常由"两委"委员或专武干部兼任，客观上无法为广大退役军人提供全时段、高频次的服务保障。

（二）与多维度、多层次的服务需求相比存在较大差距

部相关工作规范、工作指南明确，退役军人服务中心主要承担退役军人事务领域服务性、保障性、事务性、延伸性工作。以县（区）服务中心为例，其主要职责涵盖思政引领、就业创业、矛盾排查化解、走访慰问、帮扶解困等五项重点领域 42 类事务性工作。乡、村两级服务站须同步跟进做好"面对面"服务代办、"点对点"需求摸底和数据采集等工作。从目前基层的人员配备和机制运行成效上看，较难满足精准精细、高标高效、多元多样的服务需求。

（三）与基层队伍的职业规划预期存在较大差距

退役军人服务保障是一项对政策要求、专业能力要求较高的工作，需要经过较长时间的沉淀和学习。但从基层现状看，县级以下服务保障队伍的成长空间有限，缺乏与工作效能、服务对象满意度相挂钩的奖惩激励机制，尚未设置与服务年限相关联的薪酬待遇、津补贴自然增长机制，"干好干坏一个样，干多干少一个样，履职长短一个样"成为制约基层队伍长期可持续发展和专业能力素质快速提升的不利因素。

二 退役军人事务员试点的探索和借鉴

为从根本上破解基层服务保障队伍专业化、规范化、标准化建设"瓶颈"问题，2022 年"退役军人事务员"新职业发布，这是我国首个针对退役军人提供服务保障的新职业，全国共有 6 个城市成为事务员职业试点地区，其中包括福建省泉州市。为进一步畅通退役军人服务保障队伍职业化建

设道路，经综合考虑，福建省在参照借鉴"社会工作者"的基础上，先行先试开展退役军人事务员职业建设工作。

（一）借鉴"社会工作者"的主要考量

一是两者的目的和初衷相似。退役军人事务员和社会工作者，这两个职业的目标任务都是以社会治理创新和基层群众迫切需求为导向，以加强特定领域的专业化人才队伍建设推动其在强化基层服务能力、优化服务供给、激发社会活力、推进社会治理体系和治理能力现代化中发挥积极作用。

二是两者承担的职业任务相似。二者都是在社会服务和社会治理领域，运用特定的专业理论和技能，针对某一类群体或对象，提供全方位、多样化的服务保障，具体如表1所示。

表1　退役军人事务员和社会工作者的职业任务对比

项目	退役军人事务员	社会工作者
服务对象	退役军人	特殊困难群体
服务内容	组织退役军人思想政治教育相关活动	提供帮困扶弱、情绪疏导、心理抚慰、精准关爱等服务
	受理、审查、核实和上报退役军人困难申请，开展困难帮扶援助	
	接待、办理来信来访，代办属于退役军人事务部门职权范围内的信访事项	提供行为矫治、就业辅导、社会康复、权益维护、危机干预、关系调适、矛盾化解等服务
	收集、分析退役军人就业创业需求，开展职业技能教育培训等服务	
	采集、整理、分析和报送信息数据，开展建档立卡	提供能力提升、资源链接、社会融入等方面的服务
	常态化联系（"四尊崇""五关爱""六必访"等活动）	

基于服务需求的多层次和职业任务的多样化，退役军人事务员参照"社会工作者"，梯次设计了"从易到难、由浅入深、从低到高"的五级职业水平评价体系。

三是服务的方式、平台和机制相似。在服务方式上，逐步实现在服务保

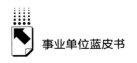

障队伍中采取政府购买服务、劳务派遣等相似的形式，推动对基层的专业化服务从"养人"向"办事"转变；在平台搭建上，退役军人服务中心（站）与社会工作服务站均延伸建设至县、乡、村三级，为"网格化"服务管理提供平台支撑；在服务机制上，两者均可通过资源共享、优势共促、渠道共建等方式，构建退役军人服务中心（站）与社会工作服务站、新时代文明实践站、综合服务站、群众工作室等协同服务机制。

（二）实践探索的路径和取得成效

1. 加强试点建设的组织保障

充分发挥福建省委退役军人事务工作领导小组办公室的牵头协调作用，省、市、县协同联动，专门成立退役军人事务员新职业试点建设领导小组。泉州市委有关领导统筹试点工作整体推进，各县（市、区）党委有关领导和泉州市直有关部门的负责同志任小组成员，建立定期调度、全程参与的试点推进机制。2023 年 10 月，泉州市退役军人事务局协同市委编办、民政、财政、人社等五部门联合印发《泉州市退役军人事务员新职业试点工作方案》，建立从培训考核、聘岗任用、薪酬待遇到日常管理等一系列制度机制。明确将市、县（区）试点工作成效纳入泉州市委退役军人事务工作领导小组重点工作任务和督查清单，纳入泉州市、县两级平安综治考评和绩效考评察访核验内容。

2. 建立技能等级认定的评价体系

以岗位使用为导向，协同人社部门按照《退役军人事务员国家职业标准》要求，围绕职业道德、基础知识（涵盖思想政治教育、社会保障、教育培训与就业创业服务、心理学、信息技术与信息安全以及相关法律法规知识等六类）和能力要求（含思想政治教育、提供服务保障、管理档案信息以及培训指导等四类十二项服务内容）三个方面，结合理论知识考试、技能考核以及综合评审三种形式，积极构建科学化的退役军人事务人才评价体系。

（1）技能等级设定：划分五个等级。对招录到退役军人服务中心（站）从事服务保障工作的相关人员，根据职业技能掌握情况开展考核认定：五级/初级工（教育培训时长不少于 40 标准学时）；四级/中级工、三级/高级工（教育培训时长不少于 60 标准学时）；二级/技师、一级/高级技师（教育培训时长不少于 80 标准学时）。

（2）等级认定标准：等级越高与之相对应的知识和技能要求也越高。以开展思想政治工作为例，五级事务员仅需掌握收集、整理基础素材，了解退役军人思想动态的相应技能和沟通能力，而一级事务员则要求能因时因地有针对性地制订工作方案，并能够根据工作开展情况设计合理的评价指标，对退役军人的政治观点和立场、思想观念、道德规范等开展定期或不定期的评价，以达到正向引领的目的和实效（见表2）。

表 2　事务员等级认定标准（思想政治工作）

项目	五级/初级工	四级/中级工	三级/高级工	二级/技师	一级/高级技师
技能要求	1.1.1 能收集整理思想动态信息 1.1.2 能整理思想政治教育素材	1.1.1 能分析思想动态变化 1.1.2 能发现典型线索和思想问题线索 1.1.3 能选用思想政治教育内容	1.1.1 能跟踪引导思想动态 1.1.2 能开展思想政治教育调研	1.1.1 能研判思想动态方向 1.1.2 能评估思想政治教育效果 1.1.3 能运用调查结论指导工作	1.1.1 能制订思想政治教育工作方案 1.1.2 能设计思想政治教育评价指标
相关知识要求	1.1.1 沟通基本知识 1.1.2 思想政治教育素材整理方法	1.1.1 思想动态分析方法 1.1.2 思想政治教育内容选用原则	1.1.1 思想政治教育活动内容 1.1.2 常用调查研究方法	1.1.1 形势分析研判方法 1.1.2 思想政治教育效果评估方法	1.1.1 思想政治教育工作方案制订方法 1.1.2 思想政治教育评价指标制订方法

（3）等级认定机构：采取"遴选推荐+审核认定+备案"的方式确定。在试点过程中，泉州市综合比较市域内多家公共实训基地、高校、职业院校、社会化的职业技能培训机构等资源，自下而上、好中选优，遴选推荐全

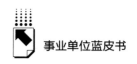

省首家退役军人思想政治研究中心（泉州海洋职业学院）作为事务员职业试点培训机构，并报请退役军人事务部新职业建设工作领导小组审核认定，对接沟通人社部门备案。同时，通过协调省内外50余名专业师资、规范配套专业教学设备、新增实训机房和标准化考场等方式，实现全流程、全链条责任到位、执行到位、保障到位、监管到位。

3. 建立薪酬保障和激励机制

明确将退役军人事务员纳入服务保障体系建设整体设计，探索实践职业技能等级与人员聘用、岗位晋升、薪酬待遇相挂钩的激励机制。泉州市的试点工作方案明确：设立退役军人事务员岗位津贴。村级服务站的退役军人事务员在享受农村"六大员"津贴补助的基础上，每月增发不少于235元岗位津贴；社区服务站退役军人事务员在享受社区社工工资待遇基础上，每月增发不少于235元岗位津贴。乡镇（街道）以上服务中心（站）聘用的退役军人事务员（不含事业编）按照当地同类单位劳务派遣人员薪酬待遇，同时增发不少于235元岗位津贴。同时，鼓励在基础条件较好的县（市、区）根据当地经济社会发展情况提高薪酬指导标准。例如，泉州石狮市在试点工作方案中进一步明确：对取得退役军人事务员职业资格并实际从事专职工作的，五级/初级工给予350元/月补贴，四级/中级工给予500元/月补贴，三级/高级工给予800元/月补贴，二级/技师给予1000元/月补贴，一级/高级技师给予1500元/月补贴；同时对参加事务员水平考试并取得职业资格的（含党政机关、人民团体、事业单位编内人员），用人单位一次性给予考试、教材及交通补贴：五级/初级工700元，四级/中级工1000元，三级/高级工1500元，二级/技师2000元，一级/高级技师3000元。

4. 加大专业人才培养力度

与人社部门协同建立常态化考核认定机制。目前，泉州市依托泉州海洋职业学院，定期组织开展退役军人事务员业务知识和实操技能轮训。探索建立以初任培训、岗位培训、继续教育培训为主要内容的退役军人事务员培训体系，逐步构建市、县（区）、镇街分级负责、各有侧重的培训培养机制。数据显示，泉州市首次事务员培训共计11期、参训人数达2844人，有效实现市、县、乡、村四级培训全覆盖,考核合格率超 97%,首次聘用人数达 2788 名,为基层直接增加专职人员超 2000 名,极大提升基层队伍的稳定性和专业化水平。

三　未来举措

根据退役军人事务部、人力资源社会保障部有关部署安排,福建省结合实际,充分吸收借鉴泉州市试点建设经验,积极鼓励、引导将基层退役军人服务中心(站)编外人员纳入国家职业资格体系运行管理。同时,帮助退役军人服务保障工作岗位选聘最符合条件的任职人员,实现以岗定人。从制度设计层面分"两步走",切实加强对退役军人服务保障队伍的建设使用。

第一步,与人社部门沟通协作,开展全省事务员职业技能等级认定工作。具体包括:①遴选推荐、审核确定省级职业技能等级认定机构;②分批次培育建设全省师资队伍、考评人员队伍;③推动九市一区全面铺开退役军人事务员培训考核,同时配套建立常态化认定机制。

第二步,与组织、编制、民政、财政、人社等部门协同拟订全省退役军人事务员队伍建设职业规划工作方案。具体包括:①协同组织部门做好基层事务员队伍建设的宏观指导、综合协调;②协同编制部门组织实施对事务员的招录聘用;③协同民政部门共同完善基层队伍建设制度体系,搭建"网格化"服务平台;④协同财政部门做好相应资金保障;⑤协同人社部门进一步探索构建事务员职业资格与相应系列的专业技术职务资格相衔接的水平评价体系,畅通退役军人服务保障从业人员职业发展通道,加快建设一支高素质专业化队伍,服务经济社会发展和国防建设大局。

B.18
广西公立医院薪酬制度改革实践与探索

李芸 陆永玖*

摘 要: 公立医院薪酬制度改革是我国医药卫生体制改革的重要内容,不断推进其组织内部的改革工作,对于更好地提高医疗的服务效率和服务水平具有非常重要的作用。本报告通过梳理近年来广西全面推进公立医院薪酬制度改革的主要做法和取得的阶段性成效,立足公立医院本身,从其绩效考核分配制度、高层次医疗人才激励方式、薪酬改革信息渠道、医务人员后勤保障四个方面提出优化路径,为进一步提升改革成效,加快推动广西公立医院高质量发展提供参考。

关键词: 公立医院 薪酬制度改革 绩效考核分配 人才激励 广西

党的二十大报告提出了"推进健康中国建设""深化医药卫生体制改革"的任务目标,深化公立医院薪酬制度改革是医药卫生体制改革的重点内容。推进医药卫生领域薪酬制度改革,能够吸引更多优秀人才安心从医、乐于从医,促进医疗人才队伍建设,并为其他事业单位薪酬制度改革提供有益借鉴。

一 文献回顾

(一)公立医院薪酬制度改革成效

我国学者通过各种工具和方法,对公立医院薪酬体系进行了全方位的评

* 李芸,中级经济师,广西壮族自治区人力资源和社会保障研究所,研究方向为人力资源管理;陆永玖,助理研究员,广西壮族自治区人力资源和社会保障研究所,研究方向为人力资源管理。

价。其中，何佳等人得出实施薪酬制度改革后医务人员薪酬满意度逐渐提高、改革取得成效、薪酬水平未达到期望水平、医务人员工作负荷较重等结论。[1] 冯芮华等人通过研究指出我国公立医院薪酬制度改革取得了阶段性成效，但是医务人员薪酬支付方式、薪酬结构和经费来源仍需要进一步优化和改进。[2]

（二）公立医院薪酬制度改革路径

针对公立医院薪酬制度出现的问题，学者已从不同角度提出各种完善路径。其中，欧云清从医院的角度提出对策，认为要加快建立医院层面、医务人员群体层面的动态调整的薪酬制度以适应时代发展，并探索建立医院内部薪酬信息沟通与传播平台[3]，这为本报告的对策写作提供了新角度。刘颖认为，新医改背景下应通过加大政府财政补偿力度、科学核定绩效工资总量、完善绩效考核分配机制、制定合理的结余分配政策、加强医院内部成本管控等措施，构建新型绩效薪酬体系。[4] 陶思羽、沈洁则提出在尊重行业特点、坚持政府主导和完善市场调控的基本原则上把握关键路径和主要抓手，以此完善公立医院运行新机制建设。[5]

自 2017 年公立医院薪酬制度改革以来，相关研究层出不穷且详细丰富。但从文献检索来看，大多是针对某一特定医院进行研究，针对某地区全部公立医院薪酬制度改革成效、改革路径分析的文献较少。同时，经查阅常用文献数据库，发现关于广西公立医院薪酬制度改革的文献也非常少。因此，本文将在已有研究成果的基础上，系统梳理 2021 年广西全面推进公立医院薪

---

[1] 何佳等：《四川省公立医院薪酬制度改革对医务人员薪酬满意度的影响调查》，《中国医院管理》2022 年第 9 期。

[2] 冯芮华等：《以增加知识价值为导向的我国公立医院薪酬制度改革进展与成效》，《中国医院管理》2023 年第 5 期。

[3] 欧云清：《安徽省公立医院薪酬制度研究》，安徽医科大学硕士学位论文，2017。

[4] 刘颖：《"两个允许"背景下公立医院薪酬体系建设研究》，《卫生经济研究》2018 年第 10 期。

[5] 陶思羽、沈洁：《我国公立医院运行新机制建设路径研究》，《中国医院管理》2024 年第 4 期。

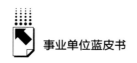
酬制度改革以来的主要做法和取得的阶段性成效，探索全区各公立医院如何结合自身实际情况，通过薪酬激励政策与公立医院公益性的相互促进，不断提高医疗的服务效率和服务水平。

二 公立医院薪酬制度改革概况

（一）我国公立医院薪酬制度改革概况

1956 年至 2006 年，我国先后进行 4 次工资改革，逐步实现了事业单位统一的岗位绩效工资制度，但在执行过程中，由于将薪酬水平、内部分配等都按统一方式执行，不能体现行业的特点和差距，而且部分地区为确保当地医疗水平不出现下滑，放任医院的薪酬水平和总量，导致行业外部、行业内部的收入差距加大。针对全国公共医疗行业薪酬管理中出现的问题，2017 年人力资源和社会保障部会同相关部门启动公立医院薪酬制度改革试点工作，截至 2019 年 6 月，全国已有 2800 多家公立医院开展薪酬制度改革试点。[①]

（二）广西公立医院薪酬制度改革概况

1. 广西公立医院现状

截至 2021 年，广西共有 803 家医院，比 2017 年增加 214 家，其中，公立医院 348 家，仅比 2017 年增加 18 家，公立医院占比下降 12.69 个百分点。从表 1 广西医院数量、医务人员数统计来看，2017~2021 年全区医院的医务人员数快速增长，医院执业医师、注册护士分别增长 34.33%、36.67%，其中，公立医院执业医师、注册护士分别增长 29.06%、27.54%。虽然公立医院医务人员占比非常大，但近年来，公立医院数量和公立医院执

---

① 《卫健委：全国 2800 多家公立医院开展薪酬制度改革试点》，北京时间网，https://item.btime.com/f01igd7rg969dkbgn3qhtmdvb73，最后访问时间：2024 年 6 月 12 日。

业医师、注册护士占比均呈下降趋势，分别下降 12.69 个百分点、3.61 个百分点、6.14 个百分点。

表 1   2017 年、2021 年广西医院数量、医务人员数

指标	2017 年			2021 年		
	医院	公立医院	占比(%)	医院	公立医院	占比(%)
医院数量(家)	589	330	56.03	803	348	43.34
执业医师(人)	48301	44428	91.98	64884	57337	88.37
注册护士(人)	85412	78482	91.89	116734	100099	85.75

资料来源：《广西卫生健康年鉴 2018》《广西卫生健康年鉴 2022》。

2022 年，广西共有医院 850 家，比上年增加 47 家，其中，公立医院 353 家，比上年增加 5 家。如表 2 所示，2022 年广西医院医疗收入为 1006.36 亿元，比上年增加了 59.97 亿元，增长了 6.34%，其中，公立医院医疗收入为 926.05 亿元，增长了 5.55%，占全区医院医疗收入的 92.02%，占比下降了 0.69 个百分点。

表 2   2021~2022 年广西医院医疗收入情况

单位：亿元，%

分类	2021 年	2022 年	增量	增长率
医院	946.39	1006.36	59.97	6.34
公立医院	877.38	926.05	48.67	5.55
公立医院医疗收入占比	92.71	92.02	-0.69	—

资料来源：《2022 年广西卫生健康事业发展统计公报》。

2. 广西公立医院薪酬制度改革情况

2017 年 6 月，广西结合自身实际，按照国家试点指导意见的要求，启动了公立医院薪酬制度改革试点工作。2021 年 8 月 24 日，国家要求全国所有的公立医院均纳入改革范围，2021 年 11 月，广西正式全面推行公立医院薪酬制度改革。截至 2022 年 10 月，广西壮族自治区本级、14 个

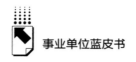

设区市本级和近92%的县（市、区）均已出台了本地公立医院薪酬制度改革方案。在改革过程中，广西充分借鉴福建省三明市医改先进模式，认真总结前期试点改革的经验，并结合全区实际，在强化公立医院公益属性的基础上，创新提出多项鼓励政策和形式多样的薪酬分配改革模式，实施以增加知识价值为导向的收入分配政策，强调从提升薪酬待遇等方面入手，调动广大医务人员积极性、主动性和创造性，助力公立医院高质量发展。[①]

广西各地也大胆探索，积极开展公立医院薪酬制度改革。其中，从2017年起，百色市相继出台了《百色市城市公立医院薪酬制度改革实施意见（试行）》《关于做好市本级公立医院实施薪酬制度改革有关工作的通知》等系列文件，百色市本级采取"动态奖励"模式，将公立医院绩效工资总量分为基础部分和动态奖励部分。12个县（市、区）采取"紧密型县域医共体"模式，将基层医疗卫生机构工作人员统一纳入本地医共体绩效工资总量分配范围内。截至2022年9月底，百色市12个县（市、区）出台了适合本地区发展的公立医院薪酬制度改革实施方案。[②]

三 广西公立医院薪酬制度改革主要做法和成效

广西自2021年底全面实施公立医院薪酬制度改革以来，对公立医院的管理体制、运行机制、内部运行管理都提出了一系列改革政策和措施，已取得阶段性成效。

（一）主要做法

广西紧密结合广西公立医院发展现状，在强化公立医院公益属性的基础

---

① 《"奋进新征程·健康广西这十年"系列主题新闻发布会（第11场）》，广西壮族自治区卫生健康委员会网站，https：//wsjkw.gxzf.gov.cn/hdjl_ 49617/hdjlxwfb/zzqxwfb/t13153298.shtml，最后访问时间：2024年6月12日。

② 《百色市创新机制体制推进公立医院薪酬制度改革》，人民网—广西频道，http：//gx.people.com.cn/n2/2022/1026/c390645-40170064.html，最后访问时间：2024年6月12日。

上，创新提出多项鼓励政策和形式多样的薪酬分配改革模式，实施以增加知识价值为导向的收入分配政策，有效提高公立医院医务人员收入水平。

1. 全面落实"两个允许"

广西创新现行绩效工资总量管理政策，将公立医院绩效工资总量和公立医院绩效考核挂钩，突破现行绩效工资总量限制，有效提高广大医务人员的收入水平。2021年11月30日，在《广西壮族自治区人民政府办公厅关于印发广西壮族自治区公立医院薪酬制度改革实施意见的通知》中，进一步明确允许各地根据实际情况，按照"两个允许"要求，参照"动态奖励""人员经费占医院业务支出比例""紧密型县域医共体"等模式，科学建立本地区公立医院绩效工资总量核定动态调整机制，合理确定公立医院薪酬水平。[1]

2. 允许地方动态调整公立医院薪酬水平

广西持续鼓励各地参照"动态奖励"等模式，建立符合当地公立医院实际的薪酬激励机制。例如，公立医院绩效工资总量实行动态奖励，分别由基础部分和动态奖励部分组成，其中，动态奖励部分实行动态管理，每年按照公立医院综合绩效考核等次，结合近三年人员支出占成本的比例和医院负债情况等因素，按最高不超过动态奖励基数的70%确定奖励比例。[2]

3. 科学制定公立医院考核评价体系

广西制定了科学的公立医院考核评价体系，将医疗质量、运营效率、持续发展、满意度评价等内容纳入考核指标，坚持公益性导向，提高医疗服务效率，破除以药补医机制。[3] 此外，广西积极建立健全医院主要负责人薪酬分配激励约束机制，提出公立医院主要负责人可实行年薪制，薪酬水平根据

① 《关于自治区政协十三届一次会议第20230256号提案答复的函》，广西壮族自治区卫生健康委员会网站，https://wsjkw.gxzf.gov.cn/xxgk_49493/fdzdgk/jyta/t16802526.shtml，最后访问时间：2024年6月12日。

② 《广西全面推行公立医院薪酬制度改革》，人民网—广西频道网站，http://gx.people.com.cn/n2/2021/1228/c179464-35071706.html，最后访问时间：2024年6月12日。

③ 《奋进新征程·健康广西这十年》系列主题新闻发布会（第11场）》，广西壮族自治区卫生健康委员会网站，https://wsjkw.gxzf.gov.cn/hdjl_49617/hdjlxwfb/zzqxwfb/t13153298.shtml，最后访问时间：2024年6月12日。

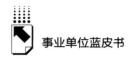

当地经济发展、医院主要负责人的管理职责等因素确定，并根据公立医院考核评价结果、年度目标和任期目标完成情况、职工满意度等因素进行考核后确定发放档次。①

4. 高度重视高层次和急需紧缺医疗人才

广西将高层次人才和急需紧缺人才纳入高层次人才薪酬制度改革的框架内，允许公立医院自主确定高层次和急需紧缺人才范围、薪酬水平、分配方式等，支持和鼓励实行年薪制、协议工资等多种分配形式。② 医院在聘用高层次和急需紧缺人才时，既可以按不低于全国同类人员水平的薪酬标准确定本单位高层次和急需紧缺人才薪酬，也可以实行年薪制、协议工资等多种分配形式，实行的年薪和协议工资单独核定、台账管理，列入医院成本支出项目，不列入、不占用所计提的医院绩效工资总量。③

（二）改革成效

1. 不断创新绩效工资改革模式

2020年底，广西公立医院薪酬制度改革试点工作取得初步成效，全区各试点市和公立医院结合实际，积极创新探索出形式多样的改革模式，有力推进医疗服务能力的提升。例如，广西本级公立医院实行的绩效工资"动态奖励"模式，在2018年本级公立医院试点基础上，进一步扩大试点范围，实行绩效工资总量动态管理，不受控高线限制，允许试点单位自主确定本单位高层次和急需紧缺医疗人才的工资水平，可通过年薪制、协议工资等灵活多样的形式进行绩效分配。南宁市、北海市和防城港市等较多市本级也参照

---

① 《体现业绩和贡献，让"能者享高薪"广西全面推行公立医院薪酬制度改革》，广西壮族自治区人力资源和社会保障厅网站，http://rst.gxzf.gov.cn/zwgk/ywfl/gzsrfp/jgsygz/t11767008.shtml，最后访问时间：2024年6月12日。

② 《"奋进新征程·健康广西这十年"系列主题新闻发布会（第11场）》，广西壮族自治区卫生健康委员会网站，https://wsjkw.gxzf.gov.cn/hdjl_49617/hdjlxwfb/zzqxwfb/t13153298.shtml，最后访问时间：2024年6月12日。

③ 《体现业绩和贡献，让"能者享高薪"广西全面推行公立医院薪酬制度改革》，广西壮族自治区人力资源和社会保障厅网站，http://rst.gxzf.gov.cn/zwgk/ywfl/gzsrfp/jgsygz/t11767008.shtml，最后访问时间：2024年6月12日。

广西本级的做法，实行总量动态核定。柳州市实行了"在原基础上做加法、政策倾向医疗重点人群、护士垂直管理"的实施模式。灌阳县探索"医共体"薪酬制度改革，实现薪酬总量增长要素与医院业务收入增长相适应。[①]

2. 同步提升个人收入与医院综合服务能力

广西通过公立医院薪酬制度改革大大提高医务人员工作积极性，不断促使他们钻研业务知识、提升业务水平、创新技术手段。例如，2018年梧州市人民政府办公室印发《梧州市建立现代医院管理制度实施方案》[②]，以岑溪市为公立医院薪酬制度改革试点，2022年薪酬制度改革后，岑溪市公立医院医务人员人均年实际收入水平有了较大提升。

3. 特殊工资制度助力人才"引、留、用"

允许各公立医院实行协议制、项目制和年薪制等其他灵活多样的特殊工资制度，赋予医院更多薪资空间和分配权。例如，贺州市平桂区根据人才类型，重点细化引进人才在岗位、绩效、政治等方面应享受的补贴待遇，对聘用人才实现"同工同酬"，并通过增加财政投入、提升综合服务水平等方式增加绩效工资总量，提高医务人员薪酬水平，确保医务人员薪酬水平不低于同级别公务员。[③]凭祥市人民医院根据医院专业发展需要，通过协议工资形式引进重点学科中高级专业技术人才，通过高薪引进学科带头人，使自身的学科建设和服务能力提升显著。来宾市人民医院按高层次和急需紧缺人才协议工资，2022年人才绩效工资不列入、不占用医院绩效工资总量，对吸引人才、留住人才起到比较大的作用。

---

① 《2020年自治区卫生健康委工作亮点展示（1）：公立医院薪酬制度改革试点工作取得初步成效》，广西壮族自治区卫生健康委员会网站，https：//wsjkw.gxzf.gov.cn/xwdt_49370/xwdtzzq/t7314765.shtml，最后访问时间：2024年6月12日。

② 《梧州市人民政府办公室关于印发我市现代医院管理制度实施方案的通知》，广西梧州市人民政府网站，http：//www.wuzhou.gov.cn/zfxxgk_2/fdzdgknr/wjzl/zfwj/wzbf/t3259147.shtml，最后访问时间：2024年6月12日。

③ 《平桂区：担乡村振兴使命　笃行不息佑健康》，广西壮族自治区卫生健康委员会网站，https：//wsjkw.gxzf.gov.cn/xwdt_49370/gx/t14041001.shtml，最后访问时间：2024年6月12日。

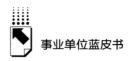

4. 保障公立医院公益性导向

各地建立以公益性为导向的绩效考核体系，严禁向科室和医务人员下达创收指标，医务人员薪酬不得与药品、卫生材料、检查、化验等业务收入挂钩，① 确保了薪酬制度改革对公立医院的长期发展影响的正确性和导向性。例如，西林县在薪酬绩效管理上分为乡镇部分统一核算模板和县级医疗机构统一核算模板，重点在一线人员上进行量化，充分体现多劳多得、优绩优酬的原则。西林县选派中医专家到乡镇卫生院提升中医服务，截至 2023 年底，接受中医诊疗服务受益 27265 人次，同比增长 58%，能正常开展中医诊疗服务的村卫生室覆盖率从"0"提升至 84%。②

四 广西公立医院薪酬制度改革优化路径

广西壮族自治区本级、各试点市已对公立医院的管理体制、运行机制、内部运行管理都制定了一系列改革政策和措施，为公立医院薪酬制度改革搭好平台。全区各公立医院需根据广西的公立医院考核评价体系，进一步优化顶层设计，结合自身实际情况，构建以医疗服务质量和社会公益效果为主的绩效考核制度，通过薪酬激励政策与公立医院公益性的相互作用，不断提高医疗的服务效率和服务水平。

（一）完善内部绩效考核分配制度

一是科学设计绩效考核制度。坚持多劳多得，兼顾效率与公平的原则，弱化经济性指标的考核比重，例如，对从事临床工作的医疗卫生人员，重点考核其门诊工作时间、收治病人和手术数量、诊疗技术含量、患

---

① 《关于印发广西深化医药卫生体制改革近期重点工作任务的通知》，广西壮族自治区卫生健康委员会网站，https：//wsjkw.gxzf.gov.cn/xxgk_49493/fdzdgk/wsjszh/yggz/t17304111.shtml，最后访问时间：2024 年 6 月 12 日。

② 《西林县卫生健康局 2023 年工作总结和 2024 年工作计划》，广西百色西林县人民政府网站，www.gxxl.gov.cn，http：//www.gxxl.gov.cn/xxgk/jcxxgk/ghjh/ndjh/t17984917.shtml，最后访问时间：2024 年 6 月 12 日。

者满意度，以减少逐利性医疗行为。二是提高绩效分配的公平性。避免平均主义，拉开临床科室和行政后勤等各级各类人员之间的分配档次，充分调动医务人员积极性。三是完善"同工同酬"制度。借鉴贺州市平桂区做法，按统一的绩效管理制度，对同一岗位、职责和职称的编制内外医务人员核发同等工资、缴纳同等五险一金，激发医务人员的归属感。四是将公益性目标纳入考核指标。适当向临床一线、支援基层的医务人员倾斜，例如，对在处置突发公共卫生事件、参与抗震救灾、下乡义诊等活动中有突出贡献的医务人员给予绩效考核加分。五是完善监督问责机制。设立专门投诉信箱，或在"两微一端"上增设投诉、监督渠道，通过内部医务人员互相监督、考核部门检查、住院病人监督等多方监督渠道，确保绩效考核分配制度落实到位。

（二）畅通薪酬制度改革信息渠道

一是建立薪酬考核信息化平台。通过信息化、智能化的技术手段提高公立医院薪酬制度改革效率，做好薪酬系统基础信息的维护和改进，不断加强系统之间的关联协调，便于财务、人事部门和领导快速抓取和分析各种指标数据，以便做出更优的绩效分配决策。二是公开薪酬制度改革相关信息。完善与加强医院内部信息的沟通和传播，及时告知全院医务人员薪酬制度改革相关政策、程序流程、进度，讲解医院绩效考核制度、考核指标设置等。三是设立薪酬制度改革意见征集信箱。将医务人员的意见和建议纳入考核制度考虑因素，切实保障绩效分配制度符合医务人员的切身需求，充分维护医务人员的利益。

（三）多措并举激励高层次医疗人才

一是建立职业成长鼓励性通道。通过开展进修培训、学习深造等，对高层次人才给予更多激励，例如，改善工作环境、畅通职业发展渠道、提升社会地位等。二是医院联合开展多点执业。贯彻落实《广西壮族自治区医师多点执业管理试行办法》的规定，允许医务人员在完成工作要求后兼职或

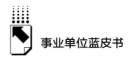

灵活执业，适当增加医务人员的收入。三是绩效分配向医疗重点人群倾斜。通过年薪制、协议工资，吸引更多关键岗位和紧缺岗位、高风险和高强度岗位人员，以及高层次人才、业务骨干、临床一线工作人员。

（四）优化医务人员的后勤保障

一是提供非经济性激励。为有突出贡献和高层次人才提供落实配偶工作、安排子女入学入托、老人康养服务等照顾。二是落实医务人员休假制度。鼓励工作劳累、科研和门诊压力过大的医生休假以降低工作强度，并通过灵活补休等方式给予医务人员更多的带薪休假待遇。三是增强医院人文关怀。医院工会等部门可以充分利用业余时间组织文体活动，对内部职工进行稳定的和持续的文化培养和人文关怀等，使其提升医务人员心理层面的满足感。

B.19
淮南市农业农村人才建设实践与探索

刘晓庆 *

摘　要： 乡村振兴，关键在人。为进一步掌握全市农业农村各类人才发展现状，本报告通过农业农村部人事劳动统计 2023 年淮南市统计数据和 2023 年全市农业农村各类实用人才摸底统计数据，对全市农业专业技术人才及农业农村实用人才进行了系统分析。为加强淮南市农业农村人才建设，推进乡村人才全面振兴，结合近几年市级农业农村部门、市委组织部门等推进建立党管乡村人才振兴机制，打造乡村振兴人才队伍等举措，系统分析了取得的成效，深入探析农业农村人才建设面临的困难，针对当前农业农村人才队伍建设存在的专技人才招人难、留人难，农村实用人才缺口大等突出问题，提出做好乡村人才引育留用工作，培养农业农村科技人才、实用人才，提高基层待遇等建议。

关键词： 农业农村　人才振兴　人才引育　淮南市

为全面掌握全市农业专业技术人才现状，加大农业专业技术人才教育培养力度，加强农业科技推广人才、农村专业服务人才的引进、培养和使用，坚持政治引领，优化创新环境，激励各类人才在"三农"工作领域里大展身手、在乡村振兴事业中尽显风华。淮南市农业农村局根据统计数据对全市农业专业技术人才现状进行系统分析，不断深化新时代农业农村人才队伍建设改革，为农业农村高质量发展提供人才保障。

---

* 刘晓庆，淮南市农业农村局人事科三级主任科员。

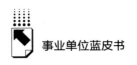
一 从业人员总体情况及专业技术人员情况分析

（一）从业人员分布情况

截至 2023 年底，淮南市农业农村系统有国有单位机构 139 个、从业人员总数 2109 人，其中市、县区、乡镇分别为 290 人、1357 人、462 人；机关 121人、事业单位 1057 人、企业 931 人；机关编制内 116 人、事业单位编制内1044 人。从业人员分类：机关公务员 93 人，管理人员 222 人（含农业执法 68人）、专业技术人员 831 人、工勤人员 945 人，编外聘用服务人员 18 人。

（二）专业技术人员情况分析

1. 专业技术人员职称情况

淮南市农业农村系统专业技术人员 831 人，其中正高级 27 人、副高级183 人、中级 366 人、初级 249 人、其他等级（如试用期不定等级）6 人，副高级及以上职称占 25.27%；中级职称占 44.04%，初级职称及其他（如试用期不定等级）占 30.69%（见图 1）。

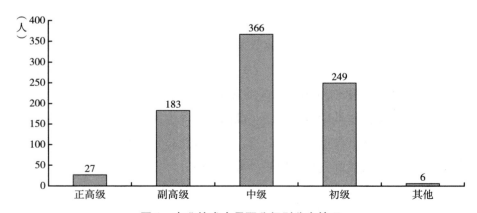

图 1　专业技术人员职称级别分布情况

2.专业技术人员市、县区、乡镇分布情况

淮南市农业专业技术人员 831 人，其中凤台县 174 人、寿县 416 人；市、县区、乡镇专业技术人员分别为 95 人（占比为 11%）、338 人（占比为 41%）、398 人（占比为 48%），如图 2 所示。

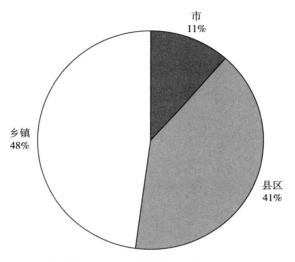

图 2　淮南市、县区、乡镇专业技术人员分布情况

3.专业技术人员学历分布情况

淮南市专业技术人员中，研究生学历为 38 人（占比为 5%），大学本科学历为 292 人（占比为 35%），大专学历为 355 人（占比为 43%），中专及以下学历 146 人（占比为 17%），如图 3 所示。

4.专业技术人员年龄分布情况

淮南市专业技术人员中，35 周岁及以下为 76 人（占比为 9%），36~45 周岁为 200 人（占比为 24%），46~55 周岁为 407 人（占比为 49%），55 周岁以上为 148 人（占比为 18%），如图 4 所示。

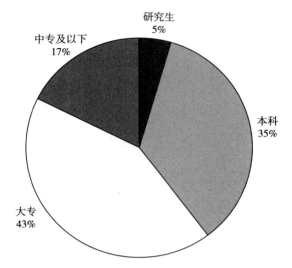

图3 专业技术人员学历分布情况

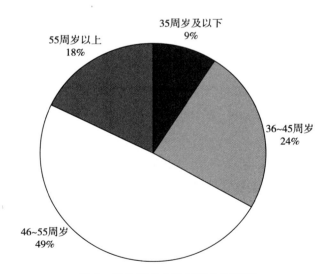

图4 专业技术人员年龄分布情况

二　加强农业农村各类人才队伍建设新举措

（一）建立党管乡村人才振兴的体制机制

一是健全人才工作制度体系。加强党对人才工作统一领导，成立以党组书记为组长的局人才工作领导小组，制订年度工作计划，建立党组联系服务专家人才工作制度，服务人才智库，将乡村人才振兴工作纳入乡村振兴实绩考核，明确任务分工，建立完善督导落实机制。

二是强化人才工作政治引领。推荐淮南市农科院多名同志参加市委组织部高层次人才研修班，引导鼓舞广大农业人才弘扬爱国奋斗精神，建功立业新时代。局党组多次研究解决局属事业单位岗位设置、引才留人等问题。

三是发挥人才工作建言献策作用。淮南市农业农村局党组每年定期召开全市农业农村人才工作座谈会，认真听取农业科技工作者、农村实用人才、农业技术援外专家等人才代表的意见和建议，为建设新阶段现代化美好淮南、深入实施乡村振兴战略集思广益。

（二）打造助力乡村振兴的优秀人才队伍

一是全面运行人才评价机制。严格按照规定流程开展农业系列和农业工程专业中、初级技术资格评审工作，为农业、林业、水利水电工程等专业的企事业单位工作人员提供职称评审服务，使此项工作落到实处。

二是积极开展乡村振兴专业技能人才评审工作。根据省市乡村人才振兴文件精神，为各类企事业单位、合作社、民间艺人等非编制内人员提供技能等级评审平台。2023年全市新增乡村振兴高级技能人才62人、中初级技能人才430人。根据文件要求给予各等级技能人才一次性奖励补贴。

三是加强农村实用人才队伍建设。2023年，淮南市紧密围绕全面支撑粮食和重要农产品稳定安全供给，深入推进高素质农民培育工作。全年举办高素质农民培育培训班38班次，培育高素质农民1810人（粮食作物栽培

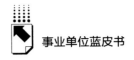
工、食用菌栽培工和网络营销师等），举办农民素质素养提升班 46 班次。目前全市各类农村实用人才总量 3 万人。

（三）搭建乡村振兴人才引育平台

一是推进平台建设，助力人才合作。淮南市充分发挥农业现有省级院士工作站、博士后科研工作站等高层次平台作用，加强与中国农科院院士团队、中科院亚热带生态农业研究所等国内高水平团队合作，开展蔬菜选育、种质资源创新、畜禽废弃物资源化利用等研究。淮南市农科院作为科研主力，不断探索种质资源创新与新品种选育科技攻关等项目。

二是打造政策优势，聚焦人才引进。借助安徽省科技特派员工作站平台，聘请了安徽农业大学两位教授及江苏省草莓协会副会长作为外聘专家，指导淮南市瓜菜和草莓产业发展，2020 年获得安徽省科研平台建设奖补支持资金 20 万元。2023 年 6 月与西北农林科技大学签订学生就业实习基地协议，并与园艺学院签订科研合作协议，搭建深度科研合作"立交桥"。近三年通过人才引进绿色通道引进了紧缺高层次人才 13 人，全部安排到科研一线锻炼。

三是提供干事舞台，落实人才培育。2020 年以来，围绕科技项目培养领军骨干人才，主动安排年轻一代作为项目主持人或课题成员勇挑重担，连续四年成功申报省级科技攻关项目，使其逐步成长为技术专家和骨干。在全市新建科研平台 1 个、专家服务基地 6 个，组建 1 个省级科技特派团和 2 个市级科技特派团，对接服务全市 15 家农业产业化龙头企业和 165 家新型农业经营主体。加强与高校、科研院所和企业合作，依托寿县、凤台、潘集三处合作科技示范基地，开展新品种、新技术、新模式创新与推广，在产学研合作中提升人才培养水平。

（四）营造激发乡村振兴人才活力的良好环境

一是主动争取上级支持。积极落实市委组织部工作部署，主动申报各类省、市人才项目。2020 年，淮南市农科院"酥瓜产业化关键技术研发创新团队"入选第 13 批省"115"产业创新团队,淮南市农科院博士后科研工作站获批省级 Ⅲ 类引才奖补平台。

二是积极落实人才激励政策。近年来,淮南市农业农村局组建了蔬果类等 7 个专业团队,严格实行项目主持人负责制,制定并落实科技成果转化办法、财政科研项目资金管理办法等,极大地调动了科研人员积极性。推荐优秀人才申报荣誉称号,近几年累计获得省、市级人才荣誉称号 15 人次,其中包括"安徽省优秀科技特派员""安徽省特色农业产业先进个人""淮南市最美科技工作者""淮南市向上向善好青年"等。积极支持各类人才参加全国农业学术会议和专业培训会,振奋精神,开阔思路,凝聚思想。

三是切实做到待遇留人。积极为引进的人才提供人才公寓,配齐生活设施,确保没有后顾之忧。针对引进的"985"高校硕士研究生,连续 3 年每月给予 1500 元生活补贴。在市委人才办协调下解决引进人才子女入学问题,努力营造重才、爱才、惜才、扶才的浓厚氛围,使青年科研人员逐步成长为业务骨干。

三 当前农业农村人才队伍建设存在的突出问题

(一)现行编制政策滞后,专技人才后备力量严重不足

35 周岁及以下专业技术人员占比不足 10%,新生代农业专业技术人才配备严重不足,出现各年龄段人才分布不平衡现象。由于基层工作环境较差,人才引进等政策对专业人才吸引力还不够,造成人才迭代更新跟不上农业发展形势。农业系列和农业工程专业技术职务评聘中比例较少,造成各等级技术职务间不平衡,严重影响年轻的专业技术人员的工作积极性,造成专业技术人才严重流失。

(二)专业技术队伍弱化,制约农业现代化发展

农技推广工作条件差、待遇低,许多有能力的技术人员流动性较大,全

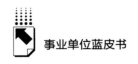
市农业专技人员 2023 年为 831 人，近年来，每年以十余人的速度逐年递减。专业技术人员年龄分布，46 周岁及以上的占比为 67%，45 周岁及以下占比仅为 33%，与传统农业相比，新型农业需新技术、新理念、新装备，他们普遍感到知识欠缺，农技队伍逐年弱化。

（三）基层农技力量薄弱，影响农技推广工作开展

基层农技力量薄弱，全市乡镇基层工作人员仅 462 人（其中专技人员 398 人），全市 71 个乡镇，每个乡镇平均有各类农技人员（含畜牧、兽医、水产、养殖、种植等）5.6 人，基层专技力量比较薄弱。由于基层农技推广机构的人权、财权归乡镇，农业技术人员大多身兼多职，兼顾乡镇政府的事务性工作，无法专心开展农技推广工作。有的农技人员虽然属于农技推广的岗位，但是长期被政府有关部门抽去从事其他工作，造成在编不在岗，导致农业部门安排的农技推广工作无法完成。

（四）新型经营主体不断涌现，农村实用人才缺口大

家庭农场、农民合作社和农业企业，特别是从事高效农业生产的经营主体，一方面需要提升相关素养，另一方面也急需专业技术人才和管理人才。农业农村现代化发展需要大量实用人才，近年来，淮南市以每年 1500 人的培训目标，不断深入开展高素质农民培育培训。调查显示，到 2023 年，全市农村实用人才需求总量在 5 万人以上，而目前仅有 3 万人，缺口仍然较大。

四　对策与建议

（一）加大人才引进力度，进一步提高基层待遇

通过人才引进政策，吸引新毕业的农业类研究生到农技队伍中来，防止出现队伍断层，影响农业现代化发展。加大对乡镇基层农技人员的扶持力度，可参照偏远乡村教师提高补贴待遇政策，提高基层农技人员的工资福利

待遇，使基层能够留住人才。适当提高职称评审结构比例，以吸引更多的农业专业技术人才投入乡村振兴中。

（二）推进人事制度改革，进一步激发人才活力

落实乡镇事业单位公开招聘、岗位管理等各项政策，做好乡村人才"引育留用"工作。严禁基层农技人员在编不在岗，杜绝农业技术人员身兼多职，充分认识到农业农村工作的重要性。政府部门保障农技推广机构的业务费和专项经费，保证农技推广工作的顺利开展，采取统一培训与分散培训相结合的方式，对农技人员进行全员培训，提高农技推广服务水平。

（三）培养农业农村科技人才，进一步提高创新能力

加强优秀青年后备人才培养，市重点人才计划向农业农村领域延伸，鼓励农业农村领域科技人才申报国家、省重大人才工程和人才专项。通过现代农业产业技术体系、农业科技创新联盟、市级科技特派员工作站等平台，加强农业企业科技人才培养。推进农业领域高层次科技人才团队在淮创新创业，支持高科技领军人才按照有关政策在国家、省级、市级农业科技园区等落户，加快培育一批高科技领军人才和团队。实施一批农业农村领域市级科技重大项目，落实国家关于科技人员兼职兼薪等激励政策。

（四）培育农村实用人才，进一步壮大乡村振兴队伍

新时代农村建设，不仅需要新时代的农民"回流"，也需要从城市里引进大量人才，鼓励经营主体吸引大批懂科技、懂市场、懂法律的专门实用人才到农村来。多措并举，支持退役军人投身乡村振兴，加强培育乡村青年人才，实施乡村振兴巾帼行动等。通过技能大赛、专项人才培育等，加大对农村实用人才的培育力度，不断拉低实用人才缺口。畅通新型农业经营主体中农业技术人员的职称申报渠道，完善以工作实绩和服务对象满意度为主要内容的评价机制，突出业绩水平和实际贡献。全面实施高素质农民提升计划，建立健全农村实用人才队伍管理平台，鼓励各县区对"土专家""田秀才"

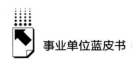

"乡创客"发放补贴，丰富乡村人才创新发展，为农村经济社会发展不断注入活力。

（五）充分发挥各类主体作用，进一步加大人才培养力度

推动涉农高校人才教育培养计划，加快培养拔尖创新型、复合应用型、实用技能型专业人才。发展面向农村的职业教育，建设适应乡村产业发展特色的专业和实习实训基地，支持职业院校培养基层急需的农技人才。发挥农业广播电视学校等培训机构的作用，推动农民培训与职业教育有效衔接。建立政府引导、多元参与的投入机制，将农民教育培训经费按规定列入各级预算，吸引社会资本投入。鼓励引导企业参与乡村人才培养，依托特色产业优势、现代农业产业园、农业科技示范园、农业产业强镇等建设实训基地，推动农业应用技术更新。支持农业企业联合高校院所建设产学研用协同创新基地，培育科技创新人才。

（六）强化人才工作保障，进一步落实人才强国举措

习近平总书记指出，人才振兴是乡村振兴的基础，要创新乡村人才工作体制机制，充分激发乡村现有人才活力，把更多城市人才引向乡村创新创业。① 人才队伍直接关系到农业增效、农民增收，关系到乡村振兴战略的实施。站在国家粮食安全和长治久安的高度，坚持把"三农"工作摆在突出位置，扎实抓好农业农村人才队伍建设。强化组织领导，压实工作责任，严格落实人才工作目标责任制考核。强化工作保障，全面落实淮南市乡村人才振兴专项规划（2021~2025 年），强化财政、金融、土地等政策保障，搭建乡村引才聚才平台，完善扶持乡村产业发展的政策体系。每年选树一批乡村人才先进典型，对做出突出贡献的各类人才，按照有关规定给予表彰和奖励。

---

① 《人才聚乡村 发展添活力（聚焦乡村人才振兴）》，人民网，2022 年 7 月 29 日。

B.20
嘉峪关市教师队伍建设的实践与探索

何福杰 *

摘　要：　党的二十大报告就建设教育强国、科技强国、人才强国作了重要部署。近年来，嘉峪关市教育局牢固树立"人才为本、人才优先"的发展理念，强化政治引领，全面加强党对人才工作的领导；坚持以德为先，全面加强师德师风建设；加大引进力度，着力构建教育人才"金字塔"；坚持培养为主，努力在能力提升上做文章，深化综合改革，进一步优化教师资源配置；注重关心关爱，着力在服务保障上下功夫，为助推全市教育高质量发展，提供了强有力的人才保障和智力支撑。

关键词：　党管人才　人才队伍建设　嘉峪关市

　　党的二十大报告高位谋划了全面建设社会主义现代化国家的路径，就建设教育强国、科技强国、人才强国作了重要部署。强国先强教，强教先强师。近年来，嘉峪关市教育局牢固树立"人才为本、人才优先"的发展理念，立足嘉峪关市无下辖区县，城市大、农村小、人口少、体量小的特点，以推进教育综合改革任务落地落实、促进教育优质均衡发展为目标，以发展的眼光、开阔的视野和系统的谋划，将人才引进和培养使用作为提高教育教学质量的重要举措，将人才工作作为教育发展的重中之重，坚持做好"引才、育才、用才"文章，坚持把教育做好做精做强，通过强化政治引领、加强师德建设、壮大师资队伍、优化资源配置、提升教师素养、提高教师待遇等举措，不断加强教师队伍建设，为助推全市教育高质量发展，提供了强有力的人才保障和智力支撑。

---

　　* 何福杰，嘉峪关市教育局教师发展服务中心副主任、高级教师。

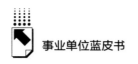

一　强化政治引领，全面加强党对人才工作的领导

一是坚持把学习贯彻习近平新时代中国特色社会主义思想作为首要政治任务。持续开展习近平新时代中国特色社会主义思想的学习、教育、宣传工作，持续巩固"不忘初心、牢记使命"主题教育成果，通过建立和落实主题教育制度机制，引导激励党员干部教师践行"为党育人、为国育才"的初心使命。深入开展"领导干部上讲台"宣讲活动，推动习近平新时代中国特色社会主义思想进校园、进课堂、进师生头脑。

二是坚持以高质量党建引领育人。全面推进"四抓两整治"，着力提升教育系统基层党组织的组织力。加强领导班子和领导干部政治素养考察，加大干部岗位交流力度，优化班子和干部队伍结构，提升领导班子和干部队伍整体效能。认真开展"四抓两整治"督查和党支部建设标准化评估验收工作，先后评定五星级、四星级党（总）支部28个，标准化党建室达标率达100%，2个党支部分别被评为省级、市级标准化建设先进党支部。

三是着力以风清气正的环境育人。坚持把全面从严治党落实到办学治校各领域、教育教学各环节，压紧压实学校党组织书记履行管党治党的政治责任，聚焦工程项目建设、大宗物品采购、招生入学考试等重点领域，加大内部审计力度，开展执纪监督，持续强化廉政建设。以师德师风建设月等活动为载体，通过法纪法规集中宣讲、召开警示教育大会、突出先锋引领等多种形式，引导广大党员教师自觉提升党性修养、严守作风纪律底线。对违反师德师风的问题，坚决做到发现一起，查处一起，警示一片。

二　坚持以德为先，全面加强师德师风建设

一是加强组织领导，落实工作责任，建立完善师德师风工作机制。把师德师风建设摆在教师队伍建设的首要位置，切实加强组织领导，会同嘉峪关市委组织部、市委宣传部等七部门制订《关于加强和改进新时代师德师风

建设实施方案》，并持续推动落实。

二是突出政治导向，强化正面引导，增强广大教师的责任感。坚持把政治建设放在首要位置，认真学习贯彻习近平总书记关于师德师风建设重要论述，全面落实立德树人根本任务，扎实推进师德师风建设活动。将每年 6 月确定为"师德师风建设月"，精心组织师德专题教育暨"师德师风建设月"系列活动。

三是丰富文化生活，注重典型引领，提升教师队伍的凝聚力。成立"初心"教师合唱团和阅心读书会，定期组织教师文艺展演，举办教职工排球、乒乓球、羽毛球比赛以及广播体操比赛等一系列活动。开展"最美筑梦人""思政人礼赞""班主任风采"等系列宣传活动，大力宣传推介先进教师典型。定期走访慰问优秀教师和生活困难教师，千方百计做好丰富教师文化生活、困难帮扶、缓解压力、典型引领等各方面的工作，真正在思想上、情感上、生活上、工作上关心关爱教师。

四是强化管理考核，严格执纪问责，着力规范教师施教行为。坚持将师德师风表现作为年度考核、评先评优以及奖励性绩效工资分配的重要依据，实行一票否决，引导广大教师自觉遵守中小学、幼儿园教师职业行为"十项准则"，为人师表、教书育人。通过建立完善工作机制，压实工作责任，持续、全面加强师德师风建设，广大教师职业行为得到进一步规范，形成了真正把师德师风建设融入学校工作全过程，局校联动抓落实的工作机制，广大教师的职业责任感、荣誉感和凝聚力进一步提升。

三 加大引进力度，着力构建教育人才"金字塔"

扩大人才增量，坚持"走出去"与"引进来"相结合，不断创新工作方法，拓宽人才引进渠道，健全人才服务体系，筑巢引凤引育高层次人才，拔高人才"塔尖"，培优提质壮大基础人才，筑牢人才"塔基"。

一是搭平台、拓渠道，在招才引智上下功夫。认真落实《嘉峪关市高层次和急需紧缺人才引进管理办法》，注重用好、用活人才政策，多渠道多

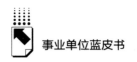

领域充实壮大人才队伍。开辟以公费师范生为优先、急需紧缺人才为重点、事业单位公开招聘为补充的教师队伍招聘渠道。近年来共招聘教育部直属师范大学公费师范生101名，引进急需紧缺专业硕士研究生50名，补充高校未就业大学毕业生近500名。目前，一批优秀引进人才已迅速成长为教育教学骨干，得到学生、学校和家长的广泛认可。

二是坚持"走出去"和"请进来"相结合，不断创新工作方法、拓宽人才引进渠道。每年组织人员到北京师范大学、陕西师范大学等教育部直属师范大学及国内知名高校开展宣传推介并对接人才引进事宜，利用高校广阔的资源和就业平台，大力宣传嘉峪关市发展成就和人才政策，积极吸引有意愿的优秀人才来嘉峪关市就业创业，同时全力做好学生实习对接及实习基地建设等工作，为后续引才奠定良好基础。现已建立西北师范大学本硕一体研究生院学生实习基地和陕西师范大学学生实习和就业基地，先后有40多名公费师范生和硕士研究生选择来嘉峪关市学校实习。利用暑假，定期邀请知名大学就业中心领导和即将毕业优秀大学生代表来嘉峪关市参观交流，近距离感受嘉峪关市的发展成就和引才之心，加强对嘉峪关市的了解和认可。

三是突出引领带动，充分发挥好领军人才和名师作用。按照《嘉峪关市领军人才管理办法》《嘉峪关市教育局2021年度重点人才项目和陇原青年创新创业人才（团队）项目实施方案》，始终坚持把盘活、用好现有人才资源，发挥示范引领作用，作为强化教师队伍建设的有力支撑。主动为人才发挥作用搭台，开展领军人才传帮带活动。每位领军人才带领培养3~5名青年教师，从课堂教学、教育科研、教学管理等方面进行指导，充分发挥领军人才的示范引领作用。加强对领军人才的日常考核和年度考核，强化过程管理，突出工作实绩，有效促进领军人才立足岗位发挥引领带动作用。目前，嘉峪关市教育局共有陇原名师工作室8个、市级名师工作室4个、"双名"工作室10个，有22人先后被市委命名为教育领域市级领军人才。此外，认真开展"名师"传帮带活动。实施由名师、学科专家组成的"名师"帮带组，以师徒结对的方式，一对一、面对面、手把手地向青年教师传授教育教学经验，加快青年骨干教师的培养速度。

四是坚持柔性引才，与陕西师范大学等高校建立合作关系，邀请相关专家通过来嘉讲学、专家讲座、座谈交流等多种方式"把脉问诊"，强化对嘉峪关市教育工作的指导。2021年联合陕西师范大学南方发展研究中心成功举办"一带一路"基础教育名家论坛，国内知名专家、14个省市的中小学校长、名师、学科带头人等200余人参加论坛，嘉峪关市教育的影响力不断扩大。

四　坚持培养为主，努力在能力提升上做文章

立足教育发展实际，以四有"好老师"为标准，本着"缺什么、补什么"的理念，创造条件，搭建平台，努力营造人人皆可成才、人人尽展其才的良好环境。

一是坚持严管和厚爱并重，铸造高素质人才队伍。将师德师风作为评价教师的第一标准，突出师德养成全过程，建立师德建设长效机制，坚持每年6月常态化开展师德师风建设月活动，将师德表现作为资格认定、职称评聘、岗位晋升、评先选优、绩效考核的重要内容。通过强化学习、典型引领、警示教育等，激励引导广大教师弘扬和践行教育家精神及"卓苦为刃、筑教为先"的甘肃教育精神，争做"四有"好老师，当好"四个引路人"，立志做新时代的"大先生"，为推动教育高质量发展筑牢人才根基。

二是以省级重点人才项目为牵引，着力实施"三支重点人才队伍"建设项目，培育160名"领航名师和名校长""雄关名师""卓越教师""区域名师"。充分发挥名师工作室等示范引领作用，打造教育人才"雁阵"梯队，支持帮助人才尽快成"名"成"家"。先后组建"陇原名师工作室""雄关名校长、名师工作室""学科教研基地"21个，吸纳骨干教师100余名。近年来，有2名教师被评为甘肃省特级教师、7名教师被评为甘肃省"陇原名师"、2名教师被评为省级领军人才、35名教师被评为市级领军人才、20名教师评审取得正高级职称、115名青年教师被评为省级技术标兵、277名教师被评为市级"青年教学能手"。

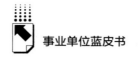
三是持续强化教研培训对人才队伍建设的引领支撑作用，坚持"唤醒、点燃、领跑"培养思路，精心制订培训计划，量身打造培训内容，制订《嘉峪关市基础教育教研改革"六大行动"实施方案》，全力构建国家、省、市、局、校五级培训体系。借助清华大学、读者集团等优质教育资源，围绕教师培训、跟岗实践等核心内容，采取高校委培、省外访学和名校跟岗相结合的方式，实施教师定向培养。近几年，先后组织教师参加国家级培训2500余人次、省级培训2600余人次、市级培训8000余人次，先后获得省级课题立项541项，通过省级鉴定443项。

四是实现教师精准培训。统筹各级培训项目，系统编制教师五年培训规划。新入职教师完成不少于60学时的线下集中岗前培训，青年教师每两年完成一次全覆盖、专业化轮训，骨干教师每年参加课程标准、教育理论、教育政策培训，"陇原名师"等名优教师推荐参加"国培"示范性培训。创新"青蓝工程"载体，统筹全市名优教师资源，跨校际开展"一对一""一对多"帮扶。加大"培训者"培训力度，遴选一批教学业绩突出、研究成果卓著的专家型教师入选教师培训专家库，实施两年一轮次的能力提升培训。

五是加大新教师培养力度。创新青年教师培养模式，即1年入门、3年成型、5年基本成长为骨干。构建"新教师—青年教学能手—骨干教师—学科带头人—特级教师"教育人才梯次成长体系，将所有教师纳入培养体系。组织近三年入职的460名教师开展专题培训两期，组建青年教师研修班，由闫桂珍等名师担任班主任，通过"青蓝工程"、师徒结对等方式不断增强青年教师培养实效性。

六是提升教育数字化素养。制订《嘉峪关市教育数字化转型升级实施方案》，在协同推进软硬件建设的基础上，提升教师个人应用数字化手段组织实施教学教研的能力。将数字素养作为新时代教师核心素养的重要组成部分，在教师培训课程设计中安排不低于30%的教育数字化相关内容，加强教育信息化、数字化、人工智能培训。以甘肃省"新时代信息化引领导师""国家级教育信息化创新团队"为依托，组建市级信息化教学创新应用团队，开展信息技术与教学深度融合的应用和推广研究，学习翻转课堂、"双师课堂"等新型教学模式，促进教与学的模式变革与减负增效。组织数字化教学应用能力比赛，每两年组织一次基于新技术的数字化应用能力教学竞赛，引导教师学习、应用、推广数字教育资源。

五　深化综合改革，进一步优化教师资源配置

一是注重内部管理，不断完善教师综合管理。研究制订了《嘉峪关市中小学教师"县管校聘"管理改革工作方案》《市教育局关于进一步优化教师岗位聘任管理的意见》《嘉峪关市打造支撑教育高质量发展教师队伍三年行动计划（2023—2026 年）》等，持续优化教师资源配置，持续推进"县管校聘"管理改革，不断激发教师队伍活力。

二是进一步加大校长教师交流轮岗力度，完善《嘉峪关市教育局关于进一步推动教师有序交流的意见》，以界定市属学校中相对薄弱学校为抓手，通过增加轮岗交流数量、加大校长教师交流力度、农村学校与市区学校结对帮扶等方式，有效破解市区教师评审高级职称无农村或薄弱学校工作经历的难题，切实促进校长教师合理有序流动，激发活力。

三是适当提高中高级岗位结构比例，扩大教师晋升通道，充分发挥好岗位竞聘、职称评聘的激励作用。不断完善岗位能上能下、待遇能高能低的竞争激励机制。完善教师退出机制，对教师资格注册不合格、严重违反中小学（幼儿园）教师职业道德，或其他原因等不能胜任教学岗位工作的，调离教学岗位或予以解聘。

四是健全教师荣誉体系。对照省级教师荣誉体系，健全逐级进阶的市级荣誉体系。完善市级评选机制，每两年评选一次青年教学能手、骨干教师、学科带头人。深入实施"三名"工程，认真选树一批"雄关名师""雄关名班主任""雄关名校长"。大力支持符合条件的名师申报高一级名师称号，积极争取省级骨干教师、学科带头人、陇原名师指标，鼓励符合条件的名优教师申报"特级教师"等更高层次荣誉，不断扩大名师增量。

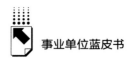

六 注重关心关爱，着力在服务保障上下功夫

坚持把人才放在最合适的专业岗位，让他们在岗位上能够充分发挥自身能力，实现自身价值。积极打造高层次人才成长"快车道"，为人才提供更加广阔的平台，促进人才快速成长。

一是通过名师结对引领、参加教学技能竞赛、开展课题研究等活动，在工作上搭平台、给舞台、摆擂台，努力营造识才爱才敬才用才的优良环境，确保人才引得来、留得住、能干事、干成事。近几年，先后有400余名教师在省、市级教学竞赛中获奖。

二是认真落实好《嘉峪关市引进高层次和急需紧缺人才购房补助、租房补助和生活补助发放实施细则》及相关优惠政策，对重点人才、重点团队，点对点、一对一做好政策保障和跟进服务，着力落实好薪酬待遇、职称评聘、生活补助、购房补助、家属子女安置等待遇政策，定期走访慰问人才，切实解决人才在工作、学习、生活等方面的困难和问题，让各类人才心无旁骛用心教学。近几年，在市委人才工作领导小组的大力支持下，先后为新入职的60多名公费师范生和硕士研究生办理了人才公寓入住手续，为43名在职取得高一级学位公费师范生报销学费59.19万元，为55名公费师范生和硕士研究生申请人才安家补贴320万元。

三是强化待遇保障，确保中小学教师平均工资收入水平不低于或高于全市公务员平均工资收入水平。坚持落实好中小学班主任每月500元补助和农村教师绩效工资总量提高15%政策，健全中小学教师工资增长长效机制。每年1月底前按国家规定的对比口径计算比较上一年度中小学义务教育教师平均工资水平和公务员平均工资水平，根据统计比对结果对中小学义务教育教师工资进行专项补差。

四是加强人文关怀，突出教育行业"文化属性"，先后开展广播体操比赛、职工乒羽赛、教师文艺展演等活动，不断丰富教师精神文化生活，营造积极健康的引才聚才环境。每年组织召开教育系统人才座谈会，面对面吸纳工作建议，心贴心解决生活困难，点对点破解思路瓶颈，将关爱落实到子女就学、老人病逝、本人婚恋等急难愁盼之处，增强广大优秀人才的荣誉感、归属感、幸福感。

百年大计，教育为本，教育兴衰，系于人才。下一步，嘉峪关市教育系统将以党的二十大精神为指引，牢固树立"人才是第一资源"的理念，进一步增强人才观念，进一步加大人才政策宣传力度，不断加大人才引进力度，持续加强人才队伍建设工作，通过多种方式吸引人才、培养人才、留住人才，吸引汇聚更多英才发展壮大雄关教育人才队伍，为嘉峪关市教育事业高质量发展和打造河西走廊教育高地打下更加坚实的基础。

B.21
张掖市农科院协同创新实践与探索

李锟 王彬 贾晶*

摘 要： 张掖市农科院坚持完整、准确、全面贯彻落实新发展理念，在科研工作协同创新方面进行了有益的探索。本报告梳理了两种科研单位协同创新模式（上中下游衔接型和板块协作互补型），总结了张掖市农科院在平台建设、产业融合、人才培养、科研转化等方面取得的成效，分析了在协同创新认识、组织模式、团队建设、机制等方面存在的问题，提出了充分认识协同创新的深刻内涵和实践价值，重视人才培养和科研团队建设，创造条件强力推进科研平台建设，构建科学的协同创新激励机制等建议。

关键词： 科研单位 协同创新 人才培养 张掖市

协同创新是指围绕创新目标，多主体、多因素共同协作、相互补充的创新行为，其主要形式是产学研协同创新，特别是科研单位与高校、行业产业、地方政府进行深度融合，构建产学研协同创新的平台与模式，特点是参与者拥有共同目标、内在动力，能够直接沟通，依靠现代信息技术构建资源平台，进行多方位交流、多样化协作。近年来，张掖市农科院（以下简称"市农科院"）坚持完整、准确、全面贯彻落实新发展理念，在科研工作协同创新方面进行了有益的探索。

---

* 李锟，张掖市农业科学研究院办公室主任；王彬，张掖市农业科学研究院办公室干部；贾晶，张掖市农业科学研究院办公室干部。

一　主要模式及路径

目前，国内科研单位的协同创新模式主要有上中下游衔接型、科技平台支撑型、系统功能模块型和板块协作互补型四种。市农科院以上中下游衔接型和板块协作互补型为主要模式开展协同创新。

（一）上中下游衔接型

上中下游衔接型典型代表是国家产业技术体系在市农科院设立的油料综合试验站和糖料综合试验站，国家产业技术体系本身就涵盖了贯穿全产业链的应用基础研究、应用研究和开发研究示范内容，且试验站有明确的目标任务、完善的考核机制和稳定的经费支持。另外，市农科院围绕服务产业发展，采取的"双向兼职"模式也属于这种类型。基本路径是由院科技人员领办、合办和帮办种子企业，带动产业发展。20世纪90年代，国家推行事业单位体制改革，部分事业单位职工工资采取财政差额补助的方式，70%由财政补贴，30%由单位创收弥补，职工工资财政不能全额保障。加之长期以来存在科研与生产脱节等问题，在一定程度上影响了科技人员创业创新积极性和科研工作效能。为解决职工工资全额保障，破解科研生产"两张皮"的问题，市农科院鼓励科技人员参与产业开发，在加速科研成果转化的同时，承担开发创收任务，以弥补职工工资差额。《中华人民共和国种子法》明确鼓励品种选育和种子生产经营相结合，市农科院科研人员依法相继创办了16家种子经营实体。2015年张掖市政府出台了鼓励农业科技人员在完成本职工作的前提下参与农业产业开发和科技服务的相关政策，市农科院科研人员从开发创收、创办实体到"双向兼职"对科研体制改革和协同创新进行了积极的探索实践，"双向兼职"人员最多时达38人，占科研人员总量的56%。

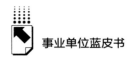

（二）板块协作互补型

板块协作互补型是围绕具体项目实施、单项技术研究，与科研院校、农业企业及地方政府开展的协同创新模式，基本路径是由院属研究所与合作单位签订协同创新协议，提供一定的经费支持，按协议内容和期限完成项目任务、技术研究成果等。近年来，市农科院与华中农业大学、西北农林科学院、甘肃农业大学、河西学院、中国农科院以及甘肃省农科院等科研院所，临泽县政府、高台县政府以及甘肃奥林贝尔生物科技集团有限公司、隆丰祥种业有限公司、张掖市新大弓农化有限责任公司等地方政府和农业企业开展的协同创新项目都属于这种类型。

二　主要成效

近年来，市农科院围绕上中下游衔接型和板块协作互补型两种协同创新模式，在人才培养、科研团队建设、科技成果转化、地方产业发展及农民持续稳定增收等方面成效显著。

（一）活机制、优平台，着力激发创新活力

依托国家油菜产业技术体系张掖综合试验站，开展了品种换代升级、栽培模式集成创新及产区应急性工作，推动甘肃省春油菜产业整体提升发展。选育油菜新品种 8 个，研发的油菜全膜覆盖精量点播技术和全程机械化杂交油菜制种技术，在市内大面积推广的同时，还为国家科技特派团在临夏州、甘南州巩固脱贫攻坚成果提供了技术支撑。依托国家糖料产业技术体系张掖综合试验站，研发推广新品种、新技术，实现了甘肃省甜菜品种更新换代和全程机械化作业，亩产糖量大幅度提升，建成万亩"吨糖田"。选育甜菜新品种 8 个，研发的甜菜"1420"高密丰产高糖栽培技术、"1+2"绿色节本除草技术和氮肥前移及优化施肥技术在生产上进行了大面积推广应用，并推广到新疆、内蒙古等甜菜种植区域。

（二）开展"双向兼职"推进科研与产业深度融合，助力产业发展

目前从事"双向兼职"人员为 19 人，占科研人员总量的 28%。主要服务于玉米制种、马铃薯、高原夏菜等农业特色优势产业，年指导建立玉米制种等全产业链技术服务基地 10 万亩，走出了一条"人才、科技、产业"一体化的发展之路，为市现代农业发展及经济社会发展提供了有力的科技支撑。据不完全统计，市农科院领办创办的 8 家企业拥有固定资产 16750.45 万元，累计投入科研经费 9000 余万元，累计上缴税收 1802.5 万元，累计基地面积106.6 万亩，年带动农户 9489 户，年培训农民技术员 17620 人次，吸纳 180 余名大中专毕业生就业，共审（认）定和登记农作物新品种 79 个，制定甘肃省地方标准 24 项，申报国家专利 22 项，取得国家授权专利 20 项，申报商标 8个，颁布商标 8 个，获甘肃省科技进步一等奖 2 项、二等奖 1 项，市厅级一等奖3 项、二等奖 2 项。其中创办的甘肃金源种业股份有限公司为 2016 年农业部认证的"育繁推一体化"种子企业。承担省、市科技计划项目 30 多项，2023 年争取协同创新经费 456 万元，这在一定程度上解决了科研经费严重不足的问题。

（三）采用请进来教和送出去学相结合的方式强化人才培养

一方面邀请专家（院士、教授）到市农科院进行现场指导和学术交流，提高专业技术人员的专业技能和研究视野。先后邀请国内外专家学者 30 多人（次）来院进行专题讲座和现场指导。另一方面，选派青年专业技术人员到省农科院、兰州大学和中国农业大学进行现场实操进修。同时，围绕协同创新项目实施，建立了老中青结合，传帮带跟进的人才培养机制，有效提升了科研人员的专业素养。初步形成了玉米、粮油、经济作物、蔬菜、土壤肥料、植物保护等 6 个科研团队，在协同创新实践中不断成长壮大。

（四）科研成果转化应用遍地开花

以玉米新品种"金凯 5 号"、小麦新品种"张春 27 号"为代表的粮油新品种的大面积推广和一大批高产优质栽培技术的广泛应用，稳定了粮食种

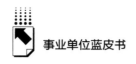

植面积、产量和效益，为筑牢粮食安全底线和农民持续稳定增收提供了有力支撑。围绕土壤肥料长期定位开展试验研究，初步掌握了土壤肥力涨消动态演变规律，为有效减少化肥用量、提升地力、节本增效及生态环保提供了理论依据。总结出玉米制种田适时揭膜技术，大面积推广应用该技术，在确保玉米种子质量和产量、节本增效的同时，有效防治了白色污染，推进国家级玉米制种基地可持续健康发展。

三　存在的主要问题

（一）对协同创新的认识不到位

协同创新的本质是将各个创新主体要素进行系统优化、合作创新的过程。而在具体实践中，对协同创新计划本身、自身科研优势以及社会需求等方面的认识有偏差。一方面，对协同创新本质内涵的认识不到位，往往出现重申报轻实施，甚至仍将其作为一种功利的"找钱活动""分钱计划"。另一方面，不能准确评估自身和合作方的科研实力以及真正的市场需求，为协同而协同，很难充分盘活创新要素，发挥各自的比较优势，在一定程度上影响了协同创新的效果。再加上对参与协同创新的人员把关不严，人员素质参差不齐，个别双向兼职人员在社会上造成了一定的负面影响。

（二）协同创新组织模式有待完善

目前，国内协同创新的组织主要采取"大师+团队"的模式。市农科院具体采用"双向兼职"模式，尤其是领办、创办企业的形式基本符合这种模式。尽管与产业进行了较为紧密的结合，但玉米制种仍存在一头沉的问题，与其他产业融合的力量较薄弱，也不利于单位职能职责的全面发挥。人员管理方面缺乏科学的管理制度和有效的激励机制，存在管而不严的现象。围绕具体项目实施、单项技术研究，与科研院校、农业企业及地方政府开展的协同创新模式衔接不畅的问题也比较突出。一方面，本身地市级农科院的基本定位是国内外先进适用农业科技成果在本地区落地应用的承接者、试验者和推广者，自身高水平科研成果较少。另一方面，对外交流不够，尤其是与科研单位、农业院校、政府部门及农业企业沟通交流很少，直接影响了政策落实、项目落地和职能职责的充分发挥。

（三）协同创新团队建设滞后

随着农业产业的发展和升级，科研工作重点围绕支柱产业，忽视了全方位的长期稳定人才培养和团队建设。一方面，人才新陈代谢过缓，表现出明显的青黄不接，有实力、有分量、有影响力的高层次领军人物更是匮乏。另一方面，未搭建起基本的科研平台，缺乏正常科研手段和条件，尚未形成以项目负责人为核心、有凝聚力和战斗力的科研团队。在一定程度上制约了协同创新能力、科研水平和成果产出率的提升。

（四）协同创新机制亟待健全

目前，缺乏体系化的科研协同创新制度，间接降低了人才、资本、信息、技术等创新要素活力的释放程度，尤其是评价激励机制，包括竞争机制、评价机制和激励机制尚不完善；协同创新大项目很少，小项目也不多，严重影响了协同创新效果和科研人员参与协同创新的积极性。

四 对策建议

（一）充分认识协同创新的深刻内涵和实践价值

科研单位协同创新是顺应知识经济时代潮流的一种跨文化、跨领域、多主体参与的非线性创新组织模式。开展协同创新，不仅是深化科技体制改革、提升科研单位创新能力的内在要求，同时也是增强我国科技竞争实力、推进创新型国家建设的必由之路。实践充分证明，科研单位协同创新源于产学研合作而高于产学研合作，本质是科技生产关系一定要适应科技生产力发

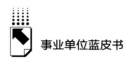

展客观规律的现实体现。因此,协同创新是当前和今后科研单位创新发展,实现高水平科技自强自立的有效途径和必然选择。

(二)重视人才培养和科研团队建设

坚持"人才是第一资源"的理念,着力构建与使命任务相适应的人才队伍。一是持之以恒调结构,按现有编制合理规划,分年度招考和引进高层次专业人才,使科研团队年龄层次、专业结构趋于合理。立足职能定位和工作重点,采取"请进来教,送出去学"的办法,定期邀请国内院士教授专家学者来院短期培训;按照干什么学什么,缺什么补什么的原则,选派人员外出培训,提升现有科研人员的能力水平。二是持续推进传帮带机制落实,加快新进人员的培养。在科研团队人员配备方面坚持老中青结合,把"传帮带"做为重要的人才培养机制长期坚持,俗话说"一人红、红一点,大家红、红一片","传帮带"既是方式和方法,更是氛围和风气。作为年轻人,要有虚心好学的精神,新一代的科研人员更应该树立以能者为师的观念,自觉地尊重老师,切实地关心老师,真心实意地做老师的学生。作为老同志,则要有诲人不倦的精神。要有高尚的思想境界和高度的责任心,甘当人梯,要有宽广的胸怀,热心做年轻人的良师益友,把自己的过硬本领毫无保留地传授给年轻同志。通过持续推进"传帮带"活动,倡导"传"出智慧、"帮"出成长、"带"出文化。形成"博学、笃行、守正、创新"的农科文化和"赶、学、比、超"的浓厚科研氛围。鼓励年轻人参与或主持协同创新项目,并发挥专业特长尽快融入产业发展的具体实践中,在实践中找准自己的位置,实现自己的梦想。三是坚持"机构专责,人员专业"的原则,按照"产业所需、我们所能、群众所盼、未来可期"的要求,围绕做好"地"和"技"两篇文章,打破现有专业技术人员科所界限,按专业特长进行双向选择,选拔专业拔尖、具有凝聚力的领军人物,在助力产业发展的生动实践中锤炼一批作风过硬、技术精湛、团结一致、亲农爱农的专业团队。

（三）创造条件强力推进科研平台建设

高水平科研平台建设是开展科学研究、聚集和培养优秀科研人才、开展学术交流的重要基地，是正常开展科研工作、提升科研水平和协同创新能力的重要支撑和保障。首先，改善现有基础设施，建立完善的管理制度。其次，建立信息交流大数据平台，打造集种质资源鉴定、环境监测与控制、新品种测试评价、病虫害监测预警、成果转化、信息交流及资源共享于一体的智能数据云平台，实现信息化、智能化管理。最后，要充分发挥现有国家产业技术体系两个综合试验站、中国科协协同创新基地、海智基地和人社部博士后创新实践基地的作用，力争在人才引进、科研能力提升及学术交流等方面取得突破性进展。

（四）构建科学的协同创新激励机制

积极争取地方政府依据国家相关政策，出台符合科研单位性质，实行分类管理，保障履职尽责的政策措施，既要充分调动科研人员的积极性，又能实现有章可循，规范管理，防止一管就死，一放就乱，发挥人才在协同创新中的主导作用。持续深化"放、管、服"改革，真正做到简政放权、放管结合、优化服务。进一步修改完善科研管理制度，创新用人机制，明确用人导向，推行开放、流动、竞争、协作的用人制度。进一步完善年初计划、年中考核、年终述职等考评体系，建立负面清单，明确目标导向，加强日常监管，敦促协同创新人员履职尽责。改革收入分配制度，使分配向科研有成果、产业有贡献、管理有成效的人员倾斜，形成促进协同创新的激励机制，最大限度激发科研人员创新积极性和创新潜能。通过采取营造良好环境、提供优质服务、强化荣誉激励、先进典型引领等措施，增强科技人员的主动性、积极性和创造性，激发创新创业活力。

只有充分认识协同创新的深刻内涵和实践价值，高度重视人才培养和团队建设，着力打造高水平科研平台，积极探索科学有效的协同创新新机制和新模式，才能力争实现"凝聚高层次人才、打造高水平团队、建设高效能平台、争取高级别项目和产出高质量成果"的"五高"科研工作目标，进而实现高水平科技自立自强。

理论探讨篇

B.22
事业单位工作人员考核存在的问题及对策研究

梁松涛*

摘　要： 党的二十届三中全会指出要建立以创新能力、质量、实效、贡献为导向的人才评价体系。本报告梳理了事业单位工作人员考核的现状，分析了考核指标设置不合理、考核过程形式化、考核结果应用不足等问题，同时也分析了问题成因，包括现有体制机制的影响、绩效考核目标的定位偏差、绩效考核信息不全面等，最后提出了完善考核指标体系和单位考核制度的对策建议。

关键词： 事业单位　考核管理　结果运用

　　事业单位是指由政府利用国有资产设立的，从事教育、科技、文化、卫生等活动的社会服务组织，是经济社会发展中提供公共服务的重要载体。事

---

* 梁松涛，河北省人力资源和社会保障厅事业单位人事管理处四级调研员。

业单位考核是对员工工作成果和绩效的阶段性评估，其目的在于提高事业单位的工作效率和服务质量，促进事业单位的发展。2023年中共中央组织部、人力资源和社会保障部联合印发了《事业单位工作人员考核规定》，根据事业单位公益性、专业性、技术性、服务性的特点，坚持问题导向和目标导向，丰富完善了考核内容标准，健全改进了考核方式程序，强化了考核结果运用，进一步树立鲜明考核导向，着力增强考核制度的系统性、针对性、有效性。党的二十届三中全会指出要建立以创新能力、质量、实效、贡献为导向的人才评价体系。然而，目前事业单位考核在落实上还存在诸多问题，需要采取相应的对策加以解决。

一　考核工作现状

目前，事业单位考核是以《事业单位工作人员考核规定》为政策依据进行的事业单位人员考核，考核以岗位职责和所承担的工作任务为基本依据，全面考核德、能、勤、绩、廉，突出对德和绩的考核。要求对事业单位人员进行分级分类考核，同时对于重点行业要求按照分类推进人才评价机制改革的有关要求，分别确定工作人员考核内容的核心要素，合理设置指标权重，实行以行业属性为基础的差别化考核。考核分为年度考核和聘期考核，根据工作实际开展平时考核、专项考核。虽然《事业单位工作人员考核规定》对考核工作做了细致的规定，但在执行过程中，各个事业单位一般都是在制式的表格之下通过对"德、能、勤、绩、廉"几个方面填表和打钩的形式开展。

二　存在的问题及原因分析

（一）存在的问题

一是考核指标设置不合理。事业单位考核缺乏针对不同的单位、不同人员、不同年龄、不同职务层级开展有区别的考核，具体考核往往受主观因素

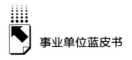
影响，客观标准不具体也不统一，前期岗位分析不到位、考核评价结果单一等。

二是考核过程形式化。事业单位职能较多，未能实行统一标准的考核办法，从而导致难以实现量化考核。尤其是人员较少的事业单位，一般采取投票结合主要领导意见的方式给出考核结果，确定考核等次。考核过程没有具体标准，缺乏员工共同参与讨论，无法保证考核结果的公平性。

三是考核结果应用不足。《事业单位工作人员考核规定》虽然强化了考核结果运用，但具体实施上事业单位考核结果只是作为员工晋升、奖惩的依据，主要是以奖励和通报作为考核结果运用的形式，而不注重向考核对象反馈考核意见，被评为优秀并不知道何处优秀，考核成绩不佳的员工也没有得到改进的意见和建议，同时，考核结果也未作为员工培训、发展和绩效改进的依据。也就是说，缺乏固定的、明确的奖惩机制与之配套，难以充分发挥事业单位长久绩效提升这一关键作用。

（二）主要原因

一是现有体制机制的影响。事业单位因受历史发展因素的影响，较多仍然被赋予了行政功能，这种工作模式之下就会出现职责分工不明晰，不存在同行业竞争，奖励和监督机制运行困难的情况，与绩效有关的考核形式比较单一且无法起到实际作用。

二是绩效考核目标的定位偏差。现在事业单位的绩效考核没有明确的目标，存在应付了事，形式大于内容的情况。没有将各单位的情况进行具体分析，同时，也没有设立与各自员工相匹配的分类考核制度。绩效考核的结果只是体现在对个别优秀员工的奖励上，在员工的培训、晋升以及教育改进上并没有体现。

三是绩效考核信息不全面。事业单位的绩效考核往往采用的是年终一次性评优，由个人和单位领导通过填表打钩得出考核结果，受主观因素和近因效应的影响，很难给予员工全面的综合评价。加之部分领导和个人存在平衡的思想，给予的大部分人都是"称职"和基本相同的评价，对绩效考核的真实性产生实质影响。

四是沟通与反馈渠道不畅通。在具体的考核过程中，事业单位的绩效考核设置一般都忽视了前期的沟通。殊不知沟通是了解员工实际表现和心理状况的重要环节，考核者往往通过一些外在因素和主观认知对被考核者进行了评价，考核的结果存在片面和不客观情况；同时对于考核结果也没有和员工进行有效沟通，导致很多员工不了解最终结果，因此更难了解组织对其的期望，这样无论对个人发展还是组织目标的实现都存在不利影响。

三　考核问题的对策

（一）完善考核指标体系

考核体系是事业单位人事管理非常重要的组成部分，不仅为工资分配、职称考核和后备人才培养提供了重要的基础信息，而且也在充分调动员工的积极性方面发挥了强大作用。事业单位应以此为基础，构建出目标明确，标准清晰，以结果为导向的配套考核制度体系，实现公平、公正、准确、实用的考核评估结果。

1.制定科学的考核指标

首先，要建立各个岗位责任制说明书，明确各个员工所分管工作的职责、目标、权利和义务，为员工考核提供相应的具体依据。其次，对其中可以定性的指标进行具体量化。分别针对"德、能、勤、绩、廉"五项内容，采取逐项赋分，分类系统化的方式，将各个单位的工作职责赋予其中，"量身定做"工作标准的方式开展考核。

2.建立与之相应的考核激励机制

建立科学完备的考核体系，需要有对应的规章、制度与之相匹配。实现考核之目标，需要事业单位及时针对员工建立奖励性机制，从物质和精神激励的角度，唤醒员工积极主动开展工作热情。激励可以采取物质和精神两方面的激励方式。物质方面涵盖薪资、奖励性津贴、给予一定的带薪假期等福

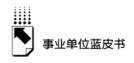
利；在精神方面涵盖口头表扬，奖励性证书，赋予更多责任，给予更多的权利等。对于激励机制的完善，应着眼逐步推进与事业单位相匹配的人事制度改革，搭建上下流动顺畅的选人用人制度。在综合考量人员素质的基础上，逐步纠正对学历、资历的过分偏重，并把工资奖金、逐级晋升、奖惩制度一并构建到相应的制度中。使员工得到与其工作态度、工作成果相匹配的绩效奖励，更高水平的工作成效得到更高的补偿和奖励，体现公平和公正。事业单位的考核制度对其本身发展来说至关重要，应逐步完善相关配套的政策，并着力推动政策落地落实，切实达到考核的根本目标。

（二）完善单位考核制度

1.明确考核管理目标

各个不同的单位和部门性质都有所不同。因此，事业单位应当从各单位工作性质、组织的发展目标、工作职责角度出发，采用定量为主要方向，定量与定性相互结合的考核方式，科学制定其各自的考核管理目标、考核指标和考核内容，充分提高考核的实际效果。

2.注重短期考核与长期考核相结合

目前，事业单位考核往往采用年度考核的方式，容易造成"近因效应"。因此，考核需要改变年底考核一锤定音的实际状况，增设对员工日常考核环节，采取年度考核与日常考核相结合，并将日常考核纳入年度考核的重要依据。日常考核应当以每月、每季度或者每半年为一个周期组织考核，侧重考勤、任务完成情况，注重考核指标监测和预警，加强日常工作的督查，把情况掌握在平时，把问题解决在日常，走出考核的形式主义，让年度考核有凭有据，体现准确性。

（三）加强考核过程管理

规范的考核程序对考核制度顺利推进具有至关重要的作用。在制定了明确的考核细则后，考核如何有序进行，就需要事业单位加强对考核过程的管理和监督，确保考核过程的规范严谨，防止考核过程形式化。各单位根据实际情况设立考核部门，要做到部门独立，人员固定且齐备，成立的部门专门进行日常的组织安排，监督指导工作。为了督促考核办员工严谨周密履职，避免徇私枉法的事情发生，考核工作单位领导小组成员应发挥好监督职能作用，在每月和年度考核工作会议上认真对考核办提供的证据进行核实。在加强各单位考核监督的同时，各地也应组织人事部门成立相应组织，公开举报电话、举报邮箱、受理举报办公室，对各单位负责人存在以权谋私问题进行调查处理。组织人事部门考核组织要依据考核时出现的问题，在下年度考核周期开始前，对当地事业单位考核办法做出及时修改，并报上级考核组织进行审查、备案。同时，严格规范考核程序，特别是在公布考核结果前需注重公示、告知被考核单位具体扣分项目、扣分原因，完善申诉、监督机制，注重监督考核过程和结果，关注考核结果的沟通反馈，保证考核工作在多方监督下施行。

（四）强化考核结果应用

事业单位除应将考核结果与工资、奖金、各种奖励性津贴等物质性奖励联系在一起外，还应与升职、奖惩、培训、组织发展等挂钩。综合运用考核最终结果所反映的问题，有针对性地对员工开展专门培训。同时，把此项内容作为员工进一步晋升或者选拔任用的主要方面，通过这种方式，真正运用考核结果，像筛筛子一样将优秀的员工选拔出来，不拘一格用人才，破除固有思维和观念。考核结果既运用于奖励也应体现在惩罚上，对考核结果不佳的员工，单位应及时进行批评教育或谈话提醒，必要时进行诫勉谈话、暂缓职级晋升、辞退调岗，对发现的违法违纪问题，则根据纪律条令和法律法规进行处理，最大限度地激发工作人员的工作潜能，强化事业单位队伍作风建设。考核是实现单位发展目标的有效手段，事业单位必须在研究考核形式的基础上进一步强化结果的运用。重视每一次考核结果，并将结果及时应用于单位的日常人事管理之中，通过考核奖励优秀员工进而发现更多优秀人才，通过与考核不佳员工进一步沟通交流达到改进工作、提升工作绩效的目的，提高全单位整体动力，推动单位工作取得实际效果。

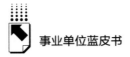

　　事业单位考核是提高事业单位工作效率和服务质量的重要手段，但在现有制度情况下仍然普遍存在考核指标针对性不强、考核标准比较笼统、考核结果应用不充分等问题。因此，事业单位应当摒弃在考核中的行政色彩，构建科学、严谨的考核制度体系，在考核目标、考核标准、考核办法上着眼提升整体体系，进而促进人员和组织的双向提升。着眼于事业单位长远发展，考核制度仍需在今后的实际应用中进一步完善优化，才能使其成为激励工作人员爱岗敬业、积极进取的重要人力资源管理措施和手段，提高单位的整体效益，为社会提供更好的公共服务。

B.23
事业单位公开招聘政策
优化完善的思路和建议

——基于地方经验探索

林 瑞　金 鹿*

摘　要：　事业单位公开招聘制度建立已近二十年，对事业单位拓宽选才视野、推动社会公平就业具有重要意义。然而，随着事业单位承担的公益服务任务和面临的外部经济社会环境不断变化，在开展公开招聘过程中出现的考试方式不精准、公开招聘成本较高、政策灵活性不够、公开招聘和聘用政策不协调等共性问题。通过对各省市出台的公开招聘政策进行分析研究，总结出各地在简化招聘流程、优化考试考核方式、约定最低服务年限、下放自主权等方面探索出的经验和做法，并从更好统筹公平与效率、更好支撑事业单位人才队伍建设和高质量发展角度提出优化完善事业单位公开招聘政策的建议。

关键词：　事业单位　公开招聘　自主权

公开招聘是事业单位聘用制度的重要组成部分。2005 年，中组部、原人事部印发《事业单位公开招聘人员暂行规定》（中华人民共和国人事部令第 6 号），从政策上首次建立事业单位公开招聘制度，取代了事业单位过去采用的国家统一分配、组织调配和吸收录用等进人方式，对事业单位拓宽选才视野、推动社会公平就业具有重要意义。自公开招聘制度建立以来，人社

---

* 林瑞，天津市科学技术发展战略研究院科技体制与政策研究部副研究员；金鹿，天津市科学技术发展战略研究院产业创新研究部部长、高级工程师。

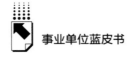

部（包括原人事部）作为人事综合管理部门共印发或联合印发 10 余项事业单位公开招聘政策，有关行业主管部门和各省市也出台了符合自身特点和需要的政策文件，初步建成覆盖各行政层级和行业领域、规范完整的公开招聘政策体系。从政策内容要求来看，事业单位公开招聘呈现显著的程序规范性、条件公平性、信息公开性、纪律严肃性的特点，在规范事业单位公开招聘工作中发挥了重要作用。然而，距首部事业单位公开招聘政策出台已近 20 年，事业单位承担的公益服务任务和面临的外部经济社会环境不断变化，在开展公开招聘过程中出现了一些具有共性的新情况和新问题。本报告以公开招聘政策为研究视角展开，总结各地方在适应事业单位选才用人需求的过程中，创新、完善公开招聘政策的具体做法，为进一步优化完善事业单位公开招聘政策提供思路和经验。

一　事业单位实施公开招聘面临的问题

当前，深化事业单位人事管理要求和事业单位高质量发展实际需要对公开招聘政策的精准性、科学性、灵活性和协调性提出更高要求。调查研究发现，当前事业单位在开展招聘工作中，还面临以下共性问题。

一是考试的方式无法精准反映应聘人员的能力素质。根据政策对事业单位公开招聘的程序要求，"考试"是公开招聘的一项必要环节。在具体执行落实过程中，考试由笔试和面试组成，且一般先进行笔试，再根据笔试成绩由高到低选取一定比例的应聘人员进入面试。笔试有两种类型的测评，一种是公共科目考试，主要测评应聘人员基本常识、逻辑推理、言语理解、文字表达、资料分析等能力；另一种是专业科目考试，主要测评应聘人员专业知识掌握情况。事业单位开展公开招聘的考试基本以公共科目考试为主，很少一部分事业单位有能力和精力同步实施专业科目考试，且以笔试方式测试专业能力的科学性和合理性有待商榷。事业单位在编制和空岗有限的情况下，更希望通过公开招聘达到优中选优的目的，引进既具有扎实专业能力又具有事业发展综合实力的人才。笔试这种测评方式，难以客观、准确、全面测评出测评岗位所需的能力,很容易使一些"只擅长做题"的应聘人员进入最终的面试环节。由于多数地方要求事业单位公开招聘笔试进入面试的比例为3:1,大量的应聘人员通过笔试被筛掉,导致面试环节可供事业单位遴选的应聘人员范围非常有限,且将所有进入面试环节的人员全部否定并不具有可操作性,可能会发生应聘人员综合能力不足却最终被录用的情况,进入正式工作岗位后难以胜任岗位需求。

二是开展公开招聘所花费的时间、人力、资金成本较高。公开招聘是一项严肃且社会影响较大的工作,体现公开透明、公平公正。但与企业的招聘方式相比,事业单位这种公开公平的招聘组织模式在一定程度上损失了效率,直接推高了事业单位公开招聘的成本。一方面,时间成本高,公开招聘程序多,除了公开招聘政策明确规定的程序,在编制管理机构、行业主管部门,以及事业单位内部管理制度的要求下,实际上事业单位开展公开招聘的工作程序远多于政策规定,每个程序耗时不等。普遍来看,从事业单位正式启动公开招聘工作到完成人员聘用,短则3个月、长则近1年。在这种时间成本的压力下,多数事业单位每年只能开展1~2次公开招聘工作。另一方面,人力、物力耗费大,根据互联网大数据分析,一些竞争较为激烈的岗位报考比例普遍超过100:1,竞争最激烈的岗位甚至超过1000:1,如此庞大的报考人员群体,需要大量专业工作人员花费时间精力进行答疑咨询、资格审查,同时组织命题、租借考场、安排考务人员等均需花费大量人力、物力。为持续下放选人用人自主权,2014年以后陆续有一些省市不再集中组织事业单位招考,由事业单位自主组织考试并承担相应费用。根据调研,以某直辖市为例,事业单位计划招聘3名工作人员、100人左右报考,仅公共科目考试委托第三方命制试题、组织考试、保密阅卷,所需费用约为3万元;若出现竞争激烈、报考人员较多的情况,所需费用将成倍增长。

三是公开招聘政策中一些要求或限制不够灵活。因为公开招聘流程长、成本高,且过程无法回溯,事业单位对公开招聘工作和确定拟聘人员保持非常谨慎的态度,然而现行的一些政策要求较为死板,为事业单位带来一定的决策风险。例如,递补机制,各地公开招聘政策中均明确了拟聘岗位出现空

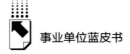
缺时，可按成绩由高到低递补的几种情形。但对于事业单位，"可以"递补和"应当"递补的灵活性是截然不同的。一些地方政策要求事业单位应当在招聘公告中明确"是否递补"，进一步限制了事业单位操作的灵活性。事业单位不能"视情况而定"，而要在无法提前预判岗位报名情况、进入面试人员整体素质的情况下，在"宁缺毋滥"还是"不浪费名额"之间作出选择。再如开考比例，除艰苦边远地区县乡事业单位可依据政策放宽开考比例限制外，其他事业单位公开招聘报名人数与招聘人数比例一般不得低于3：1，但对于其他基层事业单位，或特殊行业事业单位，也存在因岗位吸引力差、专业限制较窄、特殊资质要求严格等，导致报考人员不足被迫取消招聘岗位。近年来，一些省市也在探索放宽开考要求，如允许引进高层次或急需紧缺人才的岗位不设开考比例，或将开考比例限制进一步降低至2：1，但仍未达到一些基层事业单位或特殊行业事业单位的预期。

四是公开招聘与聘用政策协调性不够。一方面，事业单位公开招聘政策并没有类似《新录用公务员任职定级规定》中对新录用公务员最低服务5年的要求，且相较于公务员考试中对在职公务员报考的限制，事业单位招聘条件更加开放。另一方面，在事业单位聘用管理政策中，解除聘用合同条件不对等且离职违约赔偿设计不完善，在试用期内、被录用或者选调到国家机关工作的受聘人员可随时单方面解除合同，且仅需按合同约定赔偿单位出资的培训费用，而忽视了事业单位开展公开招聘本身所花费的时间、资金和管理成本，以及事业单位培养人才所投入的人力、资源、机会成本，导致出现较高的招聘成本和较低的离职成本，较高的择业灵活性和较低的履职约束之间的矛盾。现实中，由于很多地方不再集中开展事业单位公开招聘，应聘人员可同时报考多个事业单位，由于缺乏科学合理的限制约束措施，一些应聘人员以"考公"为最终目标，将事业单位，特别是基层事业单位当作"跳板"或"备选"，在进入面试、体检、考察环节或被录用后放弃，或还在试用期内即应聘至其他单位，"骑驴找马"现象屡见不鲜。这种随意、频繁、不受限制的离职对事业单位发展，特别是基层事业单位造成极大困扰。

二　地方公开招聘政策的经验探索

根据调研，党的十八大以来各地方为持续规范公开招聘笔试、面试、考察等工作程序，深入适应事业单位引才用才的新需求、新形势，陆续制定并印发了若干人事管理改革文件和公开招聘政策。根据政策调查分析，各地在事业单位公开招聘制度探索完善中，有以下几方面经验和做法值得学习借鉴并复制推广。

一是简化公开招聘流程。通过简化公开招聘流程，提升事业单位开展公开招聘工作效率。天津市自 2023 年起优化新聘用人员审核、备案工作流程，《事业单位聘用工作人员名册》经市级主管部门或区人社局审核通过后即可入档，不再要求加盖市人社局印章。① 上海市自 2017 年起简化事业单位公开招聘程序，取消事业单位公开招聘计划的前置核准备案。事业单位根据岗位空缺情况和用人需求，自主制订公开招聘方案，经上级主管部门审核同意后，在人力资源和社会保障部门网站和其他媒体上发布招聘公告，不再报同级人力资源和社会保障部门核准或备案。② 广西壮族自治区自 2021 年起进一步推动事业单位公开招聘编制计划审核流程的简化，对于省属高校、中职学校、医院、科研院所招聘本科及以上学历或中级及以上职称工作人员的，编制使用计划由审批制改为备案制。③

二是改进考试考核方式。通过改进公开招聘考试和考核的方式，提高应聘人员与招聘岗位的适配度。多个省市允许事业单位通过直接考核方式引进高层次人才、高技能人才和急需紧缺人才，其中广西、四川进一步优化考核

---

① 天津市人力资源和社会保障局：《关于进一步完善事业单位新聘用人员审核备案工作有关问题的通知》（津人社办发〔2023〕57 号），2023 年 12 月 7 日。
② 上海市人力资源和社会保障局：《关于深化简政放权优化事业单位人事管理有关工作的通知（试行）》（沪人社规〔2017〕6 号），2017 年。
③ 中共广西壮族自治区委员会机构编制委员会办公室、广西壮族自治区人力资源和社会保障厅：《关于进一步完善事业单位公开招聘工作的通知》（桂人社规〔2021〕7 号），2021 年10 月 11 日。

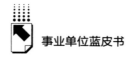
方式，广西壮族自治区省属事业单位招聘硕士研究生及以上学历、中级职称及以上或技师及以上人员，可以采取直接面试和考察相结合的方式，四川非省属事业单位对上述范围人员可采取直接考核方式招聘。① 上海改革公开招聘考核和录用方式，对事业单位公开招聘普通管理岗位和通用性较强的初级专业技术岗位，采用集中招录与分散招录相结合的方式，即一年集中一次笔试、集中一次招录和分散多次招录。笔试成绩在下一年度集中招聘公告发布前有效，用人单位在集中招录后还有用人需求的，可随时组织公开招聘工作，并根据集中笔试成绩按照一定的比例确定面试人员，进一步降低事业单位公开招聘成本、提升公开招聘效率。上海、江苏、山东等省份降低笔试成绩占比，其中江苏省规定笔试成绩占总成绩的比例最低可至 30%。江西、山东等省份在部分试点单位试行"先面试后笔试"的考试方式，通过面试的应聘人员再进入笔试环节。江苏等省份不再将"笔试"作为公开招聘必选环节，允许事业单位探索采取多轮面试或者技能考核的方式强化适岗能力考核，例如，江苏省句容市 2022 年教育局直属学校公开招聘中，招聘考试采用初试、复试两轮面试方式进行。②

三是约定最低服务年限。通过约定服务期限，强化对新聘用人员的约束，鼓励引导新聘人员扎根基层单位。江苏省规定在拟聘用人员名单公示后，应聘人员如无正当理由放弃聘用资格的，招聘单位或者其主管部门可以在名单公示结束后的 1 年内取消其再次应聘本单位或者本部门的资格；同时对新招聘人员设立服务期制度，明确拟聘用人员与招聘单位订立 3 年以上（含试用期）聘用合同，除依法依规解除聘用合同外，应当在招聘单位最低服务 3 年（含试用期），以此防止恶意应聘、无效招聘的现象，为招聘单位尽力留住人才。③ 长沙市要求通过直接面试招聘程序进入事业单位的人员，

---

① 四川省人力资源和社会保障厅、中共四川省委组织部、中共四川省委机构编制委员会办公室：《四川省事业单位公开招聘工作人员实施办法的通知》，2024 年 2 月 5 日。
② 中共江苏省委组织部、江苏省人力资源和社会保障厅：《关于进一步完善全省事业单位公开招聘人员工作的意见》（苏人社发〔2022〕153 号），2022 年 12 月 29 日。
③ 中共江苏省委会江苏省人民政府：《江苏省事业单位公开招聘人员办法》（苏办发〔2020〕9 号），2020 年 2 月 25 日。

应按规定约定最低服务年限。① 上海市要求事业单位应与引进的高层次人才约定最低服务年限。② 内蒙古自治区 2022 年修订了事业单位公开招聘办法，要求试用期内和未满最低服务年限的人员不得应聘事业单位岗位。③

四是持续下放事业单位用人自主权。通过在国家公开招聘政策基础上积极探索创新，不断向事业单位放权松绑，持续下放用人自主权。江苏省让事业单位充分行使用人自主权，允许考察体检人选等额或者差额确定，例如，拟招聘 1 人，考察体检人选可以确定为 2 人，拟招聘多人的，差额比例控制在拟招聘人数的 1.5 倍之内。广东省对华南师范大学、华南农业大学、广东工业大学、广州中医药大学、广东外语外贸大学等 5 所试点高校全面下放人事管理权限，实行公开招聘"七个自主"，即由高校自主决定公开招聘人员的招聘时间、自主公布招聘方案、自主组织考试（考核）、自主公布考试结果、自主公示拟聘人员、自主确定聘用结果、自主与聘用人员签订聘用合同，让试点高校可以随时招聘人才，甚至可以"先用起来再办手续"。④⑤

三 进一步优化完善公开招聘政策的对策建议

事业单位公开招聘工作区别于政府、企业等其他主体引人用人，具有一定的特殊性。在新时期推进国家治理体系和治理能力现代化的背景下，在健全基本公共服务体系，增强公共服务水平均衡性和可及性的要求下，事业单位公开招聘政策应当立足服务支撑事业单位高质量人才队伍建设的目标定

---

① 中共长沙市委组织部、中共长沙市委机构编制委员会办公室、长沙市人力资源和社会保障局：《长沙市事业单位公开招聘人员实施办法（试行）》（长人社规〔2024〕5 号），2024 年 5 月 29 日。

② 上海市人力资源和社会保障局：《上海市事业单位高层次人才招聘办法》（沪人社专〔2023〕229 号），2023 年 7 月 17 日。

③ 内蒙古自治区人力资源和社会保障厅、内蒙古自治区党委组织部：《内蒙古自治区事业单位公开招聘人员办法》（内人社发〔2022〕2 号），2022 年 1 月 21 日。

④ 广东省人力资源和社会保障厅：《高水平大学建设人事制度改革试点方案》，2016 年。

⑤ 丁艳丽：《全面下放用人自主权 高校：接得住还要用得好》，《中国人才》2017 年第 4 期，第 12~14 页。

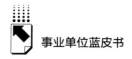

位，坚持效率与公平相兼顾、相促进、相统一的原则。结合前文，为优化完善事业单位公开招聘政策提出以下几点建议。

一是持续完善公开招聘政策设计。要从更好兼顾公平与效率角度持续完善事业单位公开招聘政策设计，既有力维护社会公平正义，又能更大限度提升事业单位开展公开招聘工作的效率。要将优化完善公开招聘政策放到事业单位人事制度改革全局考虑，强化顶层设计和整体谋划，实现公开招聘和岗位聘用等人事管理政策的衔接和配套。要加强国家和地方公开招聘政策之间的协调，国家政策要强化系统设计和对地方的宏观指导，充分考虑地方实际和差异性，避免较为生硬的政策要求或"一刀切"的指标设计，并为地方积极探索公开招聘新模式新机制预留政策空间，积极鼓励地方开展改革创新。地方应立足自身实际，强化对国家政策文件精神的理解和传导，下足绣花功夫，充分适应事业单位发展内部需求和外部环境变化，因地制宜细化完善公开招聘政策措施。

二是优化公开招聘考试考核方式。要持续深化事业单位公开招聘考试考核方式改革，提高公开招聘效率、提升招聘人才岗位适配度。探索一定时间范围内，测评同类能力的笔试成绩互认，减少不同事业单位重复组织同质同类笔试次数，减轻应聘人员和事业单位的负担。积极探索在线笔试等考试方式，结合不同行业事业单位人才需求特点，推广试讲、答辩、无领导小组讨论、文本筐测验、实际操作等面试测评方式。鼓励事业单位根据需要增加心理测评作为补充或参考，如抗压测评、职业匹配度测评、胜任力测评等，对应聘人员进行更全面的画像。允许事业单位结合岗位需求，对"笔试""面试""心理测评"等考试方式进行自由组合。

三是创新便利化的引才举措。建立适应高校、医院、科研院所等事业单位引进高层次人才需求的公开招聘机制，针对计划定向引进的战略科学家、博士后出站人员等高层次人才，允许用人单位最大限度简化公开招聘工作流程，缩短招聘信息公告、报名时间，取消考试、考察、体检等非必要环节，允许用人单位采取"事后备案"，进一步缩短人才引进的流程周期。鼓励事业单位探索更适合创新团队的引进方式，允许引进的战略科学家和一流领军人才自主确定团队成员构成，建立"一人考核、团队引进"的公开招聘机制。针对少数特殊行业、特殊专业、特定招聘要求或对人才吸引力不足确实难以形成竞争的专业技术岗位，可采取直接考核方式招聘，或直接降低开考比例，最低允许 1：1 开考。

四是健全对应聘人员的约束机制。营造引导诚信应聘的政策环境，鼓励各地方建立事业单位应聘人员诚信记录，将未履行最低服务年限、多次在进入面试及以后环节因主观原因放弃应聘、短期多次从不同事业单位离职跳槽等人员纳入失信档案。不允许试用期内事业单位工作人员继续报考其他事业单位或公务员考试。对于通过直接考核、简化程序招聘引进的人员，或义务教育学校、基层医疗卫生机构、基层科研院所等事业单位公开招聘的人员，允许事业单位在聘用合同中规定最低服务年限。强化对受聘人员解聘辞聘的政策约束，在聘用管理政策文件中完善关于聘用合同效力、主要条款和违约责任的内容，并建立与事业单位人才引进和培养成本相匹配的离职赔偿核算方式。

五是深入推动事业单位放权改革。主动适应事业单位高质量发展的内外部环境变化，进一步向事业单位或主管部门开展赋权改革，在有条件的地区、行业领域的事业单位充分下放公开招聘方案备案、考试考核组织、成绩核定等权限。放开公开招聘引进外籍人才限制，允许引进外籍高层次人才入编。鼓励各地区结合自身实际，围绕公开招聘工作积极开展改革探索，试点一批创新性的政策做法。对于事业单位在实际公开招聘工作中探索出来的经验和做法，及时固化为具体政策措施，进一步复制和推广。

B.24
事业单位干部人事档案管理工作的问题与对策建议

杜厚军 李善贵 李 科*

摘 要： 随着事业单位改革深入推进和管理制度的不断优化完善，对事业单位人事管理和人才队伍培养提出新的要求。干部人事档案作为教育培养、选拔任用、管理监督干部和评鉴人才的重要基础和数据凭证，对其管理使用也提出了新的要求。目前档案管理工作存在认识不足、执行不充分、业务水平不高和管理手段落后等问题，建议做好制度设计、严格日常管理、推动档案数字化、加强管理人员教育培训，盘活档案资料，充分发挥干部人事档案的资政作用、体现凭证价值。

关键词： 事业单位 干部人事档案 档案管理

干部人事档案是各级党委（党组）和组织人事等有关部门在党的组织建设、干部人事管理、人才服务等工作中形成的，反映干部个人政治品质、道德品行、思想认识、学习工作经历、专业素养、工作作风、工作实绩、廉洁自律、遵纪守法以及家庭状况、社会关系等情况的历史记录材料，一直以来是教育培养、选拔任用、管理监督干部和评鉴人才的重要基础。2024 年 3 月 5 日，习近平总书记在参加江苏代表团审议时强调，要牢牢把握高质量发展这个首要任务，因地制宜发展新质生产力，明确指出新质生产力生成的核心要义在于以高素质人才为主要劳动者。如何发挥干部人事档案在人才队伍

---

* 杜厚军，江苏省地质调查研究院人事处职员、副研究员；李善贵，江苏省地质调查研究院人事处处长、正高级经济师；李科，江苏省地质调查研究院人事处职员、经济师。

建设过程中的服务保障作用，提高干部人事档案利用效能，是我们亟须研究改进的一项重要工作。本报告结合事业单位人事档案管理实践中得到的体会和感悟，探讨事业单位人事档案管理工作当前存在的主要问题、经验和做法及改进、完善的思路。

一 事业单位干部人事档案管理工作存在的主要问题及原因分析

（一）对干部人事档案管理工作的认识不足、把握不准

从单位领导层面看，绝大多数单位的领导人员能够意识到干部人事档案管理工作的重要性和必要性，但习惯将干部人事档案管理工作看作人事人才工作基础资料和凭证保障，并不认为其具有更多的效益提升职能，重视不够、投入不足，导致干部人事档案管理工作一直处于被动跟进的状态，在干部人事档案管理效能深度挖掘和工作方法创新发展方面缺乏有力的支撑和保障。从职工个人层面看，部分职工对干部人事档案的凭证价值和资政作用认识不足，还片面地认为人事档案管理是组织人事部门的工作，在干部人事档案资料收集、补正过程中主动意识、配合意识不强，导致干部人事档案不能全面、准确、及时地反映个人情况。从制度建设层面看，部分事业单位对干部人事档案管理制度建设还不够重视，没有结合单位类型、组织结构和实际情况制定符合单位实际的干部人事档案管理规章制度，导致管理工作标准不统一、工作要求不具体，落实制度缺乏长期性、连续性，单位内部没有有效形成干部人事档案管理合力，影响了干部人事档案管理工作效能的发挥。

（二）在干部人事档案日常管理、制度执行方面还做得不够

目前，干部人事档案管理的政策法规依据主要有《中华人民共和国档案法》《中华人民共和国档案法实施条例》《干部人事档案工作条例》《干

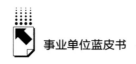

部人事档案材料收集归档规定》等。这些政策法规详细地规范了干部人事档案工作的原则、管理体制职责、内容分类、日常管理、利用审核、纪律监督和档案材料处理制作等。但在实际管理中相关制度落实与法规要求还存在一定差距，存在归档材料不统一、归档不及时、审核不细致、分类不规范、保管不妥善等问题。从历次干部人事档案专项审核和人员转隶调动时档案交接情况来看，各单位对人事档案管理制度执行存在明显差距，有的档案主件或关键签章缺失、时间内容记录不全，有的存在随意涂改，有的归档材料超出规定范围过于冗繁复杂、前后矛盾，导致干部人事档案材料无法准确清晰地反映工作、学习全貌，更有甚者整本干部人事档案材料丢失，给干部人事单位工作带来了困难，增加了机关事业单位的管理成本。

（三）干部人事档案管理人员业务水平还有待提高

根据《干部人事档案工作条例》规定要求，每管理 1000 卷档案一般应当配备 1 名专职工作人员，管理档案数量较少且未设立工作机构的单位，应当明确岗位，专人负责，但不是从事专业档案管理服务指导工作的事业单位，很难配备专业技术对口专职或兼职管理人员。由于干部人事档案形成时间跨度长，各历史时期干部人事工作要求做法和归档材料审核鉴别存在较大差异，需要管理人员对各时期的干部人事政策的要求有一定了解，并具有专业的档案管理技能和丰富的实践经验，而大部分事业单位干部人事档案管理人员的专业性还存在一定差距。同时，大部分事业单位中干部人事档案管理属于辅助类专业，从业人数少，组织专业性培训难度大，进一步影响了干部人事档案管理人员专业技术能力的提高和管理质量效益的提升。

（四）干部人事档案管理手段落后，与人才鉴别、发掘、培养的有效衔接做得不到位

很多单位的人事档案管理还只停留在传统的纸质材料收集、整理、装订、保管的层面，收集归档靠手工，查阅靠人工。这种管理方式使人事档案管理工作淹没在大量重复而琐碎的工作中，忽视了干部人事档案数据整理挖

掘工作，导致在鉴别人才、发掘人才、培养人才的过程中没有很好地体现干部人事档案的资政作用和凭证价值。不少单位没有把干部人事档案管理与人才引进、教育培训、人才晋升、提拔使用等各环节进行有效的体系搭建，仅仅把干部人事档案审查，作为"凡提四必"的必要程序，只考虑是否符合培养使用的基本条件，未能充分关注并通过干部人事档案原始记录深入分析干部的个性特点、潜在能力和成长潜力等隐性特质。一方面，可能导致人才的配置与岗位需求不匹配，无法充分发挥其最大潜力，从而降低了整体的工作效率和质量，形成资源的错配和浪费。另一方面，弱化了干部职工对干部人事档案管理重要性的认识，直接影响广大职工参与干部人事档案管理工作的积极性和主动性，削弱了干部人事档案管理的群众基础。

二 积极探索行之有效的方法，确保干部人事档案管理工作高质量运行

（一）做好干部人事档案管理制度设计，形成管好用好干部人事档案合力

建立科学完备的干部人事档案管理工作制度是提升干部人事档案管理工作水平和提高干部人事档案利用质效的基础，科学合理的制度能够有效优化档案管理流程、提高档案管理效率、优化档案资源配置，为促进档案管理工作的稳定发展打好坚实的基础。为此，单位首先应当对干部人事档案管理制度做好设计，根据单位管理结构、工作特点，找到干部人事档案形成的关键节点，建立各部门之间的联络机制，明确在干部人事档案收集鉴别、管理利用各环节中的责任分工、方法流程和考评奖惩等激励措施，以科学化、规范化的制度推动干部人事档案管理工作的全面落实，激发干部职工管好用好干部人事档案的内驱动力和工作合力。

（二）严格干部人事档案日常管理，确保档案资料完整翔实准确

要充分发挥干部人事档案资政作用、体现凭证价值，必须确保档案资料

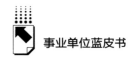
完整翔实准确。在日常管理中，我们要严格落实干部人事档案管理规章制度，严把四道关口。一是严把收集鉴别关。在接收干部人事档案材料时要对档案资料产生渠道进行审核确认，防止伪造、虚假材料归入档案；要对材料完整性进行审核确认，材料签章是否规范、清晰、准确，确保归档材料的凭证价值；要对材料内容进行审核，看内容是否翔实准确和个人经历是否存在前后矛盾，确保档案材料的整体一致性。二是严把信息审核关。严格落实"凡提必审、凡转必审、凡进必审"工作要求，注重档案材料的逻辑性分析，对档案材料逐份审查、准确鉴别，本着"尊重历史、尊重事实"的原则，对发现问题逐一调查核实，并按照规定要求及时处理补正。三是严把日常保管关。做好干部人事档案室"十防"工作，确保纸质档案材料安全。严格登记管理台账，准确翔实记录档案材料的增补、借阅、转递等情况，防止档案材料在利用过程中损毁、遗失或伪造。四是严把管理人员关。加强对管档人员的教育管理，签订保密协议，严肃干部人事档案管理纪律，不定期开展工作情况检查，督促管理人员严格按照政策规定和程序办事，当好干部人事档案工作的"守门员"。

（三）积极推动干部人事档案数字化，不断提高管理质量效益

数字化档案管理是单位干部人事档案管理适应新时代干部人事管理的必然方向，推动数字化改革成为单位干部人事档案管理工作必须要关注和落实的内容。当前，不少事业单位通过购买服务的方式完成了干部人事档案数字化工作。从使用情况来看，数字化档案管理能够实现对干部人事档案信息的全面、精准记录。通过数字化技术，将传统纸质档案转化为电子数据，建立起一套完整、规范的数字档案系统，这一系统不仅能够实现档案信息的快速检索和查询，还能够对档案内容进行数据挖掘和分析，为单位的干部人事决策提供有力支持。数字化档案管理还能够推动单位干部人事档案管理工作的规范化、标准化，通过制定统一的档案管理标准和操作流程，可以确保档案信息的准确性、一致性和安全性，提高档案管理的专业性和科学性，推动单位内部的协作和沟通，提升整体工作效率。

（四）加强干部人事档案管理人员教育管理培训，不断注入改革创新活力

要进一步提升干部人事档案管理人员的工作能力和水平，推动干部人事档案管理工作的创新发展，我们必须高度重视对管理人员的教育管理培训，致力于为其注入源源不断的改革创新活力。首先，要加强管理人员的理想信念教育，引导管理人员深入学习党的理论和路线方针政策，增强"四个意识"，坚定"四个自信"，做到"两个维护"，从思想上筑牢防线，确保管理人员在面对各种诱惑和挑战时，始终保持清醒的头脑和坚定的立场，确保干部人事档案管理工作中始终坚守正确的价值导向。其次，要加强管理人员专业知识培训。通过举办定期的业务培训班、专题讲座和研讨会，使管理人员全面了解和掌握干部人事档案管理工作的法律法规、政策制度以及最新动态。同时，要注意培训工作要向本级或下级有关责任部门的联络人员延伸，提高单位干部人事档案管理骨干体系的专业能力和工作水平。再次，要注重提升管理人员的实践能力培养。通过组织实地考察、案例分析和模拟操作等实践活动，使管理人员能够熟练掌握档案收集、整理、保管和利用等各个环节的操作技巧。最后，我们还将加强管理人员的创新意识和能力培养。鼓励管理人员积极参与档案管理创新项目的研究和实践，探索适合本单位特点的档案管理新模式、新方法，对在档案管理创新工作中取得显著成绩的管理人员进行表彰和奖励，激发其创新热情和积极性。

（五）盘活干部人事档案资料，在干部人才队伍培养中发挥积极作用

盘活干部人事档案资料，不仅是对历史信息的梳理与整合，更是对未来干部人才队伍培养的重要支撑。通过深入挖掘档案资料中的信息价值，我们可以更好地了解干部的成长轨迹、能力特点和发展潜力，为精准选拔、合理使用和全面培养干部提供有力依据。在盘活档案资料的过程中，要注重挖掘干部的特长和优势，通过提取干部履历、年度考核、职称评审、表彰奖励和科研成果材料中的信息数据，发现他们在不同领域和岗位

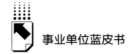

上的表现，从而为他们量身定制更加符合个人发展需求和单位工作需要的培训计划。同时，还通过对档案资料的比较分析，识别出干部在能力、素质、经验等方面的短板和不足，在选拔任用过程中有针对性地安排工作岗位和发展方向。通过对档案资料的深入分析和研究，我们可以更加客观地评价干部的工作业绩、能力水平和发展潜力，为干部的晋升、奖惩和调配提供更加科学合理的依据。

三　思考与建议

影响事业单位干部人事档案管理工作质量效益的因素很多，结合工作实践，经认真总结反思，主要有以下三点：一是干部人事档案管理的规范化和标准化程度有差距；二是档案管理人员的专业素养和业务能力有差距；三是管理信息化水平有差距。解决问题的思路和方法很多，本报告主要从事业单位人事主管部门管理的角度出发，谈几点想法。

（一）加强顶层设计，推动干部人事档案管理的规范化、标准化建设

在推动干部人事档案管理的规范化、标准化建设过程中，我们必须从顶层设计出发，构建一套科学、系统、高效的管理体系。首先，要针对事业单位人事档案管理的特点要求，制定详细的档案管理标准规范，明确档案收集、整理、保管、利用等各个环节的流程。特别是归档材料的规范，需要进一步明确公开招聘、职称评审、岗位聘任、退职退休等人事工作关键节点、重要环节的归档材料要求和填写规范，必要时在相应表格注明归入干部人事档案要求，确保干部人事档案的完整性和准确性。其次，要加强各条块规章制度的衔接。从人力资源主管部门内部看，要加强对现有规章制度的全面梳理和审查，确保各项规定之间不存在冲突和矛盾。从党政机关各职能部门横向来看，要加强各业务条块之间的沟通和协作，在制定和修订规章制度时，各相关部门要积极参与，共同商讨，尤其是组织部

门、纪检监察部门、科技主管部门和人力资源主管部门之间要加强协调，确保各项规定能够相互衔接、相互支持、有效落地。最后，还要建立健全规章制度执行的监督和反馈的联动机制，及时发现问题，协商解决问题，确保规章制度的落地实施。

（二）统筹专业培训，不断提高干部人事档案管理人员专业能力

干部人事档案形成周期长、涉及工作多，需要管理人员对干部人事工作各历史阶段政策法规和工作要求有全面了解，并扎实掌握档案分类、归档、保管、利用等各项技能。普通事业单位很难全面高效组织开展专项培训工作，需要由主管部门统筹组织。一方面，要组织定期的干部人事档案业务培训，让管理人员深入了解档案管理的新理论、新技术和新方法，同时还应注重实际操作能力的培养，通过案例分析、模拟操作等方式，提高管理人员的实际操作水平。另一方面，还要组织事业单位干部人事档案管理人员系统学习了解不同历史时期干部人事档案管理要求和规范做法，提高干部人事档案管理人员审核鉴别利用档案的能力。此外，还应建立干部人事档案管理人员考核机制，对管理人员的专业能力、工作态度和工作成果进行全面评价。通过考核，及时发现管理人员在档案管理中的不足和问题，有针对性地进行培训和指导，促进他们不断提高专业技术能力。

（三）统筹数字化管理系统建设，着力推动干部人事档案信息化建设

随着信息化浪潮的深入推进，数字化管理系统在各个领域发挥着日益重要的作用。干部人事档案数字化是干部人事档案管理发展的必然趋势，不少科技企业研发了干部人事档案数字化管理系统，但系统研发的目标和定位与事业单位实际需求还不相适应，功能模块、数据兼容、安全保障等方面还不能满足干部人事档案数字化建设要求，需要主管部门统一规划、统一设计、系统推进。在推动干部人事档案信息化建设的过程中，要注重数据的准确性和完整性，通过加强数据采集、存储、传输等环节的策略设计，确保干部人事档案信息的真实可靠；要注重系统数据的兼容性，设计统一的数据接口，

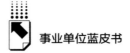

实现各单位之间电子档案数据畅通流转，提高电子档案使用效率；要注重强化信息安全保障措施，通过建立完善的信息安全体系，加强网络安全防护，确保干部人事档案信息不被泄露、篡改或滥用。同时还要深入探索数字化管理系统在干部人事档案管理中的应用场景，推动信息化与档案管理工作的深度融合，为干部人事工作的发展注入新的活力。

附　录
大事记

朱祝霞　胡轶俊　甘亚雯　毕苏波　柏玉林

2023年7～12月

7月4日　教育部办公厅印发《关于做好校外培训机构从业人员准入查询工作的通知》。

7月5日　文化和旅游部办公厅科技教育司发布《关于开展2023年度文化和旅游系统青年科研人才扶持计划的通知》。

7月6日　国家卫生健康委、财政部、国家中医药局、国家疾控局等部委印发《关于做好2023年基本公共卫生服务工作的通知》。

7月7日　教育部办公厅印发《关于加快推进现代职业教育体系建设改革重点任务的通知》。

7月11日　文化和旅游部办公厅发布《关于开展2023年度乡村文化和旅游带头人支持项目推荐工作的通知》。

7月11日　中央全面深化改革委员会第二次会议审议通过了《关于高等学校、科研院所薪酬制度改革试点的意见》。

7月12日　教育部办公厅、国家发展改革委办公厅、公安部办公厅、市场监管总局办公厅印发《关于在深化非学科类校外培训治理中加强艺考培训规范管理的通知》。

7月12日　教育部印发《关于实施国家优秀中小学教师培养计划的意见》。

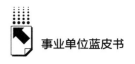

7月14日 中国科协、教育部发布《关于印发〈"科学家（精神）进校园行动"实施方案〉的通知》。

7月14日 教育部和人力资源社会保障部等十部门发布《关于印发〈国家银龄教师行动计划〉的通知》。

7月21日 国家卫生健康委、国家发展改革委、财政部、人力资源社会保障部、国家医保局、国家药监局印发《深化医药卫生体制改革2023年下半年重点工作任务》。

7月26日 教育部、国家发展改革委、财政部印发《关于实施新时代基础教育扩优提质行动计划的意见》。

8月1日 中央宣传部办公厅、文化和旅游部办公厅发布《关于举办第四届全国红色故事讲解员大赛的通知》。

8月3日 文化和旅游部办公厅发布《关于在戏曲百戏（昆山）盛典期间举办全国戏曲演员会演的通知》。

8月7日 文化和旅游部、中央宣传部、中央网信办、中央外办、外交部、教育部、公安部、民政部、国务院国资委、市场监管总局发布《关于进一步加强论坛活动规范管理的通知》。

8月9日 文化和旅游部办公厅、工业和信息化部办公厅发布《关于组织开展"5G+智慧旅游"应用试点项目申报工作的通知》。

8月14日 文化和旅游部办公厅发布《关于做好2023年中华传统晒书活动的通知》。

8月25日 文化和旅游部艺术司发布《关于实施优秀传统戏曲折子戏复排计划的通知》。

8月27日 中共中央办公厅、国务院办公厅印发《关于进一步加强青年科技人才培养和使用的若干措施》。

8月29日 教育部、财政部、人力资源社会保障部、国务院国资委四部门印发《职业学校兼职教师管理办法》。

9月7日 科技部、教育部、工业和信息化部、农业农村部、国家卫生健康委、中国科学院、中国社科院、中国工程院、中国科协、中央军委科技委印发《科技伦理审查办法（试行）》。

9 月 8 日　文化和旅游部办公厅发布《关于开展全国演出市场社会效益和经济效益相统一优秀演出项目申报工作的通知》。

9 月 8 日　工业和信息化部办公厅、教育部办公厅、文化和旅游部办公厅、国务院国资委办公厅、广电总局办公厅发布《元宇宙产业创新发展三年行动计划（2023—2025 年）》。

9 月 11 日　教育部、财政部、中国人民银行、金融监管总局四部门印发《关于调整完善助学贷款有关政策的通知》。

9 月 14 日　文化和旅游部艺术司发布《关于举办第五届豫剧艺术节的通知》。

9 月 18 日　文化和旅游部办公厅发布《关于公布 2023 年度文化和旅游系统青年科研人才扶持计划入选项目名单的通知》。

9 月 27 日　国家卫生健康委办公厅印发《患者安全专项行动方案（2023—2025 年）》。

9 月 27 日　文化和旅游部办公厅发布《关于开展 2023 年度国家美术作品收藏和捐赠奖励项目实施情况检查工作的通知》。

9 月 27 日　人社部印发《人力资源管理专业人员职称评价办法（试行）》。

10 月 8 日　国家卫生健康委办公厅印发《关于启动 2023 年度二级和三级公立医院绩效考核有关工作的通知》。

10 月 9 日　文化和旅游部办公厅发布《关于公布 2023 年文化和旅游数字化创新示范案例的通知》。

10 月 12 日　中国机构编制网公布了中共中央办公厅、国务院办公厅关于调整国家卫生健康委员会、生态环境部、工业和信息化部、中国人民银行等职责机构编制的通知，科学技术部的部分职责和部分行政编制、司局级领导职数被分别划入国家卫生健康委员会、生态环境部、工业和信息化部。

10 月 15 日　《校外培训行政处罚暂行办法》正式实施。

10 月 24 日　《中华人民共和国爱国主义教育法》出台。

11 月 3 日　教育部办公厅印发《关于成立全国学生心理健康工作咨询

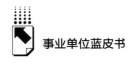

委员会的通知》。

11月6日 中共中央组织部、人力资源和社会保障部联合修订《事业单位工作人员处分规定》。

11月7日 国家标准委、教育部、科技部、人力资源社会保障部、全国工商联印发《标准化人才培养专项行动计划（2023—2025年）》。

11月10日 中央宣传部、文化和旅游部、国家文物局、中央组织部、中央编办、国家发展改革委、教育部、科技部、工业和信息化部、公安部、财政部、人力资源社会保障部、市场监管总局印发《〈关于加强文物科技创新的意见〉的通知》。

11月13日 文化和旅游部发布《国内旅游提升计划（2023—2025年）》。

11月15日 科技部、中央宣传部、中国科协发布《关于评选表彰全国科普工作先进集体和先进工作者的通知》。

11月15日 民政部、教育部和人力资源社会保障部等十五部门联合出台《农村留守儿童和困境儿童关爱服务质量提升三年行动方案》。

11月20日 教育部办公厅发布《关于印发〈"十四五"普通高等教育本科国家级规划教材建设实施方案〉的通知》。

11月23日 文化和旅游部办公厅、工业和信息化部办公厅发布《关于公布第一批"5G+智慧旅游"应用试点项目的通知》。

11月23日 文化和旅游部发布《关于评选表彰全国非物质文化遗产保护工作先进集体和先进个人的通知》。

11月24日 教育部印发《关于深入推进学术学位与专业学位研究生教育分类发展的意见》。

11月28日 人力资源社会保障部在贵州省贵阳市召开深化职称制度改革工作座谈会。

11月29日 国家卫生健康委办公厅印发《乡镇卫生院服务能力评价指南（2023版）和社区卫生服务中心服务能力评价指南（2023版）》。

12月1日 教育部印发《关于做好2024届全国普通高校毕业生就业创

业工作的通知》。

12月1日　文化和旅游部办公厅发布《关于举办纪念西南剧展80周年暨第八届全国话剧优秀剧目展演的通知》。

12月4日　国家卫生健康委、国家中医药局、国家疾控局印发《医疗监督执法工作规范（试行）》。

12月5日　国家卫生健康委办公厅、国家中医药局综合司、国家疾控局综合司印发《公立医院成本核算指导手册》。

12月6日　科技部印发《国家科学技术奖提名办法》。

12月8日　国家卫生健康委办公厅印发《大型医院巡查工作方案（2023-2026年度）》。

12月14日　教育部办公厅发布《关于印发〈服务健康事业和健康产业人才培养引导性专业指南〉的通知》。

12月18日　教育部办公厅、国家发展改革委办公厅、财政部办公厅、市场监管总局办公厅四部门印发《关于进一步规范义务教育课后服务有关工作的通知》。

12月19日　教育部办公厅发布《关于印发〈全国职业教育教师企业实践基地管理办法（试行）〉的通知》。

12月19日　教育部办公厅发布《关于印发〈国家级职业教育教师和校长培训基地管理办法（试行）〉的通知》。

12月20日　教育部印发《关于全面实施学校美育浸润行动的通知》。

12月21日　文化和旅游部、中国人民银行、财政部发布《关于公布首批国家文化与金融合作示范区名单的通知》。

12月28日　财政部、科技部印发《中央引导地方科技发展资金管理办法》（2023年修订）。

12月28日　教育部发布《关于印发〈教育部哲学社会科学实验室建设与管理办法（试行）〉的通知》。

12月28日　教育部发布《关于印发〈教育部哲学社会科学创新团队支持办法（试行）〉的通知》。

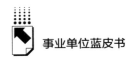
12月28日 文化和旅游部发布《关于公布第七次全国县级以上公共图书馆评估定级上等级馆名单的通知》。

12月29日 国家卫生健康委、中央编办、国家发展改革委、财政部、人力资源社会保障部、农业农村部、国家医保局、国家中医药局、国家疾控局、国家药监局印发《关于全面推进紧密型县域医疗卫生共同体建设的指导意见》。

12月29日 科技部办公厅、民政部办公厅、中国科协办公厅发布《关于开展促进科技类社会团体发挥学术自律自净作用专项行动的通知》。

12月29日 教育部、人力资源社会保障部、财政部发布《关于印发〈中等职业教育国家奖学金评审办法〉的通知》。

12月29日 教育部发布《关于印发〈幼儿园督导评估办法〉的通知》。

2024年1~6月

1月3日 工业和信息化部、国家发展改革委、教育部、自然资源部、住房城乡建设部、交通运输部、农业农村部、文化和旅游部、国家卫生健康委、国家文物局、中国国家铁路集团有限公司发布《关于开展"信号升格"专项行动的通知》。

1月8日 科技部监督司发布《关于开展科技伦理管理信息登记的通知》。

1月8日 文化和旅游部办公厅发布《关于公布第二批全国互联网上网服务行业云服务试点城市名单的通知》。

1月9日 国家标准化管理委员会、国家发展改革委、教育部、民政部、司法部、财政部、人力资源社会保障部、住房城乡建设部、文化和旅游部、国家卫生健康委、退役军人事务部、广电总局、体育总局、国家医保局、国家文物局、国家中医药局、国家疾控局、中国残联发布《基本公共服务标准体系建设工程工作方案》。

1月14日 国家知识产权局、科技部、财政部、自然科学基金委、国家国防科工局、中央军委装备发展部发布《关于印发建立财政资助科研项目形成专利的声明制度实施方案的通知》。

1月16日　教育部办公厅、财政部办公厅印发《关于开展中国特色高水平高职学校和专业建设计划（2019—2023年）绩效评价工作的通知》。

1月16日　文化和旅游部、国家民委发布《关于公布2023年"春雨工程"——文化和旅游志愿服务边疆行优秀项目的通知》。

1月19日　"国家工程师奖"表彰大会在京召开。大会对81名"国家卓越工程师"和50个"国家卓越工程师团队"进行了表彰。

1月25日　教育部办公厅印发《关于做好银龄教师支持民办教育行动实施工作的通知》。

1月25日　文化和旅游部办公厅发布《2023年度乡村文化和旅游带头人支持项目入选人员和资助人员名单》。

1月26日　国家知识产权局、教育部、科技部、工业和信息化部、农业农村部、国家卫生健康委、国务院国资委、中国科学院印发《高校和科研机构存量专利盘活工作方案》。

2月1日　国家卫生健康委办公厅发布《关于印发2024年国家医疗质量安全改进目标的通知》。

2月1日　文化和旅游部办公厅发布《关于公布2024年春节"村晚"示范展示点名单的通知》。

2月18日　文化和旅游部办公厅发布《关于公布2023年全国美术馆馆藏精品展出季活动优秀项目名单的通知》。

2月21日　国家卫生健康委办公厅等十部门联合印发《关于加强医疗监督跨部门执法联动工作的意见》。

2月26日　文化和旅游部办公厅发布《关于开展2024年"四季村晚"活动的通知》。

2月28日　国家卫生健康委办公厅印发《关于印发国家临床专科能力评估办法（试行）的通知》。

3月4日　文化和旅游部办公厅发布《关于公布纪念西南剧展80周年

暨第八届全国话剧优秀剧目展演入选名单的通知》。

3月12日 人力资源社会保障部办公厅、文化和旅游部办公厅发布《关于颁布旅店服务员等3个国家职业标准的通知》。

3月15日 国家卫生健康委办公厅、国家中医药局综合司、国家疾控局综合司印发《关于进一步推进医师电子化信息管理工作的通知》。

3月18日 市场监管总局、中央网信办、国家发展改革委、科技部、工业和信息化部、公安部、民政部、自然资源部、住房城乡建设部、交通运输部、水利部、农业农村部、商务部、国家卫生健康委、应急管理部、中国人民银行、国务院国资委、全国工商联印发《贯彻实施〈国家标准化发展纲要〉行动计划（2024—2025年）》。

3月19日 国家卫生健康委办公厅发布《关于印发国家二级公立医院绩效考核操作手册（2024版）的通知》。

3月19日 国家卫生健康委、国家中医药局、国家疾控局发布《关于印发国家卫生应急队伍管理办法的通知》。

3月20日 文化和旅游部艺术司发布《关于2024年全国美术馆馆藏精品展出季活动方案的通知》。

3月22日 市场监管总局、国家发展改革委、科技部、工业和信息化部、国家知识产权局印发《中国首台（套）重大技术装备检测评定管理办法（试行）》。

3月26日 教育部发布《关于印发〈高等学校实验室安全分级分类管理办法（试行）〉的通知》。

3月28日 文化和旅游部发布《关于公布2023—2025年国家级非物质文化遗产生产性保护示范基地名单的通知》。

3月31日 科技部、财政部印发《国家重点研发计划管理暂行办法》（2024年修订）。

4月1日 国家卫生健康委、国家发展改革委、教育部、财政部、人力资源社会保障部、国家医保局、国家中医药局、国家疾控局印发《关于加强重症医学医疗服务能力建设的意见》。

4月2日　人社部等九部门联合出台《加快数字人才培育支撑数字经济发展行动方案（2024—2026年）》。

4月10日　文化和旅游部办公厅发布《关于组织开展2024年公共图书馆、文化馆服务宣传周活动的通知》。

4月18日　文化和旅游部办公厅发布《关于实施2024年全国美术馆青年策展人扶持计划的通知》。

4月28日　国家卫生健康委、国家中医药局、国家疾控局发布《关于进一步健全机制推动城市医疗资源向县级医院和城乡基层下沉的通知》。

4月29日　文化和旅游部办公厅发布《关于开展2024年"文化和自然遗产日"非遗宣传展示活动的通知》。

5月6日　文化和旅游部办公厅发布《文化和旅游标准化工作细则》。

5月8日　科技部办公厅、财政部办公厅发布《关于开展2024年中央级高等学校和科研院所等单位重大科研基础设施和大型科研仪器开放共享评价考核工作的通知》。

5月13日　文化和旅游部办公厅发布《关于公布2023年度全国美术馆优秀项目名单的通知》。

5月14日　文化和旅游部办公厅发布《关于开展全国优秀群众文艺团队展演——百团汇演活动的通知》。

5月21日　文化和旅游部办公厅发布《关于公布2024年全国红色旅游五好讲解员培养项目入选讲解员名单的通知》。

5月26日　国务院第四次修订《国家科学技术奖励条例》。

5月28日　《国务院办公厅关于转发教育部等部门〈教育部直属师范大学本研衔接师范生公费教育实施办法〉的通知》。

5月29日　国家卫生健康委办公厅、国家中医药局综合司、国家疾控局综合司印发《关于开展全民健康素养提升三年行动（2024—2027年）的通知》。

5月29日　教育部办公厅发布《关于印发〈国家智慧教育平台数字教育资源入库出库管理规范〉的通知》。

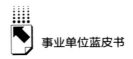

6月3日 文化和旅游部办公厅发布《关于公布文化和旅游部社科研究优秀成果推介展示活动（2021—2023）名单的通知》。

6月6日 教育部办公厅发布《关于印发〈国家智慧教育平台数字教育资源内容审核规范〉的通知》。

6月6日 文化和旅游部办公厅发布《关于公布第一至五批全国古籍重点保护单位复核结果的通知》。

6月11日 文化和旅游部办公厅发布《关于公布2024年全国戏曲表演领军人才培养计划入选人员名单的通知》。

6月20日 文化和旅游部办公厅发布《关于举办2024年中国秦腔优秀剧目会演的通知》。

6月21日 国家知识产权局、教育部、科技部、工业和信息化部、国务院国资委、市场监管总局、金融监管总局、中国科学院、中国贸促会印发《关于推进重点产业知识产权强链增效的若干措施》。

6月24日 全国科技大会、国家科学技术奖励大会和中国科学院第二十一次院士大会、中国工程院第十七次院士大会在北京召开。中共中央总书记、国家主席、中央军委主席习近平出席大会，为2023年度国家最高科学技术奖获得者等颁奖并发表重要讲话。

6月24日 工业和信息化部办公厅、教育部办公厅、科技部办公厅发布《关于开展"百园百校万企"创新合作行动的通知》。

Abstract

王 伊　王秋蕾　柏玉林

2024 marks a crucial year for fully implementing the spirit of the 20th CPC National Congress and for deepening the implementation of the 14th Five-Year Plan. From the second half of 2023 to the first half of 2024, progress was achieved in China's reform of public institutions. In some regions, proactive efforts were made to deepen reform, consolidating the outcomes of the reform and restructuring of public institutions. Focusing on strategies such as invigorating the country through science & education and talent, as well as innovation-driven development, industries including science & education, culture, and healthcare have advanced institutional reforms in education, science & technology, and human resources, driving high-quality development of public interest undertakings. The personnel system reform in public institutions has taken solid steps, providing robust personnel support for China's high-quality development. This report describes and analyzes the theoretical and practical developments in China's public institutions from the second half of 2023 to the first half of 2024. Moreover, it synthesizes the latest findings from comprehensive management departments of public institutions across the country, industry authorities, specific public institutions, and relevant scholars. Finally, it presents the overall development of public institutions in China over the past year and analyzes the challenges and tasks that public institutions will face in the coming period.

First, the reform of public institutions will increasingly emphasize enhancing overall efficiency. The reform of public institutions will prioritize strengthening public interest attributes, optimizing structural layouts, promoting balanced

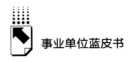
allocation of high-quality resources in basic public services, and improving service capabilities at the primary level. In key areas such as global technological frontiers, economic development, national strategic demands, and public health, the reform will focus on refining mechanisms for major scientific and technological innovation to boost national innovation efficiency. Second, building comprehensive innovation-supporting systems will become a critical task for the reform of public institutions. Authorities and public institutions of some industries will deepen institutional reform in such fields as next-generation information technology, artificial intelligence (AI), aerospace, new energy, advanced materials, high-end equipment, biomedicine, and quantum technology, fostering new growth drivers and advantages to advance new quality productive forces. Third, the personnel system reform in public institutions will aim to better stimulate internal motivation and innovation vitality in public institutions, providing continuous personnel support for highquality development. Guided by the decisions of the Third Plenary Session of the 20th CPC Central Committee, the personnel system reform in public institutions will include pilot programs for autonomous determination of professional technical positions in universities and research institutes, salary reforms, and enhanced professional title systems. These measures will strengthen talent development, invigorate teams, and support coordinated and integrated institutional reforms in education, science & technology, and talent.

Keywords: Reform of Public Institutions; Personnel System; Highquality Development

Contents

王 伊　王秋蕾　柏玉林

I　General Report

B . 1　China's Reform of Public Institutions： Progress and Trends（2023－2024）

　　Zhu Zhuxia，Hu Yijun，Gan Yawen，Bi Subo and Zeng Yuzhe / 001

Abstract：2024 marks a crucial year for fully implementing the spirit of the 20th CPC National Congress and for deepening the implementation of the 14th FiveYear Plan. From the second half of 2023 to the first half of 2024, progress was achieved in China's reform of public institutions. In some regions, proactive efforts were made to deepen reform, consolidating the outcomes of the reform and restructuring of public institutions. Focusing on strategies such as invigorating the country through science & education, and talent, as well as innovationdriven development, industries including science & education, culture, and healthcare have continuously advanced institutional reforms in education, science & technology, and human resources. The personnel system reform in public institutions has taken solid steps, providing robust personnel support for China's highquality development. From a trend perspective, the reform of public institutions will prioritize overall efficiency, industries will foster new growth drivers and advantages, and the personnel system reform of public institutions will aim to better stimulate internal motivation and innovation vitality.

Keywords：Reform of Public Institutions；Personnel System；Highquality Development

Ⅱ   Industry Trends Reports

B.2   Analysis on Development Status and Trends of
　　　　Educational Institutions　　　　　　　　*Hu Yijun* / 021

Abstract：This article collects and summarizes relevant data from the 2022 National Education Development Statistical Bulletin, China Education Statistical Yearbook, and National Education Fund Implementation Statistical Announcement, and analyzes the situation of China's education industry institutions construction, education talent team construction, scientific research and education fund investment in higher education schools. Based on data analysis, this article proposes three development trends for China's education institutions: the education industry has entered a new stage of high-quality development, vocational education is gradually achieving coordinated development with general education, and the ability of higher education research achievements to serve society is constantly strengthening.

Keywords：Education；Talent Team；Higher Education Research；Education Funds

B.3   Analysis on Development Status and Trend of Scientific
　　　　Research Institutions　　　　　　　　　　*Bi Subo* / 039

Abstract：The 20th National Congress report clearly states that education, science and technology, and talent are the fundamental and strategic supports for the comprehensive construction of a socialist modernized country. In 2022, the scientific research industry developed steadily, and research institutions played an important role. This article is based on the "China Science and Technology Statistical Yearbook" and other materials. It describes the development status of scientific research institutions from four aspects: research institutions, talent team construction, research funding, and research output. It concludes that the reform of scientific research institutions continues to advance, local scientific research forces are steadily developing, personnel structure is continuously optimized, the proportion of basic research is steadily increasing, and the quantity and quality of scientific research output are improving.

Keywords: Scientific Research Institutions; Talent Team Construction; Research Funding; Research Output

B.4   Development Status and Trends of Cultural Public Institutions

Gan Yawen / 061

Abstract: Developing cultural programs is fundamental to meeting the spiritual needs of the people and safeguarding their cultural rights. This paper analyzes cultural institutions such as public libraries, museums, art troupes, cultural relics protection and management agencies, and art galleries, focusing on their development, talent pools, and funding. The characteristics of China's cultural public institutions are highlighted such as broader service coverage, richer cultural offerings, and higherlevel talent pools.

Keywords: Cultural Public Institutions; Talent Pool; Public Services

B.5   Analysis on Development Status and Trend of

Health Institutions   *Zhu Zhuxia, Zeng Yuzhe* / 072

Abstract: This article analyzes the basic situation, institutional development, talent team status, and health funding of the overall medical and health institutions

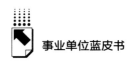

and health institutions in China in 2022. It is found that the development of China's health institutions presents the following three trends: continuous improvement of service capabilities, and progress towards high-quality development of the medical and health industry; Improving the service efficiency of primary healthcare institutions and achieving a more balanced distribution of medical resources; The team size continues to grow, and the personnel structure is further optimized.

Keywords: Medical and Health; Public Institutions; Public Hospitals

Ⅲ Local Practice Reports

B.6 Practices and Explorations in Open Recruitment of
　　　Public Institutions in Hebei Province

Wu Yan / 092

Abstract: Strengthening open recruitment is vital for workforce development, requiring fairness, security and standardization, while striving for scientific nature, accuracy and flexibility. Hebei Province has adopted flexible recruitment methods, scientific examinations, and preferential policies to build a highquality workforce for public institutions. In response to challenges such as inaccurate recruitment, nonstandard recruitment, and frequent complaints, Hebei Province has gradually achieved allround strengthening of talent introduction and a standardized open recruitment process through measures such as flexible recruitment methods, scientific examinations, and strict control of key links.

Keywords: Public Institutions; Open Recruitment; Talent Introduction; Hebei Province

B.7 Practice and Exploration of Remuneration Incentives for
High-level Talents in Public Institutions in Shandong Province

Zhao Xiaoyan, Liu Ting and Cui Mingbo / 099

Abstract: It is pointed out in the report to the 20th CPC National Congress that we must regard science and technology as our primary productive force, talents as our primary resource, and innovation as our primary driver of growth. We will fully implement the strategy for invigorating China through science and education, the workforce development strategy, and the innovation-driven development strategy. The important role of talents in promoting strategic development is self-evident. Shandong Province has always planned and promoted its talent work within the overall framework of development strategies and modernization. Discovering, gathering, serving, and cultivating talents have become the widely shared consensus and the top-priority action across the society. As an important "bargaining chip" for public institutions to attract and gather high-level talents, the remuneration incentive policy plays an irreplaceable role in talent work. In recent years, Shandong Province has consolidated the institutional foundation, optimized policy supply, emphasized the big-picture orientation, strengthened supervision, and focused on stimulating the innovative and creative vitality of talents, giving full play to the main role of employers, serving national strategies, and effectively exerting the incentive effect. It has strengthened institutional innovation, accelerated process reengineering, improved the remuneration incentive mechanism for high-level talents in public institutions, and helped build a strategic pattern for talent-led development.

Keywords: Public Institutions; High-Level Talents; Remuneration Incentives; Shandong Province

B.8 Practice and Exploration of Personnel Management and

Institutional Reform in Public Institutions of Guangxi

Lu Yongjiu, *Li Yun* / 105

Abstract: Public institutions are important carriers for providing public welfare services. Stimulating the vitality of public institutions and creating a favorable environment for their employees to start businesses and work is conducive to promoting economic and social development and safeguarding people's well-being. This report reviews the progress of reforms in aspects such as the open recruitment system, position management system, and systems supporting career development and talent exchange for personnel in Guangxi's public institutions, and analyzes the current problems and challenges such as the insufficiently obvious role of the position management system in promoting career development, the low enthusiasm of public institutions for independent management and flexible employment, and the difficulties in attracting and retaining talents at the primary level. Countermeasures and suggestions are proposed, such as implementing open recruitment in public institutions, strengthening position management in public institutions, and solving the difficulties in attracting and retaining talents at the primary level, thereby providing reference for continuously improving and perfecting the personnel management system of public institutions in Guangxi.

Keywords: Personnel Management in Public Institutions; Open Recruitment; Position Management; Career Development Channel; Guangxi

B.9 Practices and Explorations in Talent Introduction for

Public Institutions in Gansu Province *Zhou Yongwei* / 117

Abstract: Talent is the primary productive force and resource. The effectiveness of talent introduction in public institutions impacts the quality of public interest undertakings. Open recruitment remains the main channel for public institutions to recruit personnel, while talent introduction serves as a supplementary approach, and a special form of open recruitment. Talent introduction, cultivation, retention, and utilization are a systematic project that runs through the personnel work of public institutions, and should be promoted in a coordinated manner from a strategic perspective. Meanwhile, in the face of the new global and national landscapes, by drawing on the ancient Chinese concepts of talent selection, utilization and cultivation, we should deeply reflect on the gains and losses in the talent introduction efforts, so as to provide insights for the current talent introduction in public institutions in Gansu Province.

Keywords: Public Institutions; Talent Introduction; Talent Cultivation; Gansu

B.10   Practice and Exploration of Open Recruitment in
            Public Institutions of Ningxia Hui Autonomous Region

Wang Jiangang / 126

Abstract: As a basic personnel management system in public institutions, open recruitment is the main approach for such institutions to select the best candidates. In recent years, open recruitment in public institutions in Ningxia has become standardized, orderly, safe, and stable as a whole, and the construction of a high-quality and professional workforce for public institutions in the region has been continuously strengthened. However, it should be noted that there are still some problems in open recruitment, such as intense competition among applicants, uneven popularity across different positions, a limited number of recruits from institutions outside the region, and a growing gender imbalance. In this paper, specific solutions and suggestions are put forward for the existing problems to continuously improve the quality, accuracy, and effectiveness of recruitment by public institutions.

Keywords: Public Institutions; Open Recruitment; Quality-Efficiency Research; Ningxia

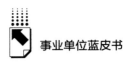
事业单位蓝皮书

B.11 Practice and Exploration of Special Post
Management in Public Institutions in Shijiazhuang

Meng Changlong, Yang Tao, Zhou Jin,

Zhou Kaichen and Xie Chuanxin / 138

Abstract: Public institutions in Shijiazhuang, Hebei Province, actively explore new models and mechanisms for personnel management, aiming to continuously promote reform and innovation in personnel management practices, stimulate the enthusiasm and creativity of employees, and improve the operational efficiency and service quality of public institutions. Limited personnel quotas and posts in public institutions, the difficulty in personnel transfer, and insufficient incentive and restraint mechanisms have led to limited promotion opportunities for officials and difficulties in introducing and using talents. Against this backdrop, Shijiazhuang has implemented the *Trial Measures for Management of Special Post Establishment in Public Institutions*. The establishment of special posts provides a convenient "green channel" for scarce talents who have made special contributions in their respective professional fields as well as professional and technical talents who have achieved remarkable achievements in their industries and sectors. This not only opens up a new way for the introduction of outstanding talents but also provides an unimpeded channel for the promotion of existing talents, thus greatly stimulating the work efficiency and innovation ability of talents in public institutions.

Keywords: Scarce Talents; Special Posts; Hierarchical Approval; Shijiazhuang

B.12 Practices and Explorations in Strengthening Workforce in
Public Institutions in Huzhou City   *Jiang Boyan* / 144

Abstract: Public institutions are key providers of public services in Huzhou

City and contributors to the city's modernization drive. In recent years, the reform of the personnel management system of public institutions in Huzhou City has accelerated under the guidance of the Municipal Party Committee and Municipal Government. The reform emphasizes empowering employers, deregulating talent, and enabling institutional development. However, in light of the higher requirements for strengthening the construction of the "three teams" and the expectations of personnel in public institutions, challenges persist, including rigid mechanisms, recruitment difficulties, senioritybased promotions, and inflexible compensation. The sense of gain among personnel in public institutions still needs to be enhanced. To earnestly implement the relevant decisions and plans of the CPC Central Committee, Provincial Committee and Municipal Committee regarding caring for and supporting personnel, actively promote the construction of a highquality workforce, continuously advance the reform of "streamlining administration and delegating power, improving regulation, and upgrading services", and further increase care and incentives, this survey was conducted, and relevant suggestions and opinions were proposed, including enhancing political motivation, professional support, benefits, and psychological care to boost the sense of honor, belonging and gain of personnel in public institutions.

Keywords: Public Institutions; Personnel Management; Care and Incentives; Team Building; Huzhou

B. 13　Practices and Reflections on Personnel Management of Public Institutions in Ma'anshan City

Yuan Liangxian, Xiong Baokun / 154

Abstract: In recent years, personnel management of public institutions in Ma'anshan City has focused on the goals and tasks of the CPC Municipal Committee and the Municipal Government to build a talent hub and promote innovationdriven development. The city has continuously strengthened the overall

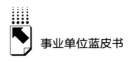
planning, setting, and management of post resources, fully implemented the employment autonomy of public institutions, made good and flexible use of special support policies in various fields, deeply implemented the staff rank promotion system, and comprehensively promoted informationbased personnel management in public institutions, thus stimulating the vitality of public institutions. However, research and analysis reveal problems such as the lack of clear interpretation of relevant policies and regulations, the unbalanced implementation of the competitive posttaking and employment contract management systems, and the great difficulty in gradually reducing redundancies in some public institutions. In response to these problems, countermeasures and suggestions are put forward from such aspects as improving the policy and regulation system of personnel management in public institutions, strengthening the management of employment contracts in public institutions, improving relevant policies for the evaluation and appointment of professional and technical personnel's titles, improving relevant policies for the employment of workers in skilled positions, and strengthening policy training and business seminars.

Keywords: Public Institutions; Personnel Management; Employment Management; Ma'anshan

B.14　Practices and Explorations in Open Recruitment of
　　　　Public Institutions in Linxia Prefecture　　　*Ma Yanzhong* / 162

Abstract: Since the General Offices of the CPC Gansu Provincial Committee and the Gansu Provincial Government issued the *Interim Measures of Gansu Province for Open Recruitment of Staff in Public Institutions* in 2011, Linxia Prefecture has strictly implemented the open recruitment policy for public institutions and achieved satisfactory practical results. Basically, the principle of "examination for every recruitment" has been implemented, and to a certain extent, such undesirable phenomena as "favoritismbased recruitment" and "internal recruitment" have been eliminated. Despite some difficulties and problems in practice, China's reform of public institutions has been continuously deepened. Public institutions should adopt open recruitment more firmly, and the open recruitment and supervision systems should be gradually improved to ensure open, fair and transparent recruitment, and a more standardized and orderly recruitment process. This will help recruit more outstanding personnel for public institutions and promote their more rapid and healthy development.

Keywords: Public Institutions; Open Recruitment; Recruitment Supervision; Linxia

Ⅳ   Reform Exploration Reports

B. 15   Practice and Reflection on the Reform of the Pre employment and Long term Teaching System at Peking Union Medical College

Wang Jianwei, Ma Chunyu, Wang Yingying,

Li Chun and Wang Chen / 170

Abstract: The quasi permanent appointment system originated in the United States and is now implemented as a faculty appointment system in many top international medical schools. Peking Union Medical College has been the first in China to carry out the reform of the pre employment and long-term employment teaching system in the field of medicine since 2019. After years of exploration and practice, the pre employment and long-term employment teaching team has begun to take shape, building a first-class teaching team in China and forming a relatively complete institutional system. It has played an important role in promoting the school's technological innovation, education and teaching, talent team construction, high-quality and connotative development, and has also accumulated rich and profound reform experience. Based on this, suggestions and opinions are put forward to deepen the reform of appointing senior teachers and achieving greater effectiveness.

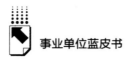
Keywords: Medical Schools; Quasi Permanent Employment; Educational Reform; Concord Practice

B . 16   Practices and Explorations in Reform of Publicinterest

Inspection and Testing Institutions in Tianjin

Zhang Han, Sun Hongchen, Zheng Hong,

Zhang Jun and Zhang Yuting / 182

Abstract: Since 2019, Tianjin has promoted the optimization, coordination, and efficiency of the institutional functions of public institutions. Committed to the dual approach of streamlining and strengthening, it has optimized the layout and structure, strengthened the public interest attributes, scientifically allocated public service resources, and promoted the balanced and sufficient development of publicinterest institutions. By integrating the public institutions with common functions across departments, it has combined relevant units that are separately set up, redundantly constructed, and have similar functional orientations in different departments, enabling them to provide services in a centralized and unified manner. The Tianjin Administration for Market Regulation is responsible for the integration of publicinterest inspection and testing institutions in the city. It has completed tasks such as the transfer of personnel, post setting, personnel employment, and the verification of performancebased salaries for newly established units, and the reform has been carried out steadily and orderly. However, there are still problems such as incomplete internal integration, imperfect resourcesharing mechanisms, low scientific research and innovation levels, and insufficient market competitiveness. In the next step, it is necessary to continuously deepen institutional integration and optimization, accelerate the aggregation of professional talents, consolidate inspection and testing capabilities, and improve the level of scientific and technological innovation, so as to better play the role of Tianjin Administration in ensuring people's wellbeing, serving enterprises, and supporting supervision.

Keywords: Publicinterest Inspection and Testing Institutions; Reform of Public Institutions; Talent Team Building

B.17 Practice and Exploration of the "Veterans Affairs Officers"

Pilot Program in Fujian Province　　　　　*Yang Shuo* / 192

Abstract: Since 2019, in accordance with the decision and deployment of the CPC Central Committee, a six-level system of veterans' service centers (stations) has been established from the national level down to the provincial, municipal, county, township, and village levels. Staff within this system actively support veterans in employment and entrepreneurship, pay visits and extend condolences, provide assistance and relief, handle petitions, and safeguard veterans' rights and interests. In order to effectively bridge the "last mile" of services and support for veterans, and fundamentally address the "bottlenecks" in building a professional, normalized and standardized workforce at the primary level, the Ministry of Human Resources and Social Security introduced the new occupation of "veterans affairs officer" in 2022. To gradually establish a scientific and reasonable vocational skill level certification system for veterans affairs officers, the Ministry of Veterans Affairs has designated Quanzhou City, Fujian Province as a national pilot area for the occupation of veterans affairs officers. Following this, veterans affairs departments at both provincial and municipal levels in Fujian have worked together, putting their ideas into practice, reflecting on their experiences and making improvements. Starting from multiple aspects such as strengthening organizational support, evaluation systems, incentive mechanisms, and training models, they have gradually explored effective paths and methods for developing the occupation of veterans affairs officers that are in line with the realities at the primary level and easy to popularize and apply.

Keywords: Veterans Service and Support System; Veterans Affairs Officers; Vocational Skill Level Certification; New Occupation Pilot Program; Fujian Province

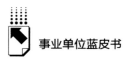

B . 18　Practice and Exploration of Remuneration System

　　Reform in Public Hospitals in Guangxi *Li Yun*, *Lu Yongjiu* / 200

Abstract：The remuneration system reform in public hospitals is an important part of China's medical and health system reform. Continuously promoting reform within organizations is of great significance for improving the efficiency and level of medical services. This report sorts out the main practices and phased achievements in comprehensively promoting the remuneration system reform in public hospitals in Guangxi in recent years. Based on public hospitals themselves, optimization paths are put forward from four perspectives: the performance assessment and distribution system, the incentive mechanism for high-level medical talents, the information channels for remuneration reform, and the logistical support for medical staff, providing reference for further improving the reform effect and accelerating the high-quality development of public hospitals in Guangxi.

Keywords：Public Hospitals；Remuneration System Reform；Performance Assessment and Distribution；Talent Incentive；Guangxi

B . 19　Practices and Explorations in Agricultural and Rural Talent

　　Development in Huainan City　　　　　　*Liu Xiaoqing* / 211

Abstract：The key to rural revitalization lies in people. To further understand the development status of agricultural and rural talents in Huainan City, this paper provides a systematic analysis of agricultural professional and technical talents as well as practical agricultural and rural talents in the city, using the city's statistical data in 2023 from the Ministry of Agriculture and Rural Affairs' personnel and labor statistics and the survey data of practical agricultural and rural talents in the city in 2023. In order to strengthen the competence of agricultural and rural talents in the city and promote the comprehensive revitalization of rural talents, based on the measures taken by the municipal agricultural and rural departments and the organization department of the CPC Municipal Committee in recent years to promote the establishment of a talent team for rural revitalization under the Party's management, this paper systematically analyzes the achievements made, and explores in depth the difficulties faced in the cultivation of agricultural and rural talents. In response to the prominent problems in the current building of agricultural and rural talent teams, such as the difficulty in recruiting and retaining professional and technical talents and a great shortage of practical rural talents, suggestions include attracting and retaining rural talents, training agricultural and rural scientific and technological talents and practical talents, and improving benefits for primarylevel personnel.

Keywords: Agricultural and Rural; Talent Revitalization; Talent Introduction and Cultivation; Huainan

B . 20 Practice and Exploration of Teaching Staff
Training in Jiayuguan City *He Fujie / 221*

Abstract: The report to the 20th CPC National Congress made important arrangements for building a powerhouse in education, science and technology, and human resources. In recent years, the Education Bureau of Jiayuguan City has firmly established the "talent-oriented and talent-first" development concept, strengthened political guidance, and comprehensively strengthened the Party's leadership over talent work. Adhering to the morality-oriented principle, the city has comprehensively strengthened teachers' professional ethics, increased recruitment efforts, and built a "pyramid" of educational talents. Adhering to a cultivation-based approach, it improved teachers' abilities, deepened comprehensive reforms, further optimized the allocation of teaching resources, showed concern and care for teachers, and focused on improving services and support. These efforts provided strong talent and intellectual support for promoting the high-quality development of education in the city.

Keywords: Party's Leadership over Talent Work; Personnel Training; Jiayuguan City

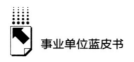

B.21   Practice and Exploration of Collaborative Innovation in
Zhangye Academy of Agricultural Sciences

Li Kun, Wang Bin and Jia Jing / 230

Abstract: The Zhangye Academy of Agricultural Sciences has been committed
to implementing the new development concept in a complete, accurate and
comprehensive manner and has made beneficial explorations in collaborative
innovation in scientific research. In this report, two collaborative innovation
models are sorted out, namely the upstream-midstream-downstream connection
model and the sectoral collaboration and complementary model. The achievements
made by the Zhangye Academy of Agricultural Sciences in aspects such as platform
construction, industry integration, talent training, and scientific research
transformation are summarized. The problems existing in the understanding of
collaborative innovation, organizational models, team building, and mechanisms
are analyzed. Suggestions include fully understanding the profound connotation and
practical value of collaborative innovation, prioritizing talent training and scientific
research team building, creating conditions to promote the construction of robust
scientific research platforms, and constructing a scientific collaborative innovation
incentive mechanism.

Keywords: Scientific Research Institutions; Collaborative Innovation; Talent
Training; Zhangye City

V   Theoretical Exploration Reports

B.22   Problems and Countermeasures for the Assessment
of Workers in Public Institutions   *Liang Songtao* / 238

Abstract: The Third Plenary Session of the 20th CPC Central Committee
pointed out that a talent evaluation system that focuses on innovation capacity,
quality, effectiveness, and contribution should be established. In this report, the

current situation of the assessment of workers in public institutions is sorted out. Problems are summarized such as inappropriate setting of assessment indicators, formalized assessment processes, and insufficient application of assessment results. The causes of these problems are analyzed, including the influence of existing system and mechanisms, the deviation in the positioning of performance assessment goals, and incomplete performance assessment information. Finally, countermeasures and suggestions are put forward for improving the assessment indicator system and the unit evaluation system.

Keywords: Public Institutions; Assessment Management; Result Application

B. 23   Thoughts and Suggestions on Optimizing and Improving the

Open Recruitment Policy of Public Institutions: Based on

Local Experience Exploration   *Lin Rui, Jin Lu* / 245

Abstract: The open recruitment system of public institutions has been established for nearly twenty years. It is of great significance for public institutions to broaden their talent selection perspective and promote fair employment in society. However, with the ongoing evolution of public service tasks undertaken by public institutions and the external economic and social environments, several common problems have emerged in the open recruitment process, such as inaccurate examination methods, high open recruitment costs, insufficient policy flexibility, and incoordination between open recruitment and employment policies. By analyzing and studying the open recruitment policies introduced by various provinces and cities, this report summarizes the experience and practices in such aspects as simplifying the recruitment process, optimizing examination and assessment methods, stipulating the minimum service period, and delegating autonomy. From the perspective of better coordinating fairness and efficiency, and better supporting the talent team building and high-quality development of public institutions, suggestions are put forward for optimizing and improving the open

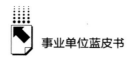

recruitment policy of public institutions.

Keywords: Public Institutions; Open Recruitment; Autonomy

B. 24 Problems and Countermeasures for Management of

Cadre Personnel Archives in Public Institutions

Du Houjun, Li Shangui and Li Ke / 254

Abstract: With the indepth advancement of the reform of public institutions and the continuous optimization and improvement of management systems, new requirements are put forward for the personnel management and talent development in public institutions. Cadre personnel archives are an important basis and data certificate for education, training, selection, appointment, management and supervision of cadres as well as talent evaluation, and new requirements have been put forward for their management and use. Currently, there are problems in archives management such as insufficient awareness, inadequate implementation, low expertise, and outdated management methods. Recommendations include improving system design, strictly conducting daily management, promoting digital archives, strengthening the education and training of management personnel, making full use of archival data, giving full play to the role of cadre personnel archives in providing policy advice, and reflecting their certification value.

Keywords: Public Institutions; Cadre Personnel Archives; Archives Management

权威报告·连续出版·独家资源

皮书数据库
ANNUAL REPORT(YEARBOOK)
DATABASE

分析解读当下中国发展变迁的高端智库平台

所获荣誉

- 2022年，入选技术赋能"新闻+"推荐案例
- 2020年，入选全国新闻出版深度融合发展创新案例
- 2019年，入选国家新闻出版署数字出版精品遴选推荐计划
- 2016年，入选"十三五"国家重点电子出版物出版规划骨干工程
- 2013年，荣获"中国出版政府奖·网络出版物奖"提名奖

皮书数据库

"社科数托邦"
微信公众号

成为用户

登录网址www.pishu.com.cn访问皮书数据库网站或下载皮书数据库APP，通过手机号码验证或邮箱验证即可成为皮书数据库用户。

用户福利

- 已注册用户购书后可免费获赠100元皮书数据库充值卡。刮开充值卡涂层获取充值密码，登录并进入"会员中心"—"在线充值"—"充值卡充值"，充值成功即可购买和查看数据库内容。
- 用户福利最终解释权归社会科学文献出版社所有。

数据库服务热线：010-59367265
数据库服务QQ：2475522410
数据库服务邮箱：database@ssap.cn
图书销售热线：010-59367070/7028
图书服务QQ：1265056568
图书服务邮箱：duzhe@ssap.cn

社会科学文献出版社 皮书系列
SOCIAL SCIENCES ACADEMIC PRESS (CHINA)
卡号：283832169236
密码：

中国社会发展数据库（下设 12 个专题子库）

紧扣人口、政治、外交、法律、教育、医疗卫生、资源环境等 12 个社会发展领域的前沿和热点，全面整合专业著作、智库报告、学术资讯、调研数据等类型资源，帮助用户追踪中国社会发展动态、研究社会发展战略与政策、了解社会热点问题、分析社会发展趋势。

中国经济发展数据库（下设 12 专题子库）

内容涵盖宏观经济、产业经济、工业经济、农业经济、财政金融、房地产经济、城市经济、商业贸易等 12 个重点经济领域，为把握经济运行态势、洞察经济发展规律、研判经济发展趋势、进行经济调控决策提供参考和依据。

中国行业发展数据库（下设 17 个专题子库）

以中国国民经济行业分类为依据，覆盖金融业、旅游业、交通运输业、能源矿产业、制造业等 100 多个行业，跟踪分析国民经济相关行业市场运行状况和政策导向，汇集行业发展前沿资讯，为投资、从业及各种经济决策提供理论支撑和实践指导。

中国区域发展数据库（下设 4 个专题子库）

对中国特定区域内的经济、社会、文化等领域现状与发展情况进行深度分析和预测，涉及省级行政区、城市群、城市、农村等不同维度，研究层级至县及县以下行政区，为学者研究地方经济社会宏观态势、经验模式、发展案例提供支撑，为地方政府决策提供参考。

中国文化传媒数据库（下设 18 个专题子库）

内容覆盖文化产业、新闻传播、电影娱乐、文学艺术、群众文化、图书情报等 18 个重点研究领域，聚焦文化传媒领域发展前沿、热点话题、行业实践，服务用户的教学科研、文化投资、企业规划等需要。

世界经济与国际关系数据库（下设 6 个专题子库）

整合世界经济、国际政治、世界文化与科技、全球性问题、国际组织与国际法、区域研究 6 大领域研究成果，对世界经济形势、国际形势进行连续性深度分析，对年度热点问题进行专题解读，为研判全球发展趋势提供事实和数据支持。

法律声明

"皮书系列"（含蓝皮书、绿皮书、黄皮书）之品牌由社会科学文献出版社最早使用并持续至今，现已被中国图书行业所熟知。"皮书系列"的相关商标已在国家商标管理部门商标局注册，包括但不限于 LOGO（▨）、皮书、Pishu、经济蓝皮书、社会蓝皮书等。"皮书系列"图书的注册商标专用权及封面设计、版式设计的著作权均为社会科学文献出版社所有。未经社会科学文献出版社书面授权许可，任何使用与"皮书系列"图书注册商标、封面设计、版式设计相同或者近似的文字、图形或其组合的行为均系侵权行为。

经作者授权，本书的专有出版权及信息网络传播权等为社会科学文献出版社享有。未经社会科学文献出版社书面授权许可，任何就本书内容的复制、发行或以数字形式进行网络传播的行为均系侵权行为。

社会科学文献出版社将通过法律途径追究上述侵权行为的法律责任，维护自身合法权益。

欢迎社会各界人士对侵犯社会科学文献出版社上述权利的侵权行为进行举报。电话：010-59367121，电子邮箱：fawubu@ssap.cn。

社会科学文献出版社